科技金融创新的理论与策略研究

段菁菁　万晓丹　著

中国纺织出版社有限公司

内 容 提 要

我国经济已由高速增长阶段转向高质量发展阶段，随着科技创新的呼声越来越紧迫，科技型企业便成了培养新动能、推动高品质进程的中坚力量。近年来，国家高度重视科技型企业创新能力的建设，先后建设了企业创新体系、推广应用了科技创新成效、优化了创新政策环境等，这为科技型企业创新能力的提高奠定了基础。本书分析了当前我国科技金融的特点和存在问题，提出应从众创孵化平台、风险投资、科技银行、科技保险、多层次资本市场及科创板等方面推进具有中国特色的科技金融健康快速发展。

图书在版编目(CIP)数据

科技金融创新的理论与策略研究 / 段菁菁，万晓丹著. -- 北京 : 中国纺织出版社有限公司, 2021.11（2024.2重印）

ISBN 978-7-5180-9110-2

Ⅰ. ①科… Ⅱ. ①段… ②万… Ⅲ. ①科学技术—金融—研究—中国 Ⅳ. ① F832

中国版本图书馆 CIP 数据核字（2021）第 223254 号

责任编辑：段子君　　责任校对：高　涵　　责任印制：储志伟

中国纺织出版社有限公司出版发行
地址：北京市朝阳区百子湾东里 A407 号楼　邮政编码：100124
销售电话：010—67004422　传真：010—87155801
http://www.c-textilep.com
中国纺织出版社天猫旗舰店
官方微博 http://weibo.com/2119887771
北京兰星球彩色印刷有限公司　各地新华书店经销
2021 年 11 月第 1 版　2024年2月第2次印刷
开本：787 × 1092　1/16　印张：11.25
字数：230 千字　定价：88.00 元

前言

PREFACE

我国经济已由高速增长阶段转向高质量发展阶段，随着科技创新的呼声越来越紧迫，科技型企业便成为培养新动能、推动高品质进程的中坚力量。近年来，国家高度重视科技型企业创新能力的建设，先后建设了企业创新体系、推广应用了科技创新成效、优化了创新政策环境等，这为科技型企业创新能力的提高奠定了基础。《关于新时期支持科技型中小企业加快创新发展的若干政策措施》中明确指出，通过培育壮大科技型中小企业主体规模、强化科技创新政策完善与落实、加大对科技型中小企业研发活动的财政支持、引导创新资源向科技型中小企业集聚、扩大面向科技型中小企业的创新服务供给、加强金融资本市场对科技型中小企业的支持和鼓励科技型中小企业开展国际科技合作七大措施支持科技型中小企业走创新驱动发展道路。由此可以看出，推动科技型企业创新发展对现代化经济体系建设至关重要。而支持科技型企业走创新发展之路，关键在于提升服务意识，营造良好创新环境，加快科技部门职能由研发管理向创新服务转变，引导更多的创新资源向科技型企业开放共享，把科技型企业具备的创新意识提高，让它为各类创新要素集聚与整合贡献力量。

《科技金融创新的理论与策略研究》分析了当前我国科技金融的特点和存在的问题，提出应从众创孵化平台、风险投资、科技银行、科技保险、多层次资本市场及科创板等多方面推进具有中国特色的科技金融健康快速发展。

著　者

2021 年 9 月

目录
CONTENTS

第一章　科技金融创新概述

第一节　科技型企业特点及发展历程

一、科技型企业界定

随着全球经济的快速发展和创新驱动发展战略的实施，科技型企业已逐渐取代传统企业，成为创新升级的主力军和经济发展的关键推动力量。20 世纪 90 年代初期，我国开始对科技型企业进行统一认定，随着经济的发展和创新型国家建设的需要，对科技型企业的认定标准进行了多次修订，目前最新的认定标准为 2016 年修订后的《科技型企业认定管理办法》，共有八项标准，有利于鼓励科技型企业增强以自主研发为核心的综合创新能力，推动产业结构的优化升级。

在我国，科技型企业通常指主要产品或服务的核心技术在《国家重点支持的高新技术领域》规定的范围内，通过自主研发等方式形成企业核心自主知识产权，并以此为基础开展经营活动，在中国境内注册一周年以上且申请认定前一年无重大事故或违法行为的大陆企业，是知识密集和技术密集型的经济实体。同时，关于科技型企业的研发情况，认定标准中还提出了具体要求：研发等相关科技人员的数量不低于当年职工总数的 10%；企业近三个会计年度的研发费用总额占同期销售收入总额的比例应随着最近一年销售收入的情况相应变动：第一，销售收入在 5000 万元以下，比例不低于 5%；第二，销售收入大于 5000 万元小于 2 亿元，比例不低于 4%；第三，销售收入大于 2 亿元，比例不低于 3%，其中，境内的研发费用总额占企业所有研发费用总额的比例不低于 60%；近一年属于高新技术的产品或服务的收入占同期总收入的比例不低于 60%。

二、科技型企业的特点

（一）高投入

科技型企业属于知识密集和技术密集型的企业，高端的科学技术人才及优秀的研发团队是企业发展的灵魂，因此，科技型企业的投入首先表现在人力资本的投入上。对于高层次、专业化的科技型人才，在薪资待遇、工作环境和发展空间等方面通常都有较高的要求，为吸引优秀人才并保证人才队伍的稳定性，无论是外部引进还是内部培养都需要企业及政府投入较高的人力资源成本。科技型企业以科技创新活动为主，在创新的各个阶段都需要投入高昂的研发经费才能保证创新活动的顺利进行，在技术发明和成果转化阶段，新技术或新产品的研发、检测、改造、试验等环节通常需要大量的高端仪器设备，产业化阶段也需要大规模的生产设备，对资金的投入有较高的需求。此外，由于技术发明和创新存在较大的不确定性，可能会面临多次的失败，还将导致部分研发投入变为沉没成本。因此，科技型企业具有高投入的特点。

（二）高风险

科技型企业的风险主要来源于技术风险、市场风险和财务风险三方面。技术风险主要是因为技术的创新具有较强的探索性和不确定性，从理论到实践的过程存在差异，所以即使理论上严谨完美，但在实践过程中任何一个环节出故障都将导致技术创新的失败；同时，当前产品技术的升级和更新换代速度不断加快，而技术创新的周期通常较长，很可能新技术刚研发成功不久，就被同行业其他更先进的技术所替代，因此存在较大的技术风险。市场风险指的是新技术转化为新产品投入市场后，消费者可能做出错误判断或者持观望态度，产品不一定能在短期内得到接受和认可，甚至还可能因为前期市场调查不够充分，导致产品因为不符合市场需求而遭到淘汰，难以产业化。另外，科技型企业有巨大的资金需求，且在企业成立初期，资金需求大但收入来源不足，一旦资金链断裂，企业将因财务风险而面临破产危机。

（三）高收益

高风险通常对应高收益。一旦新技术和新产品得到市场的接受与认可，成功实现规模化与产业化，将为企业带来丰厚的利润回报。同时，科技型企业属于知识密集和技术密集型企业，而知识和技术具有共享性和延伸性的特点，因此，随着技术的成熟和企业的发展，产品的生产成本和升级换代的研发成本都将逐渐降低，毛利率将不断提高，收益不断增加。在人力资源方面，虽然前期投入巨大，但创新的关键靠人才，稳定优秀的人才队伍将为企业的创新提供源源不断的智力支持，成为企业发展壮大的关键支撑。此外，我国正大力实施创新驱动发展战略，科技型企业作为创新的主力军受到政府和社会的高度重视和支持，能享受众多优惠政策，有良好的社会口碑。而且科技型企业普遍具有高效低耗的特点，符合绿色发展理念，相对于传统企业能更快地得到市场的认可，并能够带动产业的转型升级，具有明显的经济效益和社会效益。

（四）轻资产

科技型企业是知识密集和技术密集型的经济实体，主要从事创新活动。在前期的技术发明阶段，企业主要依靠研发人员进行技术发明和创造，其成果通常表现为各类专利；在成果转化阶段，需要技术的集成，于是技术市场的买卖交易更为活跃，但交易的物品也大多是技术合同或专利权等无形资产；在产业化阶段，由于科技型企业的产品技术含量高且具有高效低耗的特点，对厂房的需求通常较小，即便需要厂房，占地面积一般也并不大，且所需原材料也多为轻便而小巧精密的物品。因此，科技型企业的资产主要为无形资产，技术含量高、资金投入大，但与传统工业企业相比更为轻便灵活。此外，高科技人才、企业的品牌和文化等也是科技型企业的重要资产，同样具有轻资产的特点，有力地增强了企业的竞争优势。

三、科技金融支持科技型企业科技创新的作用机制

（一）资本形成与配置机制

科技是第一生产力，金融是第一推动力，对资金的大量需求贯穿科技型企业科技创新的全过程，而通过科技金融，可及时向科技型企业的科技创新活动提供所需资金，帮助其资本的形成及创新活动的顺利进行。科技金融帮助企业资本形成的具体过程：首先，各科技金融主体根据自身特有的手段和方式聚集大量资金，比如政府的财政收入、银行的客户存款、资本市场的社会闲置资金等。其次，各科技金融主体在对有资金需求的科技型企业的创新项目、企业信用、风险和收益等内容进行评估后，将资金投入科技型企业，使急需资金的企业能及时补充投资。最后，科技金融作为资金转化的中间枢纽，将资金供给与融资需求相结合，既能帮助科技型企业的科技创新更快、更好地实现成果转化和资本化，又能为金融资本带来更为丰厚的投资回报。

在企业的不同生命周期及创新活动的不同阶段，虽然都需要科技金融的大力支持，但具体的风险偏好和资金配置是有区别的。初创期的科技型企业及科技创新的前期阶段，有众多不确定性，风险最高，但最终获得的投资收益也最大，这一时期的资金主要来源于政府机构的扶持和风险投资机构的加入。成熟期的科技型企业及科技创新的后期阶段，各方面都较为成熟稳定，风险小，相应的投资收益也较低，资金主要来源于资本市场及银行等金融机构。

（二）风险分散与控制机制

高收益通常伴随着高风险。技术风险、市场风险、财务风险等各类风险贯穿于科技型企业科技创新活动的始终，对企业的发展和技术的进步会产生较大阻碍。科技金融基于多主体参与能够对科技型企业的风险进行分散。科技金融是包含多个不同类型主体的综合体系，不同投资主体的性质、特点及其风险收益偏好各不相同，科技型企业根据自身的发展情况，合理选择金融组合，能有效地将科技创新活动中的非系统性风险转移与分散。

此外，科技金融基于信息交流与客户优选还能帮助企业控制和规避风险。各类科技金融主体作为社会某一领域中资源的聚集中心，在某方面必然拥有得天独厚的信息获取、识别及决策能力，能够帮助科技型企业更有效地甄别和筛选具有良好发展前景和投资价值的

创新项目，实现项目的优胜劣汰，同时有利于解决各科技金融主体与科技型企业之间的信息不对称问题，最终实现对风险的规避和控制。

（三）企业激励与约束机制

科技金融主体在选择科技型企业进行投资时，为提高资金的使用效率、增加投资收益，必然会对有融资需求的企业进行信息收集、考察与评估，从中择优选择最有发展潜力及投资价值的企业；而企业为了获得融资，将会积极主动地提高自身的创新能力和投资价值，规范运营管理，因此，科技金融对企业具有激励作用。创新项目成功后，各金融主体能够获得理想的投资回报，激发投资的积极性进行良性循环投资；而企业取得的经济效益越大，管理层及科技人员获得的报酬也越丰厚，有利于调动员工的积极性，促进企业科技创新水平的不断提高。

另外，为保证投资收益、提高资金使用的有效性和安全性，科技金融机构往往会对企业的创新活动进行监管或者直接参与到企业的运营管理中，要求企业及时汇报项目进展、公开财务报表、提高信息透明度等。为企业提供资金支持时，通常也会对条件、金额、还款方式、时间、担保抵押等内容进行约定，对企业的科技创新活动具有一定的约束作用。科技金融的激励机制有利于推动创新能力的提高和企业的良好发展，约束机制则有利于降低企业创新活动和运营管理的风险，两者的共同作用实现了科技资本的最大化增值。

第二节　科技金融创新理论基础

一、科技金融的定义和内涵

关于科技金融的定义，至今还没有统一定论，目前主要有下面四种不同的解释：一是科技和金融之间的互动，即科研活动对金融存在需求，与此同时金融业的发展尤其是金融现代化也对科技创新存在着需求。二是科技活动对金融的需求，即技术的开发、成果的转化以及成果产业化过程中对金融工具、金融政策和金融服务的需求，换言之，科技金融研究金融如何支持技术的研究与开发、成果的转化及技术转移和高新技术企业发展。三是科技金融作为一种支持高新技术产业发展的金融概念。四是科技金融是为技术开发、成果转化、技术产业化过程中提供一系列金融工具、金融制度、金融政策与金融服务。

（一）科技金融的定义

综合国内有关文献，目前学术界对科技金融的具体定义尚不统一。赵昌文（2009）认为，“科技金融是促进科技开发、成果转化和高新技术产业发展的一系列金融工具、金融制度、金融政策与金融服务的系统性、创新性安排，是由向科学与技术创新活动提供金融资源的政府、企业、市场、社会中介机构等各种主体及其在科技创新融资过程中的行为活动共同组成的一个体系，是国家科技创新体系和金融体系的重要组成部分。”洪银兴（2011）认为，“科技金融有特定的领域和功能，是金融资本以科技创新尤其是以创新成果孵化为新技术并创新科技企业和推进高新技术产业化为内容的金融活动。”裴平（2011）认为，“科技金融是科技创新体系和金融体系相互融合的有机构成，包括为基础研究、技术开发、成果转换，以及高新技术产业化提供金融支持的工具、服务和制度安排。”曹颢和尤建新（2011）认为，“从广义上看，科技金融是促进科技开发、成果转化和高新技术产业发展的一系列金融工具、金融制度、金融政策与金融服务的系统性、创新性安排。从狭义上看，科技金融着重突出的是金融机构运用金融手段支持科技型企业的发展。”王宏起和徐玉莲（2012）认为，“科技金融是由政府、金融机构、市场投资者等金融资源主体向从事科技创新研发、成果转化及产业化的企业、高校和科研院所等各创新体，提供各类资本、金融产品、金融政策与金融服务的系统性制度安排，以实现科技创新链与金融资本链的有机结合。”

从以上学者的研究中不难看出，不同学者是站在不同角度对科技金融进行定义的。在这些定义中，大家对科技与金融关系的看法基本一致，即认为科技金融的功能是促进科技创新；但不同学者对科技金融活动的主体、客体与内涵等看法和表述不尽一致。并且，以上定义共同的缺陷是对科技金融的特性未给予明确揭示，从而不利于人们深刻认识和充分把握科技金融的发展规律。

（二）对科技金融定义的说明

1. 关于科技金融的功能

尽管科技创新和金融发展是一个互动过程，两者的融合既推动了科技进步又促进了金融创新，但现实中所要解决的突出矛盾和问题是金融发展不适应加快推进科技创新进程的需要。研究和实践科技金融的直接目的是通过改善金融服务、增加金融资本和社会资本投入，为加速推进科技创新进程提供更加有力的支持。

2. 关于科技金融的范畴

科技金融实践属于金融活动而不是科技活动，所以用金融活动总称加以概括，其中包括金融制度安排、金融机构设置、金融运行机制构建、金融服务方式选择，以及金融工具和金融产品的运用等。

3. 关于科技金融的主体

科技金融的主体涉及政府、金融机构、企业、居民和其他单位等。但明确主体是谁并不重要，重要的是他们运用资金的性质，只有资金的运用以获取投资回报（有偿使用）为目的，才可称为金融活动。政府无偿拨付资金、企业内部资金安排、社会捐赠款等，即便是对科技创新活动的支持，也不属于科技金融。以获取投资回报为目的的资金即资本，包括金融机构的资金运用，一般是间接融资，称为金融资本；金融机构以外的企业、居民和其他单位的有偿资金运用，一般是不通过金融机构的直接融资，称为社会资本。

4. 关于科技金融的客体

科技金融的客体就是科技创新的载体，涉及企业、高校、科研院所、创业团队等。不管他们的本来属性如何，一旦其接受金融资本和社会资本的投入，就必须整体地或在一个相对独立的局部内按企业性质来运行，成为独立的经济核算和利润中心，具有还本付息的能力或潜力。因此，科技金融的客体是企业化的科技创新载体，统称为科技型企业。

（三）科技金融的“四性”特点

1. 定向性

科技金融是指专门为科技型企业提供资金支持和相关金融服务的金融活动。为企业原材料采购、产品生产加工、商品销售等一般性生产经营活动提供资金支持和相关金融服务的金融活动不在此列。

2. 融资性

随着金融改革和金融创新的深化，金融活动功能的内涵和外延日益发展。但金融活动的核心功能是资金融通，其他方面是派生的、辅助的功能。对于科技金融而言，应当突出金融活动的资金融通功能。因为科技型企业最迫切的需求是资金支持，发展科技金融最需要解决的问题是金融资本和社会资本对科技创新活动投入不足的问题。

3. 市场性

通过发展科技金融为科技型企业提供资金融通的方式是市场化融资方式。所谓市场化融资方式，一方面是指通过金融市场筹措资金；另一方面是指以获得一定的投资回报为前提。公共财政资金、公益资金和企业内部资金安排等不属于市场化融资方式，因此不属于科技金融的范畴。

4. 商业可持续性

通过市场化融资方式筹集并投入到科技型企业的资金，以获得一定的投资回报为前提。只有能够获得一定的预期投资回报，才能有后续资金跟进，在金融市场才能筹集到新的资金投入科技型企业，从而实现商业可持续。否则，如不具有商业可持续性，就不是真正意义上的科技金融。

二、科技金融相关理论基础

科技和金融作为创新体系与金融体系的重要组成部分，二者的融合发展是促进宏观经济健康稳定发展的前提，随着我国改革开放的不断深化，科技与金融逐渐融合，科技金融应运而生。

（一）科技金融理论溯源

关于科技金融，当前还没有统一定论。据赵昌文《科技金融》一书，在检索 science-finance、science financing、technology finance 等科技金融的不同表达后发现科技金融在国外没有形成一个理论上的范畴。据考证，在 1993 年，深圳科技局率先使用科技金融一词，成立了旨在促进科技与金融的融合的中国科技金融促进会，从此科技金融作为一个独立词汇正式出现。

（二）科技金融的主要作用

科技金融是技术创新过程中所需要的工具、服务、政策的系统性安排，具有一体化特征，是科技与金融的一体化，也就是科技与金融的有机结合。从科技角度来看，它是技术的研究开发、技术成果的转化及技术产业化过程中的一体化。从企业角度来看，它是科技型企业从种子期、初创期、成长期到成熟期发展的一体化。从金融角度来看，它是金融机构如基金公司、银行、投资公司等的一体化。

科技创新无论在技术的研发阶段、成果的转化阶段、技术的产业化阶段都需要科技金融这“第一推动力”的支持。经济的发展依靠科技推动，而科技产业的发展需要资金、人才、政策的强力助推。简而言之，科技金融让科技创新得以实现，形成产品，再让产品转化为钱。

（三）创新理论

熊彼特在《经济发展理论》一书中提出创新理论，将创新理论概述为产品创新、市场创新、技术创新、组织创新、资源配置创新五项，并分别对其进行阐述。创新理论阐述了金融、科技创新及产业化之间的关系。20 世纪，信贷是科技金融投入的主要形式。进入 21 世纪以来，科技金融投入有了更系统、更丰富的表现形式，资金不仅仅有信贷，还包括政府财政投入、基金公司与投资公司的投入，科技金融投入也包括政策、研发人员等，创新理论得到进一步充实。

（四）经济增长理论

新古典理论强调资本对经济增长的重要作用，认为经济增长率取决于资本增长率、技术进步率及劳动增长率。故而为实现经济增长，应采取行之有效的政策，创造良好的资本环境及技术进步环境，积极组织研发人员与金融的对接，建立并完善科技金融服务平台，加强技术、资金、政策、人员信息沟通，保障科技型企业获得资金、政策，积极推进技术产业化，从而促进经济增长。

R&D 内生增长理论认为资本报酬是递减的，经济增长最终取决于技术进步。与新古典理论不同的是该理论将技术进步作为内生变量。企业加强研发投入，从新技术、新产品中获取收益，下一代技术研发成本更低，具有内生性的技术创新体系不断发展，每一次技术的更新换代都使得行业整体质量得到提升，从而促进经济增长率的提升。

（五）金融效率理论

金融效率研究的是将有限的金融资源按照一定的比例投入以实现最大产出，即达到帕累托最优状态，罗宾逊和戴维恩在《金融市场：财富的积累与分配》一书中从运行效率和配置效率两方面进行论述。运行效率注重融资过程中成本和收益的比较，而配置效率则侧重于将资金应用于高效率的领域。随着金融效率理论的不断发展，对金融效率的分析主要分为宏观金融效率、微观金融效率和金融市场效率三个层面。宏观金融效率侧重于研究整个社会的金融投资量与产出比，这种整体金融效率的投入主要包括金融机构的人力和物力资源及各类金融工具，产出主要为GDP的增量。微观金融效率侧重于研究微观金融主体在生产经营活动中的金融投入产出比。金融市场效率是指金融市场吸纳资金和调配资金的效率，即金融市场将动员的资金分配到最能充分利用该资金的企业的能力。依据金融效率理论，将有限的科技金融资源进行合理配置，以实现科技金融投入产出最大化，从而促进科技金融投入产出效率的提高。

三、科技金融对科技创新影响的界定

科技是科学与技术的简称，科学是指具有正外部性、以论文和著作等为主要产出、更着重于基础和理论的实践活动。在科学的基础上，技术通过专利、发明等表现形式应运而生。房汉廷（2010）认为，只有当科学发现与技术发明都转化为商业成果时才能够称为创新。程欣炜等（2014）也强调高新技术企业才是科技创新的最终载体，科技创新一定要转化成为企业所提供的服务或产品。然而对于科技金融重要参与者——高校及相关研究机构来说，创新更多地表现为科学论文、专利等。因而国内学者在衡量技术创新时，主要考虑理论、应用、产业化三个阶段。

科技创新的流程一般分为三个阶段。首先，创新主体通过获取信息、收集和整合信息、初步研究等一系列创新活动，形成专利、论文等科技研发成果。其次，相关主体筛选出具有进一步开发价值的科技成果，通过实验、开发、应用、推广等后续处理直至形成新的产品、工艺；然后对产品进行中试，通过中试后可进行试量产。最后，通过大规模量产化来降低成本，进而广泛推广，从而将科技创新转化为实际生产力。

绩效指的是人们从事特定活动得到的成果，是指完成该活动的效率与效能。

科技创新绩效是特定区域内运营和配置科技资源综合能力的衡量。科技金融对科技创新的影响本质为科技金融对科技创新的绩效，科技金融对科技创新的影响可以通过科技创新绩效进行表示。本书认为，科技创新作为一个动态过程，创新绩效通过对一定的指标进行描述可以衡量创新活动所产生的效果。

四、科技金融创新在新经济时代的重要意义

科技金融对技术创新的作用机制主要有四个方面：一是科技金融能够帮助技术创新活动筹集资金，为企业提供资金支持；二是科技金融体系能够为技术创新处理信息，减少信息不对称问题，降低交易成本，为技术创新配置资源；三是科技金融体系协助企业建立激励和监督机制；四是科技金融系统能够帮助企业控制和降低科技创新的风险。

（一）科技金融能够帮助技术创新活动筹集资金，为企业提供资金支持

技术创新是一个多阶段、多层次、多组织合作的协同过程，技术创新活动“研发—成果转化—产业化”的各个阶段都需要来自政府公共领域和金融市场领域的政策保障和资金支持，科技创新活动的主要和关键问题就是企业融资问题。处于初创阶段的研究项目和企业，需要大量资金进行前期设备购置、吸收高技术人才开展研发工作；随着创新项目的不断推进，成长阶段的企业仍然需要源源不断地投入资金来进行产品生产、市场开拓、科研成果转化；处于成熟阶段的企业也需要通过资本运作提高企业经营业绩，扩大市场份额。

（二）科技金融体系可以有效减少信息不对称和降低交易成本

技术项目发展前景评估往往需要较丰富的信息资源和较高的专业知识，一般投资者没有精力和能力去搜集这些信息来评估企业创新项目，这会产生高成本和高壁垒。银行等金融机构依托自身在信息获取和处理等方面的优势，可以对企业的财务状况、经营能力和发展潜力进行综合评价，对创新项目进行事前事后甄别和评估，从而降低企业和投资者之间的信息不对称问题，降低融资活动的评估和交易成本，充当起资金供求者的桥梁，引导投资者对高技术项目进行投资。

（三）科技金融体系协助企业建立激励和监督机制

在技术创新的过程中，不仅存在技术、市场、财务、组织管理、生产等各种客观风险，还存在创新主体在管理、决策、道德等方面的主观风险，如果在生产经营过程中盲目进行技术创新的决策和判断，缺乏对企业和技术创新主体的相关监督和约束，可能会增加技术创新的风险，造成损失，甚至导致创新活动失败和企业破产。同时，投资者对自己所投资项目的运营情况具有知情权，需要对自己所投项目的经营和回报等信息有准确的了解以确保自身收益。这就要求企业建立监督、约束和激励制度，通过引入银行、风险投资、信用担保等企业外部金融主体，以股权激励、管理层期权激励、债权投资等金融工具与合伙经营等契约方式，使更多的投资者能够参与企业的决策判断，加强监督，从而降低和控制风险。投资者通过直接或间接参与到企业的经营和创新活动中，全面深入地掌握企业动向信息，关注企业成长，注重企业的融资需求，推动企业技术创新激励约束机制的建立，激发创新主体的主观能动性和积极性，降低技术创新的系统性风险。

（四）科技金融系统能够控制和降低创新风险

企业科技创新活动的风险主要来自外部环境的不确定性、项目的复杂性和开发主体的能力有限性。科技活动中的金融风险主要体现为流动性风险和收益率风险。为了规避流动性风险，投资者往往倾向于选择更容易变现的、回报率低和低技术水平的短期项目，导致流动性低、回报率高、技术水平高的创新项目出现资金不足的问题。金融系统中存在期限、融资成本及流动性等方面具有不同特点的金融产品，可以利用多元化的投资组合，将资源分配到不同类型的技术项目上，实现分散收益风险的目的，从而促进整体的技术进

步。科技金融体系通过提供各种专业的资产组合来分散流动性风险，提高了投资者对投资项目的快速变现能力，帮助投资者选择更加专业化的高技术项目进行投资，有利于技术创新长期资本的形成和资源配置。

第三节　国外科技金融发展实践

一、美国科技金融发展实践

美国金融支持科技创新活动的实践属于市场主导型，其发达的金融市场为科技型企业融资提供了良好条件和平台。

（一）成立专门的政策性金融机构，给予充足的政策性资金支持

根据美国科学基金会资料显示，美国的中小型科技企业的创新对推动其整体的科技创新发挥着非常重要的作用，因此美国成立了专门的政策性金融机构来管理中小型科技企业，为其科技创新服务。除了成立专门的政策性金融机构进行管理和提供服务之外，政府还通过直接投入和间接引导的方式来为科技型企业提供充足的资金支持。前者主要有直接的经费投入、无偿的科技拨款、低息贷款等；后者主要有贷款补贴、税收优惠和股权投资等。

（二）完善的政策性担保体系

1953 年美国就成立了专门为中小型企业提供担保服务的机构——美国联邦小企业署（简称 SBA），主要业务就是帮助中小型科技企业获得贷款。SBA 还制订和实施了“债券担保计划”“微型贷款计划”等不同类型担保方式，为无法正常获得贷款的中小型科技企业服务。

（三）多层次资本市场的支持

1. 活跃的债券市场

为了给科技型企业提供融资便利，美国的债券市场提供了较为宽松的发行环境，发行总额、发行条件只需协商一致即可，无法律限制。而且发行种类较多，为科技型企业发行资信评估等级较低或无等级债券提供便利。

2. 多层次股票市场

目前美国全国性的证券市场主要包括纽约证券交易所（NYSE）、全美证券交易所（AMEX）、纳斯达克市场（NASDAQ）和美国场外柜台交易系统（OTCBB），以及多个区域性的证券市场。其中纳斯达克市场主要吸收需要上市融资的具有潜力的中小型科技企业。美国的多层次股票市场主要有以下几个特点：一是不同层次的股票市场具有不同的上

市标准，满足不同融资企业的需求；二是“升降板机制”使美国各层次股票市场之间实现了无缝隙对接；三是股权激励机制，只要是取得成功的创新成果，企业就可以拥有其全部的专利权，调动了科技型企业进行科技创新的热情。

3. 发达的风险投资市场

美国具有世界上最发达的风险投资市场，不管是公共的风险投资机构还是私人的风险投资机构，都无疑是科技型企业融资的重要渠道。

（四）建立专门为中小企业服务的民间金融机构

美国存在有多种形式的民间融资机构，而这些机构的存在也在一定程度上缓解了中小型科技企业的融资难题。如以入股方式成立的信用合作社、以储蓄为先决条件的储蓄贷款及专门从事知识产权质押贷款的金融公司等，都是民间融资机构为中小型科技企业提供融资的形式。

二、日本科技金融发展实践

日本金融支持科技创新活动的实践属于政策主导型，其主银行制度下的政策性金融机构和信用担保机构为科技创新和产业升级提供了有力支持。日本政府先后设立了进出口银行、开发银行、商工组合中央金库、国民生活金融公库、中小企业金融公库和中小企业信用保险公库等政策性金融机构，通过提供更加优惠的利率水平、贷款期限和融资条件，为企业科技创新提供贷款和金融服务。日本还通过以政府财政拨款为主的中小企业信用保证协会和中小企业信用保险公库两家机构，共同为科技型中小企业融资提供信用保险、再保险。

（一）以银行为主的科技金融体系

相较于欧美国家来说，日本的证券市场起步较晚，发展还不完善，因此日本的科技型企业融资主要是依靠间接融资，即银行贷款。日本具有较为发达的银行体系，以大型金融机构为主，中小型金融机构为辅。

（二）日本政府对科技金融的重视

日本政府对于科技金融发展的重视主要表现在其先后成立了日本输出入银行、日本开发银行、中小企业金融公库及中小企业信用保险公库等政策性的金融机构来为科技型企业融资提供便利，他们的资金来源主要是政府财政拨款和发行债券，而且他们具有更为宽松的融资条件和贷款利率，可见日本政府对于科技金融的重视程度。

三、德国科技金融发展实践

德国金融支持科技创新活动的实践属于全能银行主导型，银行与科技型企业之间建立了稳定的融资渠道和持续合作关系。德国金融体制中占统治地位的全能银行不受金融业务分工的限制，能为科技型企业提供较为全面的金融服务，主要包括中长期贷款、有价证券的发行交易、资产管理、财产保险等。全能银行不仅是企业的债权人，还是企业的股东，拥有一定的股权并能够对企业进行监督和控制，这既保护了出资者的权利，又加强了银企之间的融合。

（一）德国金融科技发展状况

1. 市场总体环境

德国金融科技的细分市场——众筹、贷款和保理、社交交易、智能投顾、投资和电子银行，其总量在 2015 年总计 22 亿欧元，在 2015 年之前的 6 年中，上述细分市场的年均增长率高达 150%。支付市场的交易额在 2015 年约为 170 亿欧元，120 万德国人独立使用个人财务管理系统（PFM-Systems）管理个人财务。截至 2015 年，共有 433 家德国金融科技企业，其中大部分在支付市场运营，有 65 家企业来自公益众筹市场，59 家企业从事除保险之外的其他金融科技业务，58 家企业经营股权众筹，37 家企业涉足保险，24 家企业运营个人财务管理系统，24 家企业从事技术、IT 及其设施业务，另 23 家金融科技公司活跃在智能投顾，16 家在贷款和保理业务，14 家在社交交易，13 家在债权众筹，6 家在投资和电子银行。

为数众多的德国金融科技企业仅仅以网络形态存在，但是并没有开展经营业务。此外，还有一些德国金融科技企业通过合并或收购与另一家金融科技公司融合而成。例如，被视为独立企业的众筹门户 Mashup Financial 和 Bankless 分别与奥地利门户 Conda 合并。其他金融科技公司由于破产或放弃业务活动而不再活跃于市场上，在股权众筹细分市场，有接近半数的互联网门户不再开展业务。因此，一些细分市场中的金融科技企业正在减少。截至 2015 年年底，德国有 346 家金融科技公司保持活跃业务。

2. 细分市场数据

（1）众筹市场

众筹由公益众筹、股权众筹、债权众筹组成。2015 年，德国众筹市场总规模约为 2.72 亿欧元。在 2007 年至 2015 年期间，各种众筹平台提供了近 5.85 亿欧元的资金。债权众筹是众筹市场中规模最大的众筹形式，股权众筹以 17% 的融资规模比例排名 2015 年德国众筹市场第二，仅有 13% 的市场规模是由公益众筹提供的。德国共有 87 个众筹平台活跃在市场上，尽管债权众筹规模最大，但仅有 9 个活跃平台，而活跃的公益众筹平台有 49 个，活跃的股权众筹平台有 29 个。自 2007 年以来，德国众筹市场平均年增长率为 103%，2008 年和 2009 年的增长率均高于 100%，接下来的 5 年，增长率呈现下降趋势，处于 -15% 到 75% 这一区间，而 2015 年的增长率又攀升至 150%。

2015 年，德国公益众筹市场规模为 3600 万欧元，2007 年至 2015 年期间，公益众筹共筹集了 8500 万欧元，第一个公益众筹项目于 2007 年通过 Betterplace 平台融资，截至 2015 年年末，尚有 49 个公益众筹平台活跃在市场上。公益众筹市场的平均年增长率达到 148%，2015 年这一数值为 70%。2015 年，德国股权众筹市场规模为 4700 万欧元，2007

年至 2015 年期间，股权众筹市场共筹集了 1.1 亿欧元，德国最早的两个股权众筹项目于 2011 年 8 月 1 日通过 Seedmatch 上线，并在 3 个月之内募资成功。截至 2015 年年底，德国共建立了 58 个股权众筹门户，其中的 36 个至少完成了 1 次融资，2015 年，尚有 29 个门户显示保有网页或有效电邮。股权众筹市场的平均年增长率为 220%，然而，2015 年的增长率仅为 22%。

2015 年，德国债权众筹市场规模为 1.89 亿欧元，2007 年至 2015 年，债权众筹市场融资接近 4 亿欧元。早在 2007 年，债权众筹平台 eLolly 和 Smava 就成立了。债权众筹市场的平均年增长率为 95%，仅在 2007 年和 2015 年，增长率超过了 100%，在 2011—2014 年，增长率徘徊在 -20%～33%。

（2）贷款和保理

2015 年，德国贷款和保理市场规模为 1.4 亿欧元，此外，应付账款购买规模超过 5 亿欧元。第一家贷款和保理企业于 2012 年开展业务，至 2015 年，共有 14 个金融科技企业从事贷款和保理业务，其中 7 家从事贷款业务，7 家从事保理业务。

（3）社交交易

截至 2015 年年末，德国共有 1.9 亿欧元通过社交交易平台管理，这一规模较 2014 年增长了 63%。作为投资的替代选择，2008 年以来，社交交易变得愈加重要。至 2015 年，共有 14 个社交交易平台活跃在德国金融科技市场。自 2007 年以来，社交交易经历了年均 213% 的增长，2015 年的增长率也达到 70%。德国的社交交易主要在 Wikifolio、eToro 和 Ayondo 三个平台上进行，这三家平台也占据了德国社交交易的大部分业务，提供了大部分增长。Wikifolio 于 2012 年开展业务，仅仅 1 年时间，它就管理了超过 5000 万欧元的资产。

（4）智能投顾

2015 年年，德国由智能投顾管理的资产超过 1.7 亿欧元。Quirion 和 Cashboard 是最早两个德国智能投顾企业，它们的智能投顾业务始于 2013 年。截至 2015 年，德国共有 23 家智能投顾企业，其中的一半，在 2014 年及以后才成立。这一细分市场资产规模的增长率为 120%，2014 年相对于 2013 年，资产规模几乎增长了 2 倍，而 2015 年，增长率更是高达 500%。智能投顾市场的领头羊是 SmartDEpot 和 Quirion，超过一半的由智能投顾管理的资产属于这两家企业。德国大多数智能投顾企业投资于交易所交易基金（ETFs）。

（5）投资和电子银行

2015 年，德国金融科技企业在投资和电子银行这一细分市场所管理的资产将近 10 亿欧元。WeltSparen 于 2013 年成为欧洲范围内第一家涉足投资中介的企业。从 2015 年起，在德国市场上，电子银行才出现，因此，线上资产管理还是新鲜现象。截至 2015 年年末，共有 6 家企业活跃于德国金融科技的投资和电子银行细分市场，其中 3 家提供投资中介，2 家提供线上资产管理，1 家经营电子银行。和其他德国金融科技细分市场一样，投资和电子银行细分市场起步阶段经历高增长，2014 年到 2015 年该细分市场所管理的资产增长率超过 480%。

（6）支付

2015 年，德国金融科技的支付市场交易规模达到了 170 亿欧元，其中的 150 亿欧元由线上购物引起，德国电子商务的 31% 销售额经由 E-Wallets 支付，另外 120 亿欧元的交易由加密货币完成。支付市场的领头羊是于 1998 年成立的 PayPal。截至 2015 年年末，德国共成立有 79 家业务重心在支付领域的金融科技企业，其中 70 家依然活跃在市场上。

（7）保险

2007 年至 2015 年，在德国共成立了 37 家提供中介保险服务的金融科技企业，其中 32 家依然活跃。保险科技企业的业务模式非常多样，覆盖了从保险门户网站提供的点对点保险到短期保险，保险科技是德国金融科技一个年轻的细分市场，一半以上的保险科技企业成立于 2015 年以后。

3. 德国金融科技市场潜力

Dorfleitner 和 Hornuf 区分了融资和资产管理业务，将德国金融科技市场划分为五个细分市场，分别对它们的市场潜力进行了到 2020 年、2025 年、2035 年的预测，并且分别考虑了基线情景、乐观情景和悲观情景三种情况。2015 年，德国金融科技融资与资产管理市场的总规模为 22 亿欧元。

（1）公益众筹市场

借助公益众筹门户的适当措施，公益回报延迟的现象将减少，客户效用得以提升。由此，客户信任提高了，这不仅增加了利用公益众筹融资的人数，而且越来越多的大项目可以通过公益众筹融资。在美国，仅仅 Kick-starter 这一平台就有 172 个项目的融资额超过 100 万美元。这一分细分市场的积极发展还受到了人口因素的促进：出生于数字时代的人逐渐进入市场，并利用这一机会通过公益众筹支持慈善和创意项目。基线情景下，公益众筹市场融资规模在 2020 年预期为 3.13 亿欧元，2025 年为 5.12 亿欧元，2035 年为 7.23 亿欧元。乐观情景下，公益众筹市场规模在 2020 年预期为 40 亿欧元，2025 年为 60 亿欧元，2035 年为 90 亿欧元。悲观情景下，这一市场的顾客效用下降，并且日渐为人所知的这一融资形式不仅可能催生项目发起人的欺骗企图，甚至可能引发犯罪分子的诈骗行为。此外，基于回报的众筹项目的回报延迟交付，导致许多项目部分甚至完全失败，由此，公众失去对公益众筹的信任，转而借助传统方式来支持慈善和创意项目。悲观情景下，2020 年公益众筹市场规模预期仅为 9000 万欧元，2025 年为 1.53 亿欧元，2035 年为 2.2 亿欧元。

（2）股权众筹

基线情景下，股权众筹的客户效用经历温和增长，一方面由于股权众筹投资的高经济收益提高了这一融资方式的优势；另一方面由于德国股权众筹的法律框架将朝着简化股权筹资程序的方向发生变动。基线情景下，2020 年德国股权众筹市场规模预期为 6900 万欧元，2025 年为 1.13 亿欧元，2035 年为 1.6 亿欧元。乐观情境下，客户效用由于对进行融资的初创企业及房地产项目的有效选择而得到极大提升，因此，破产和清算减少，专业的风险资本家引入大量后续资本，他们给予股权众筹投资者与其风险相适应的补偿。通过门户网站，投资者选择了成功的初创企业，这使他们的风险收益状况得到改善，与此同时，股权众筹这种投资形式的优势在投资者心中得到了强化。乐观情景下，2020 年德国股权众筹市场规模预期为 4.13 亿欧元，2025 年预期为 6.75 亿欧元，2035 年预期为 9.59 亿欧元。悲观情境下，顾客效用负向发展，这可能由破产和清算增加导致的股权众筹收益率下降所引起。在此情境下，2020 年德国股权众筹市场规模预期为 2300 万欧元，2025 年预期为 3800 万欧元，2035 年预期为 5300 万欧元。

（3）债权众筹

基线情境下，可以预期债权众筹门户及其他金融科技的效用将会提升，强劲的增长刺激来自企业贷款。《巴塞尔协议Ⅰ》《巴塞尔协议Ⅱ》《巴塞尔协议Ⅲ》实施以来，对申请贷款的企业进行强制信用评级，这增加了银行贷款的成本，因此，企业从传统的银行贷款转向债权众筹。此外，个人贷款者也促进了债权众筹的成长，再者，由于机构投资者的兴趣日益浓厚，对债权众筹的需求正在增长。基线情境下，债权众筹在 2020 年的规模预期为 50 亿欧元，2025 年为 70 亿欧元，2035 年为 110 亿欧元。乐观情境下，德国房地产项目将主要通过债权众筹的工商业优先贷款融资。此外，当贷款者不能从银行获得贷款时，他们将借助债权众筹。借助于大数据和机器学习，债权众筹将较之银行更廉价、更可信地估计贷款风险，这是它的又一发展机会。乐观情境下，2020 年德国债权众筹市场规模预期为 380 亿欧元，2025 年为 630 亿欧元，2035 年为 900 亿欧元。悲观情境下，债权众筹引以为豪的信用风险模型生成错误的信用评价，提高了违约风险。此外，平台的不透明、企业的错误行为，将引发新的法律和监管的颁布，由此提高了债权众筹的运营成本。悲观情境下，2020 年德国债权众筹市场规模预期为 2.57 亿欧元，2025 年为 4.2 亿欧元，2035 年为 6.02 亿欧元。

（4）保理

保理在德国是一种相对年轻的融资形式，自然也伴随着较高的增长率。由于最低销售额的限制，中小企业逐渐从传统保理机构转向金融科技保理。基线情境下，2020 年德国金融科技保理市场的应收账款出售金额预期为 130 亿欧元，2025 年为 220 亿欧元，2035 年为 320 亿欧元。乐观情境下，2020 年德国这一市场的应收账款出售金额预期为 600 亿欧元，2025 年为 1010 亿欧元，2035 年为 1470 亿欧元。悲观情境下，这一市场 2020 年应收账款出售金额预期为 6.2 亿欧元，2025 年为 10 亿欧元，2035 年为 20 亿欧元。

（5）社交交易、智能投顾、投资和电子银行

基线情境预测这三种资产管理业务的金融科技发展都将提升顾客效用。原因在于，数字化将降低传统资产管理机构的营销成本，从而提高顾客的收益率。基线情境下，社交

交易、智能投顾、投资和电子银行管理的资产规模，在2020年预期为400亿欧元，2025年为680亿欧元，2035年为1050亿欧元。乐观情境下，顾客效用将由于金融科技的高度透明性而得到极大提升，此外，基于互联网的资产管理，相比人工咨询，节省大量成本。乐观情境下，社交交易、智能投顾、投资和电子银行管理的资产规模，在2020年预期为2260亿欧元，2025年为3860亿欧元，2035年为6000亿欧元。悲观情境的出发点是，在资本市场呈现下行趋势时，资产管理的金融科技将比传统的基金管理者表现更差。悲观情境下，社交交易、智能投顾、投资和电子银行管理的资产规模，在2020年预期为10亿欧元，2025年为20亿欧元，2035年接近30亿欧元。

（二）德国金融科技市场特点

2007年以来，虽然德国金融科技发展迅猛，但也存在很多问题，主要有有三点值得注意：第一，德国金融业过度银行化，大量银行及金融机构提供产品，它们其中很多都有几十年甚至上百年的传统，因此新金融（科技）企业面临困难；第二，德国人尤其偏爱现金，而对金融科技倾向于持怀疑态度，因此，相比活期存款，移动支付处于从属地位；第三，德国乃至欧盟落后的金融监管阻碍了金融创新。尽管如此，德国金融科技市场仍呈现出一些鲜明的特点。

1. 金融科技在某些金融领域完善了传统金融服务

由于成本结构的制约，传统金融服务存在供给门槛，而科技赋能金融，改变了这一局面。比如通过债权众筹平台，投资者仅需开户金额在1000欧元以上，就能够持有由有风险的但高息的债权组成的投资组合；社交交易平台允许其用户自己设立某种基金，即使用户管理资产数额很小，反过来，智能投顾可以帮助那些资产较少的投资者获得个人资产管理服务。企业债权众筹的作用类似辛迪加贷款，但不同的是，这种金融科技形式的辛迪加贷款使得10万欧元的小额贷款成为可能。归纳而言，金融科技扩展了金融服务面向的对象，体现了普惠性。

2. 金融科技企业和银行相向而行

根据Dorfleitner和Hornuf的调查，87%的银行已经与金融科技企业合作或者考虑未来与金融科技企业合作。尽管在某些细分市场，比如债权众筹，金融科技企业与银行进行竞争，但总体而言，许多金融科技企业通过与银行合作，利用银行既有客户，补充现有银行业务，因此，银行收购金融科技企业也是一种趋势。

3. 德国金融科技市场尚未出现系统性风险，监管层已经介入

德国金融科技市场规模尚小，因此金融科技企业经历着早期的高速增长。由于德国政府和行业协会的信息共享服务、技术研发活动，企业之间的竞争是良性的，尚未出现系统性风险。然而，在诸如社交交易、智能投顾等细分市场，炒作和跟风引起的价格波动存在着引发市场恐慌的可能；此外，不同细分市场的贷款证券化和再融资可能会开辟新的二级市场，这可能导致更多的流动性，但也带来了新的风险，如证券化的误定价。因此，监

管介入是必需的。2018 年 9 月，德国联邦金融监管局发布了《关于区块链技术的监管报告》，将区块链代币纳入监管之列。

第四节　国内科技金融发展实践

近年来，我国金融科技发展较为迅速，需要深入研究金融科技对金融业的影响，建立健全适合我国国情的金融科技创新管理机制，处理好安全与发展的关系，引导新技术在金融领域的正确使用。

一、我国科技金融创新发展的特点

通过对国内外各类科技金融创新的分析可见，政府和市场都是推动科技金融创新发展的重要力量，但政府和市场发挥作用的侧重点有所不同。政府是集科技金融供给方、需求方和中介机构于一体的科技金融参与主体，也是科技金融市场的引导者和调控者，在科技金融创新活动中主导科技金融工作。首先，政府通过制定科技金融规划、法律和优惠政策，对科技金融工作宏观把控，实现科技金融资源有效配置。其次，政府不断优化财政科技投入方式，以无偿资助、产权参股、偿还性资助、创业投资引导、贷款风险补偿、贷款贴息、绩效奖励、担保费保险费补贴、后补助、政府购买服务等方式，用财政资金作为杠杆，从而撬动社会资金。此外，政府还会直接介入科技金融风险较高的领域，通过示范导入。在我国科技金融创新过程中，政府和市场之间形成了一种互补互促的关系。各类市场主体积极配置科技金融资源，为科技企业提供各类创新型科技金融服务，极力推动科技创新及财政科技投入与管理方式改革。政府则通过“规则”“规范”“信念”和“组织”等制度要素的结构化，建立与完善科技金融创新的社会制度环境，在开展具体的科技金融工作过程中，对科技创新活动进行直接或间接的金融支持，来弥补市场在创新活动中的不足。综合考虑政府和市场两大主体的作用，可以构建一个四象限模型对各种科技金融创新活动进行系统性分析。

结合四象限模型与实际情况来看，当前我国的科技金融创新主要具有两大特征。一是创新的主体以市场为主，在政府的财政资金引导和相关政策扶持下，市场主体的科技金融创新日益活跃，体现在第二、三象限，而政府部门的财政科技投入与管理方式改革相对滞后或进展缓慢。二是创新的热点集中在金融领域，主要包括政府引导基金、科技信贷、科技担保、风险投资、新三板等，体现在第一、二象限，而在科技创新和科技管理领域相应的制度创新尚未破题。

二、各地加快发展科技金融的实践经验

（一）北京市

1. 发挥政府服务职能，促进银企对接

中小型科技企业融资难问题的主要根源是科技企业与金融机构之间的信息不对称，而北京市政府为了解决这一问题，由北京市科学技术委员会出面，从有融资需求的科技创新项目和高新技术企业中选择优秀的推荐给银行，并帮助银行对这些项目或者企业进行严格的把关，有了政府做媒，科技型企业和银行之间实现了有效的对接。

2. 政府牵头，设立科技创新专项资金

2010年，由北京市发展和改革委员会牵头，将中关村科技园区的支持发展资金和工业支持发展资金集中起来，设立重大科技成果转化和产业项目资金，进行统一规划和管理，专门用于有融资需求的科技型企业开展创新项目并实现科技成果产业化。

3. 设立多项激励资金，鼓励金融机构主动支持

北京市政府设立了多项科技金融专项资金，通过贴息、建立贷款风险补偿金等方式帮助金融机构分担部分风险。

4. 重视知识产权局的发展

知识产权质押对于解决科技型企业的融资难题具有非常重要的作用，因为科技型中小企业不像一些大型企业有大量的固定资产，其知识产权是其最重要的资产，当然也是最难评估的资产，因此知识产权局职能作用的有效发挥能够很好地解决科技型中小企业的贷款问题。

（二）杭州市

近年来，杭州市在推动科技金融的发展上取得了一定的成效，在不断地探索和改进中，杭州市逐渐探索出了“无偿资助—政策担保—科技贷款—引导基金—上市培育”这一兼顾创新和地方特色的科技金融“杭州模式”。

1. 设立创投引导基金，并在约定期限退出杭州市政府

抽调原先直接进行拨款的科技支持资金成立政策性的引导基金——创业投资引导基金，不仅给予科技型中小企业直接的融资支持，而且有效地引导社会资金的进入。并且创投引导基金在约定期限退出机制有效地实现了资金的循环利用，不仅吸引了很多创业投资公司的加入，而且有效地调动了科技型企业的创新热情。

2. 成立政策性担保公司

目前，由政府科技经费共同注资成立的杭州规模最大的、运作最规范的政策性科技担保公司——杭州市高科技担保公司，目前为止已经惠及750家科技型企业，担保金额达25亿元。而且杭州市政府还以杭州市高科技担保公司为基点，设立了杭州市科技型企业投融资平台，综合创投引导基金、政策性担保和科技银行形成了“四位一体”的科技金融政策

体系。

3.风险池模式惠及科技型企业

不得不提的是杭州市的联合天使担保基金，也就是风险池基金，由杭州高科技担保公司、政府科技部门及银行按照4：4：2的比例出资成立，并且各自按照其出资额承担风险，不仅降低了科技部门与金融部门信息不对称带来的风险，还提高了政府科技资金的使用效率。

三、存在的不足和问题

近年来，虽然我国科技金融事业呈现快速发展势头，但总体来看尚处于初级阶段，还不适应加快科技创新步伐和提高自主创新能力的需要。主要表现为“四个不适应”：一是科技信贷总量较小，与加快扩张的高新技术产业规模不相适应；二是创业投资偏好于追逐即将上市的企业，与孵化期、初创期科技型企业更需要风险投资支持不相适应；三是金融产品和服务创新滞后，与科技企业迅速增长的金融需求不相适应；四是相关政策扶持力度不够或政策执行不到位，与促进科技和金融结合的迫切要求不相适应。

四、结论及努力方向

（一）加强政府支持和公共资源有效配置

公共资源向科技金融领域配置和倾斜，必要性在于很多科技创新项目风险过大，超过了金融资本和社会资本的承受能力；可行性在于科技创新活动具有正外部性，对其提供财政补贴等方面的支持，是各国政府的通行做法。把一部分对科技创新项目的直接补贴转变为通过金融手段的间接支持，有利于降低科技型企业信用风险，放大政策杠杆效应。具体措施包括政策鼓励、公共支出、税收调节和提供财政存款支持等。

（二）拓展完善与科技型企业生命周期相匹配的融资渠道

科技型企业处于孵化期、初创期、成长期和成熟期的生命周期不同阶段，面临的风险类型和大小程度也不一样，需要有相匹配的融资渠道。要通过政府支持和政策引导，积极发展天使基金，重点支持孵化期企业；积极发展创业投资，重点支持初创期企业。大力发展多层次资本市场，通过主板市场和各类债券市场，为成长期、成熟期企业筹措资金；通过创业板、新三板、各地股权交易中心、场外柜台交易等为孵化期、初创期企业筹措资金，并打通天使基金和创业投资的退出渠道。

（三）创新信贷管理机制和开发适应性科技信贷产品

要做到这一点，关键是创新信贷管理机制、开发适应性科技信贷产品，如内部收益率计息方式贷款、知识产权质押贷款、可转股贷款、科技立项扶持项目贷款、企业履约保证保险贷款等，以增加科技型企业可选择的贷款品种，提高信贷风险承受能力。

（四）加快发展科技金融专营机构

科技金融专营机构是专注于为科技创新服务的金融机构，如科技银行、科技信贷支行、科技保险支公司、科技担保公司、科技小额贷款公司等，一般设在科技园区和高新技术开发区，选配专业技术团队、建立专门考核机制、统筹外部和内部的资源配置，可以贴近企业开展尽职调查，真正了解科技型企业的融资需求和风险类型，具有针对性的设计金融产品和开展融资服务，有效管理金融风险，实现科技金融的质量和效率相统一。

本章案例

一、案例简介

光大银行智慧金融大脑的建设围绕“智能思维”左脑和“智能感知”右脑开展。思维左脑利用数据挖掘、机器学习、深度学习、图计算等技术，构建面向各业务领域的机器学习平台和智慧引擎，赋能银行的智能营销、智能运营、智能风控建设。感知右脑定位于提供机器“听说读写看”的能力替代银行各项人工服务和运营工作。光大银行逐步构建了包括算力平台、数据资产、数据中台、数据价值转化、生物智能应用、服务组织与机制在内的数据价值链体系。

二、创新技术 / 模式应用

（一）金融科技

依托大数据和人工智能技术提供全面、全场景和全时智能服务，具备运行平台容灾、灰度发布能力。可实现安全可控的敏捷运维，既保证数据安全和环境安全，又实现敏捷，协助光大银行在激烈的市场竞争中取得领先优势。实现银行服务从资助 + 人工的模式往智能服务 + 人工服务的模型转变；通过生物识别技术的应用，实现网点服务的线上化，推动零接触银行目标的实现。

（二）业务场景科技创新

依托大数据、人工智能技术，首创性建立客户旅程营销模式，自动调整营销策略，形成客户与银行接触全流程中行为意向驱动的营销和服务。财富 AI+ 智能视讯功能以数字人与客户沟通并录音录像的方式来打造智能线上双录新模式，得到监管部门的充分肯定。

（三）风控与反欺诈科技创新

依托大数据、人工智能技术，建设智能风控引擎，实现模型集中部署与运营，提升智能风控敏捷性；通过构建企业级知识图谱，提升审计、资产保全、反欺诈和反洗钱等场景的隐含风险发现能力；通过增强型图挖掘功能，深化风险类场景应用，提升风险识别及风险传导路径判别能力；依托机器学习、深度学习技术，建设模型、策略体系，全面提升智能风控能力。

（四）信息科技自主可控能力建设创新

首家将安全可控华为 GaussDB 企业级应用引入数据仓库体系的全国性股份制商业银行。采用与百度联合研发的方式，建设光大银行人工智能基础算力平台，以及自主可控的算法模型。

（五）科技管理创新

率先提出外部数据管理“五个统一”（统一采购、统一登记、统一接入、统一存储、统一共享），以及贯穿数据生命周期的全流程一站式的外部数据服务模式。建立了柔性团队实践敏捷管理方法探索管理创新，通过模型工厂构建模型生产流水线，以科技主导和业务主导两种模式开展建模。建设人工智能平台作为光大银行智慧金融大脑的底层支撑平台，为光大银行“思维左脑”和“感知右脑”提供建模平台、模型管理平台和模型运行发布平台。促进光大银行智能营销、智能风控、智能运营、智能服务、图像识别、生物识别的发展。

三、项目效果评估

思维左脑赋能智能风控、智能营销和智能运营三大业务场景。

智能风控服务场景近 50 个，研发数百个风控模型，自动化审批形成有效资产突破千亿，有效控制了不良率，RAROC 显著高于传统零售业务，实现了秒级审批。智能风控引擎于 2020 年 6 月投产，支撑 C 端信贷、B 端信贷等多场景模型运营，实现模型统一接入、集中部署运营，支撑覆盖发布、运行、监控、验证等的全生命周期模型管理，有效提升智能风控敏捷化、智能化。

智能营销围绕零售关键业务指标构建智能营销体系，研发近百个智能营销模型，并通过智能营销管理平台下发基于 AI 模型工厂产出的精准营销名单百万户，实现 AUM 增量数百亿，贡献全行 AUM 可比增量的 75%。

智能流量经营平台围绕“手机银行月活千万”业务目标，通过数据分析挖掘手段和大数据技术从存量盘活、流量经营、权益促活、社交获客四个方面，定位精准客群，提升业务运营效率和用户体验。自 2020 年以来累计研发运营模型近 50 个，运营策略数百条，通过模型策略自动触达客户千万人次，存活率高达 15%～29%。

感知右脑赋能智能客服、智能外呼、生物识别、智能线上双录、智能图像识别五大业务场景。目前覆盖场景数量 250 个，日请求交易量超过 88.4 万。智能客服全年进线量占比达到 68.55%，节省人工坐席 866 人，新型冠状肺炎疫情防控期间 96% 的来电量由智能客服处理，智能质检支撑远程银行中心质检覆盖率达 100%。智能外呼有效支持对公对账通知、催收、分期等业务，每天外呼 2 万客户，扩展了光大银行的营销和运营能力。

在生物识别方面，实现了手机银行人脸声纹登录和认证、网点 VIP 客户识别和可疑人员识别、柜面人脸认证和指纹认证、人脸打卡等场景，准确率达到 99%，每天认证拦截 900 笔，防 HAKC 攻击拦截 4066 笔。智能线上双录协助光大银行私募 4~5 星产品销售规模达到 50 亿元，较项目上线前同比增长 2 倍。智能图像识别支撑“AI 合格投资者”认定功能，将原有人工审核客户资产的流程替代为采用 OCR 技术智能识别客户资产证明中的资产是否达标，节省人力的同时还规避了人工核验标准不一、材料重复提交等风险。

第二章　众创孵化平台

第一节　国外科技园区发展实践

知识经济时代，发展高新技术产业成为带动国家和地区产业结构升级、提升综合竞争力的重要途径。世界各国和地区纷纷通过建设各类高科技园区来推动高技术产业发展，涌现出美国硅谷、印度班加罗尔等一批国际知名的高科技产业园区。

一、美国硅谷高科技园区

美国硅谷是世界上第一个高新技术产业区，也是当今世界上最具创新能力和活力的高科技园区。硅谷高科技园区是以市场为主导发展起来的，科技人员的创新精神、私人企业家的风险资本投资和科技人才致富氛围对人才的吸引力等成为推动园区发展的主导因素。政府不直接介入园区的发展，其主要职责是提供自由的创新环境和健全的法律环境。

（一）硅谷高科技园区发展概况

硅谷位于美国西海岸加利福尼亚州北部旧金山南郊，圣克拉拉县和圣胡安两城之间一条长 48 千米、宽 16 千米的狭长地带。20 世纪 50 年代初，美国斯坦福大学建立了“斯坦福工业园区”，吸引了大批公司，如通用电器、柯达、旗舰、惠普、沃金斯 • 庄臣、IBM 等入驻。硅谷高科技园区从斯坦福工业园的建立起步，经历了几个不同的发展阶段：

第一阶段：20 世纪 50 年代及以前，硅谷以发展军事技术为主。战争使电子产品需求增加，硅谷企业直接从中受益。1950 年，硅谷企业在国防经费的支持下建立起科技基础设施和相关的支持机构，企业争相发展科技，区域科技能力逐步提升。

第二阶段：20 世纪 60 年代，半导体产业成为当时成长最快的产业之一，代表性企业有 Fairchild、Intel、National Semiconductor 等。

第三阶段：20 世纪 70 年代，这一时期代表性产业为 PC 及局域网络（LAN）产业，代表性企业有 Apple、Sun Microsystems、Silicon Graphics 等。

第四阶段：20 世纪 80 年代，软件技术与产品的重要性日增，软件设计逐渐成为硅谷发展的重要产业之一。

第五阶段：20 世纪 90 年代，网际网路及 World Wide Web 呈爆炸式成长，代表性企业有 3Com、Cisco、Netscape、Yahoo、ebay、Google 等。

第六阶段：2000 年至今，硅谷的代表性产业为移动通信、生物科技（Biotech）与纳米科技（Nanotech），代表性厂商如 Salesforce、Nanostellar 等。

硅谷成为世界著名的高科技产业集群地区，汇聚了一大批世界知名的高新技术跨国公司，集聚了世界各地具有不同文化背景的优秀人才，以及大量创新企业、技术和资金。在经济全球化的推动下，硅谷通过吸引全球资金、技术、人才，形成了与全球经济高度互动的发展模式。

（二）硅谷高科技园区发展的主要特点

1. 高度的市场化运作与必要的政府引导支持有机结合

硅谷的形成和发展是市场化的产物，企业通过市场化运作实现自主创新的高技术成果产业化。政府很少直接介入，而是通过制定各种适当有效的政策措施和完善法律制度来推动硅谷企业的成长，包括为新成立的企业免费（或只收取少量租金）提供临时工作场所，为企业家免费提供培训，制定法律允许大学、研究机构、非营利机构和小企业拥有联邦资助发明的知识产权等。

2. 大量风险资本的积极介入和良好的融资环境为硅谷高新企业的发展创造了条件

风险投资是高技术产业发展的催化剂。美国风险投资规模占世界风险投资的一半以上，而硅谷地区吸引了全美约 35% 的风险资本，美国大约 50% 的风险投资基金都设在硅谷。风险投资和硅谷地区的发展形成了一种相互促进的良性循环机制。风险投资对硅谷高技术产业的发展起到重要的推动作用。著名的英特尔公司、罗姆公司、苹果公司等都是靠风险投资发展起来的。

3. 大学、科研机构与企业之间的密切联系促进了高技术产业的发展

硅谷非常注重产学研的结合，大学紧密结合产业发展和企业需求进行技术创新和人才培养。硅谷除了拥有斯坦福大学、加州大学伯克利分校等著名研究型大学外，还有多所专科学校和技工学校，以及 100 多所私立专业学校。这些学校特别注重新理论、新结构、新工艺的研究与开发，而且与企业共同建立研究所，共同研究新技术、开发新产品，彼此之间的联系非常紧密。它们之间的合作，不仅有助于科研成果的迅速转化，而且有利于为企业培训技术和管理人才，达到双赢的结果。更为重要的是，许多大学和科研机构人员直接投资兴办企业。据估计，硅谷之中由斯坦福的教师和学生创办的公司达 1200 多家，占硅谷企业的 60%~70%。硅谷目前一半的销售收入来自斯坦福大学的衍生公司。此外，斯坦福大学还通过制订产业联盟计划，来促进研究人员、院系之间及大学与外部企业的合作，进一步发挥大学在地区发展中的作用。硅谷长期坚持大学、科研机构与企业之间紧密联系、高度结合，是其开发高技术与发展高技术产业的重要途径。斯坦福大学产学研结合的创新体系，如图 2-1 所示。

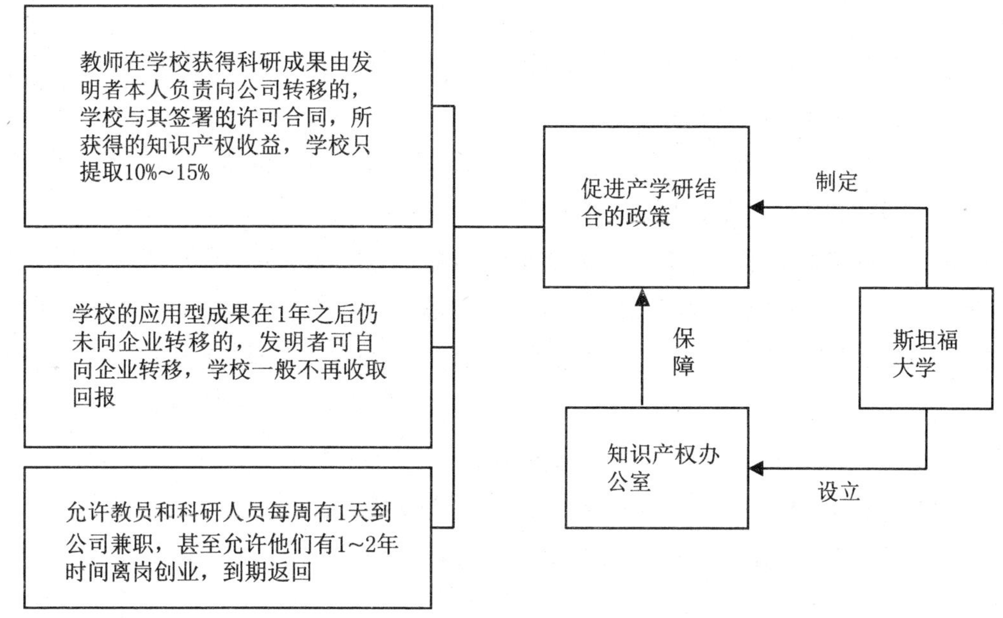

图 2-1　斯坦福大学产学研结合的创新体系

4. 完善的中介服务体系促进了硅谷各种创新要素的整合和技术创新能力的提升

中介服务体系不仅是企业技术创新体系的一部分，而且在整合各种创新要素、提高技术创新能力等方面起着重要作用。硅谷的中介服务主要包括人力资源机构、技术转移机构、会计、税务机构、法律服务机构、咨询服务机构、猎头公司及物业管理公司、保安公司等其他服务机构。如硅谷的技术转移服务机构由大学的技术转移办公室和技术咨询、评估、交易机构组成，主要工作是将大学的研究成果转移给合适的企业，同时把社会和产业界的需求信息反馈到学校，推动学校研究与企业的合作。

此外，硅谷的行业协会也发挥了重要作用。例如，硅谷生产协会积极与州政府配合为地区发展解决环境、土地使用和运输问题；西部电子产品生产商协会为产业界提供管理讨论班和其他教育活动，并鼓励中小规模公司之间的合作；半导体设备和原材料协会为半导体芯片技术标准的统一做出了重要贡献。

5. 人才的引进和激励机制是硅谷高科技产业发展的重要保障

硅谷是海外科技人才集聚创业最集中的地区。为了吸引高端人才，美国政府采取了一系列措施，包括：

（1）招收留学生培养后备人才。据美国国际教育协会公布的数字，每年全世界 150 万名留学生中有 48.1% 在美国学习。

（2）通过研究机构招聘人才。目前，美国共有 720 多个联邦研究开发实验室招聘或引进国外著名科学家。

（3）企业利用平台大量引进人才。

（4）联合攻关或企业外迁借用人才。如与日本、欧洲和俄罗斯共建阿尔法国际空间站。

（5）实施 H-1B 短期签证计划，放宽对移民的限制吸引留住人才，特别是大力放宽对高技术人才及其家属移民的限制。

（6）为有突出贡献和成就的科技精英提供优厚的物质和生活待遇，创造良好的研究开发、创新的条件和环境，吸引大量国外优秀人才。

在硅谷，众多高技术公司都采用股票期权（Stock Option）的形式，即员工有权在一定时期内（如两年或三年）用事先约定的价格贩卖公司一定数量的新股，而期末股价之高低变化所体现的员工利益及风险与员工在这段时间内的创新努力是紧密相连的，它使公司高级经营管理人才、研究与开发人才的利益与企业的长远利益紧密结合起来。此外，硅谷还有技术配股、职务发明利益分享等灵活多样的人才激励机制。

6. 大量创新能力强的中小企业是硅谷创新活动的主体

硅谷拥有大量创新能力强的中小企业，它们是硅谷创新活动的主体。以电子制造业为例，20 世纪 80 年代硅谷大约有 3000 家电子制造公司，其中 85% 的公司的员工少于 50 名，70% 的公司只有 1~10 名员工，员工人数超过 1000 名的公司只有 2%。20 世纪 80 年代以后，硅谷企业的平均员工规模也只有 350 人。

7. 独特的硅谷文化对高科技产业的发展产生巨大影响

硅谷作为高科技产业的集聚中心，具有勇于创业、宽容失败、崇尚竞争、讲究合作、容忍跳槽、鼓励裂变（spin off）的独特文化。硅谷文化是在高科技产业发展的特殊环境中逐步形成的，并且对高科技产业的进一步发展壮大产生巨大的影响。勇于创业、宽容失败激励了员工大胆尝试、勇于探索的创新热情；崇尚竞争使人们既着力于自身能力和水平的不断提高，又注重在竞争中向对手学习；讲究合作使硅谷形成一种拿与给的双向知识交流氛围；容忍跳槽、鼓励裂变则有益于技术扩散和培养经验丰富的企业家。

（三）政府对硅谷发展的支持

1. 政府采购对硅谷高新技术产业发展尤其是新兴产业发展起到极大的促进作用

在硅谷形成初期，正是由于美国国防部对尖端电子产品的大量需求才使许多年轻的高技术公司生存下来得以发展壮大。据统计，1955—1963 年，硅谷半导体产业 35%～40% 的营业额来自政府采购。后来对民用市场开发成功之后，这个比例才逐渐下降。

大量的国防采购，对硅谷集成电路、计算机产业的发展起到了很大的促进作用。以晶体管为例，政府支持硅谷的公司开发新技术，并为晶体管的发展提供了市场。1952 年晶体管全部军用。美国空军于 1958 年决定将其民兵式导弹的真空管换成晶体管，使晶体管的市场增大了一倍。在集成电路的发展中，政府起到了同样的作用。斯坦福大学集成电路研究中心得到了来自美国国防部 800 万美元的资助和来自 19 家公司 1200 万美元的资助。继民兵式导弹从电子管转到晶体管之后，政府在民兵式二号导弹、阿波罗计划和弹道导弹预警系统中强制采用集成电路。20 世纪 60 年代初期，美国政府还通过大量订货促进集成电路生产技术不断完善。

2. 政府通过加大研发投入力度等政策促进硅谷技术发展

联邦政府研发经费对硅谷的大学、实验室和私人企业的投入支持了硅谷关键技术的发展，促进了硅谷地区的技术创新。

此外，联邦政府还积极支持中小企业的研发创新。例如通过“中小企业技术创新法案”，利用国防、民生、能源等部门的研发基金支持中小企业相关技术创新；实行“研发抵税”的政策等。

3. 地方政府通过担保、税收等政策支持中小企业发展

除了联邦政府的支持外，地方政府也通过担保贷款、采购优惠等各种政策来支持硅谷中小企业的发展。如市政府为企业提供贷款担保，如申请 100 万美元，从银行可贷到 70 万美元，余下 30 万美元由政府提供，年息通常不超过 8%；政府采购优惠，美国政府有关法律规定，10 万美元以下的政府采购合同要优先考虑中小型企业，并给予价格优惠，其中中型企业价格优惠幅度在 6% 以下，小型企业的优惠幅度不超过 12%，同时联邦政府采购合同金额的 20% 必须给小企业。此外，地方政府还对硅谷高科技公司提供全年 365 天，每天 24 小时的特别服务，为当地创造优质的生活环境。

二、印度班加罗尔软件科技园

20 世纪 80 年代，西方公司纷纷进入印度，利用印度庞大而廉价的人力资源开发应用软件，美国得克萨斯州仪器公司于 1984 年率先在印度卡纳塔克邦首府班加罗尔设立软件开发公司，开展离岸开发业务。1992 年，印度政府在班加罗尔正式设立国家级软件技术园区。同年，政府在班加罗尔和美国之间架设印度第一座卫星通信设备。90 年代中期以来，一些重要的高科技公司和跨国公司由孟买移至班加罗尔，惠普、摩托罗拉、Digital、IBM 等大型跨国公司入驻班加罗尔科技园区，班加罗尔由此确立了印度软件之都的地位。

（一）印度班加罗尔软件科技园概况

班加罗尔软件科技园核心区面积 1.5 平方千米，是印度软件技术园区的代表。

1. 专注于软件产业，是世界主要软件外包出口基地

班加罗尔由软件园和硬件园组成，其中软件产业占园区产值的 80% 以上。班加罗尔软件产值占全印度的一半左右。班加罗尔拥有近 11 万 IT 外包员工，主要为美国、欧洲、日本及中国的企业编写程序、设计 IT 芯片、提供计算机维护、金融服务等。

2. 以中小企业为主，同时聚集了一批国内外知名软件企业

目前，班加罗尔园区有高新技术企业 1600 家左右。企业规模普遍偏小，年销售收入小于 50 万美元的企业占 47.8%，年销售收入小于 200 万美元的企业合计达 83.9%。

此外，园区还集聚了印度本土三大软件企业 Infosys、Wipro 和 Tata 咨询公司及一批世界著名的跨国公司，如国际商用机器公司、美国电报电话公司、摩托罗拉公司、朗讯科

技公司、微软公司、日本索尼公司、东芝公司、德国西门子公司、荷兰飞利浦公司等。其中，园区前十位的大公司出口额占整个地区出口额的50%。

3. 通信基础设施先进，与世界联系便利

班加罗尔软件科技园区拥有高速数据通信设施，包括 Soft Point 和 Soft Link，能够满足园区不同软件企业的需求。基于 ISO-9001 质量管理系统认证的网络内部基础程序而建立起来的集成化的网络操作中心全天候运转，控制并处理着高速数据通信服务系统，为各种网络服务提供稳定可靠的问题处理平台。

（二）班加罗尔软件科技园区的成功经验

1. 运营模式的创新使园区逐步走向国际化

印度政府为了获取更多的国际订单，采取了现场开发和离岸开发两种运行模式。一方面，在本国建设具有世界水平的软件开发配套环境，让国外跨国公司与本国软件企业合作在印度建立软件开发中心，推进软件企业的国际化进程；另一方面，鼓励本国软件企业在海外（尤其是在硅谷）设立分支机构，把开发人员派送到用户身边提供服务，在班加罗尔科技园区和硅谷之间建立起“桥梁”或“网络”，并通过卫星使美国和印度两地的开发人员 24 小时连续协同工作。

2. 完善的技术创新体系提高了整个软件产业集群的创新能力

经过十几年的发展，园区形成了以企业为中心的完善的科技研发系统（如图 2-2）。众多软件企业集聚园区，集群效应使人才、科技成果、资金等要素重新配置、优化组合，提高了整个集群的创新能力。仅德州仪器在班加罗尔就获得了 150 项专利，思科（CISCO）和 IBM 获得了 75 项专利。园区还聚集了印度国家科学院、尼赫鲁科研中心、拉曼研究所、天体物理研究所等一批大型科研机构，拥有印度理工学院等 7 所知名大学，以及一些高等专科学校和高等职业学校。

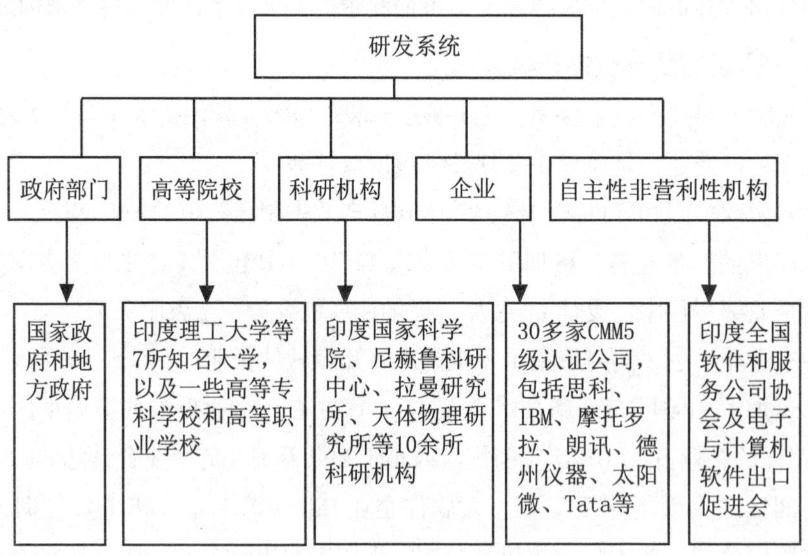

图 2-2　班加罗尔技术创新体系

3. 大量的科技人才是班加罗尔软件产业发展的保障

班加罗尔地区高校密集，每年可为社会输送 3 万名计算机和软件工程技术人才，其中 1/3 是信息技术人才。此外，班加罗尔还汇聚了大量“海归”人员，他们为印度带来了充足的资金和尖端的技术。印度与美国硅谷之间存在着密切的人员联系和企业合作。20 世纪 60 年代以来，印度政府输送了大批高素质人才到美国等发达国家留学，培养和储备了大量的科学技术人才。

4. 中介组织为园区软件产业的发展做出了重大贡献

印度全国软件和服务公司协会、电子与计算机软件出口促进会等中介组织为班加罗尔软件业发展做出了重大贡献。印度全国软件和服务公司协会是印度 IT 及其相关服务行业的尖端组织，为其成员公司提供扩资服务，协助它们进行商业决策；提供政府政策变更、国内外市场机会、海外专家研讨会和展览会等方面的准确信息。

电子与计算机软件出口促进会是在印度信息技术部支持下建立的自主性非营利机构，通过组织促进性活动，邀请外国代表团来访，组织市场考察等，提供了一个政策允许的互动交流平台，把成员公司和外国公司、政府和企业联系起来。此外，促进会还从事软件市场的信息收集、分析和研究工作，为政府和企业提供市场信息，帮助企业开拓国内外市场。

5. 政府的政策支持促进了园区的发展

印度政府为促进园区快速发展，从税收、投资、进出口、人才、政府采购等方面制定了较为完善的政策措施。

第二节　科技企业孵化器

科技孵化器是企业研究院发展到一定阶段，提升自主创新的产物。在国民经济和社会发展“十四五”规划下，企业研究院作为创新资源的聚集地，探索科技孵化器平台科研成果转化管理新模式，实现科研成果、资本、科研人员创效热情的有机结合，有效拓展科研成果市场，激发科技成果转化的内生动力。

科技企业孵化器作为一种孵化创业企业的机构，在促进科学技术转移、科技成果产业化、创造就业机会，以及促进区域经济和创新环境的发展等方面都发挥着重要的作用。我国的科技企业孵化器发展已有 20 年的历史，而且由于获得了中央和地方政府的大力支持，发展十分迅速。

一、孵化器的产生及分类

（一）孵化器的概念

孵化器，即企业孵化器（Business Incubator 或 Innovation Center），是一种新型的社会经济组织，它通过提供研究、生产、经营的场地，通信、网络与办公等方面的共享设施，系统的培训和咨询，以及政策、融资、法律和市场推广等方面的支持，降低创业企业的风险和成本及创业门槛，提高企业成活率和成功率，加快企业的创业速度，活跃行业内的创新氛围。

鲁斯坦•拉卡卡（Rustam Lalkaka，前联合国发展署官员、国际企业孵化器问题专家，其最早将企业孵化器概念引入中国）对孵化器有一个简单的定义：孵化器本身是一个系统，是专门为扶持新创的科技型企业而设计和运作的体系。我国孵化器研究专家颜振军博士较认同这个定义，认为其中的“体系”二字特别重要，这个体系首先应该是一个“中介性体系”。有了这个体系，孵化器就具备了通往官、产、学、研、银行、风险投资的广泛渠道和网络，具备了自我繁衍和繁衍他人的能力。

一般认为，一个成功的孵化器离不开五大要素：共享空间、共享服务、孵化企业、孵化器管理人员和扶植企业的优惠政策。企业孵化器为创业者提供良好的创业环境和条件，帮助创业者把发明和成果尽快形成商品进入市场，提供综合服务，帮助新兴的小企业迅速长大形成规模，为社会培养成功的企业和企业家。

（二）孵化器的产生

当今的世界是信息化、高科技化的社会，科学技术迅猛发展，带动了大批高科技产业的兴起。它们不仅有力地推动了社会生产力的发展，而且引发了社会、经济、政治、文化等各方面的深刻变革。因此，大力扶持和发展高科技及将其产业化，成为现阶段非常必要和迫切的工作。在激烈的市场竞争下，高科技企业的发展面临着多方面严峻的考验。由于初创的高科技企业有许多的先天不足之处，企业创办者大多数是技术出身本身不善于经营并且缺乏资金。在创业之初，他们就会遇到诸如创办企业、租赁场所、寻找资金、组织管理、财务管理、人事后勤、仪器设备、市场推广、对外联系等一系列问题，所以他们非常需要一个良好的创业环境，帮助他们进行工商注册、税务管理、融资服务、管理培训乃至仪器设备的租用、市场营销网络的建立等，使他们顺利地度过艰苦的创业阶段，让他们的技术和产品不仅能够支撑和壮大自己的企业，还能够促进社会经济的发展。因此，提供相应服务的“企业孵化器”孕育而生。

企业孵化器在推动高新技术产业的发展，孵化和培育中小科技型企业，以及振兴区域经济、培养新的经济增长点等方面发挥了巨大作用，引起了世界各国政府的高度重视，孵化器也因此在全世界范围内得到了较快的发展。截至 1998 年年底，世界上已有 3300 多家企业孵化器，其中北美拥有 750 家（并以每周新建一家的速度增长），欧洲拥有 2334 家，许多发展中国家和经济转轨国家也采取相应措施，大力兴建企业孵化器。企业孵化器在 20 世纪 50 年代发源于美国。1956 年，美国人约瑟夫·曼库索创建了第一家企业孵化器——“贝特维亚工业中心”。1987 年 6 月，中国第一家创业中心——武汉东湖创业服务中心成立，标志着企业孵化器在我国诞生。

（三）中国孵化器的分类

针对近年来孵化器的发展特点，对孵化器进行了以下几类的划分。

1. 企业平台型孵化器

企业平台型孵化器是指基于企业现有先进技术资源，通过技术扶持或资金扶持，以企业庞大的产业资源为创业者提供高效便捷的创新创业服务。主导者通常为大型企业，拥有雄厚的资金实力，不追求创业初期的盈利，而是鼓励创业在其现有先进技术平台上实现突破和创新。目标是未来能为主导者带来新模式，为上游企业带来新技术。而主导企业在孵化器中也可寻觅有助于打造未来新型业务模式的潜力股，优先获得创新资源为主导企业实现突破。

这一类孵化器的代表有百度开发者创新中心、腾讯众创空间、微软创投加速器等，以百度开发者创新中心为例，其在北京、天津、成都、厦门等地均设有基地，为初创团队提供免费办公场地、公司运营配套等服务；为快速成长的创业团队提供免费办公空间、公司注册等基础配套服务，此外在产品推向市场阶段，向优质团队倾斜应用分发和市场推广资源及政府相关的扶持政策与补贴，通过沙龙、路演提供曝光机会等。

2. 天使投资＋孵化型孵化器

天使投资＋孵化型孵化器主要是效仿美国等发达国家孵化器的成功模式。该类孵化器模式，靠股权投资盈利，是当下创新型孵化器的主流模式，由于需要通过股权溢价获得收益，因此对项目甄选条件比较严苛，一旦入选，孵化器会为企业配备创业导师，定期邀请成功创业者举行创业培训。

这种类型的孵化器在国内也有代表性的例子，比如启迪之星，除了依托在线网络平台提供完整信息化管理手段，开展园区战略咨询、运营管理咨询服务及各种增值服务，也会为企业提供资金支持，和太极股份完成整合并购的慧点科技在入孵启迪之初，就是靠一笔来自园区的资金支持渡过难关。

3. 开放空间型孵化器

办公空间类孵化器的孵化模式，是在传统孵化器基础上的环境升级，更注重服务质量和品牌效应，致力形成创业生态。该类孵化器主要为创业者提供基础的办公空间，并以工位计算收取低廉的租金，同时提供共享办公设备及空间。孵化器会定期邀请创业导师来举办沙龙或讲座为创业者答疑解惑。该类孵化器虽不提供创业投资基金，但与创投机构保持密切联系，为创业者提供高融渠道。办公空间类孵化器相对于其他几类孵化器创立门槛较低，无须先进的科技或产业基地或配备创业基金，因此吸引了多元化背景人才参与成立。

代表者总体可以细分为两种子类型：一是咖啡馆型，该类型孵化器是当下草根创业孵化器最流行的模式，创始人多为互联网从业者，例如，雷军投资的车库咖啡创始人苏菂和3W的创始人许单单。创业咖啡从诞生之日起就汇聚了很多互联网行业资源，低门槛、低成本地向创业者开放，3W咖啡实际上也成立了自己的3W种子基金，优先考虑投资入孵的优秀团队。二是办公空间型，该类型孵化器典型的例子是科技寺，开放式办公环境，线上社区辅助服务；同时参与早期投资，股权比例低于10%，投资金额100万~500万元，入孵的三期团队中，90%获得A轮投资。

以上两个具有代表性的例子不难反映，以投资获得股权溢价收益是孵化器脱颖而出的一个重要因素。

4. 媒体依托型

媒体类创新孵化器是指依托自身庞大的媒介平台，以为创业者提供多维度宣传为亮点，同时凭借对创业环境及科技型创业的长期跟踪报道而积累的经验对创业者提供扶持帮助的孵化器。这一类孵化器通过其媒体平台为创业项目提供帮助，同时对接各路投资人，通过形成线上至线下的一种约谈及投资的模式。代表者主要有两家：一家是创业邦孵化器，另一家是氪空间，两者均是先在创业领域作为媒体深耕多年，积累了颇深的创业者、资本的资源，同时在创投圈具备一定的影响力。媒体类孵化器的优势之一是行业经验丰富且无盈利压力。

5. 新型地产型

在创业产业链中，房产服务处于最底层、最基础的位置。从地产商的角度出发，是其基于产业地产过剩而进行的转型探索，在国家大力鼓励创新创业的政策下，地产商背景孵化器的专业性仍处于摸索阶段。

当前阶段以Soho 3Q、万科云为代表。其提供的创业环境也同样是开放的，靠出租车位收费，但由于是自有地产，从出租方式及出租时限上具有更高的灵活性，为小团队创业者提供了便利。该类型孵化器出现时间不久，目前体现出的创业服务逊于其他类型孵化器，且没有亮点项目产出。

6. 垂直产业型

垂直产业型孵化器是较为独特的一类孵化器，此类孵化器往往指针对某一产业进行定向孵化，提供现有先进产业技术，同时提供孵化基金帮助相关技术创业者技术落地和产业化发展。该类孵化器一般有以下几个特点：与政府关系密切、面向特定行业、资产密集及进入门槛高。种类孵化器能够扎实地把具有地方性特色或带有政府倾向性的产业扎实地发展起来，营造出品牌性的产业氛围。加之政府做引导与专业股权投资基金合作，从而政府实现资金回报，产业实现实质性飞跃。真正实现政府的战略引导、专业公司的运营、龙头公司的带动、公共平台的支撑，聚集产业链各个环节的核心企业，健全产业创新生态系统，完成新标准创制、新业态孵化、新领军企业培育的功能要求。该类孵化器的特点是基地＋基金，是创新型孵化器中的重资产模式。

该模式提供了先进的技术平台，并依托特定的办公环境。“产业＋技术”模式孵化器在中国的创新道路上才刚起步，作为“硬核”孵化器，如何帮助国家在多个领域进行基础性技术突破，以及在重资产模式下如何实现盈利是其面临的最大的两个挑战。

自从李克强总理提出“大众创业、万众创新”以来，孵化器在近几年实现了飞速发展，在经历了一段时间的“野蛮生长”后，一批批以混骗补贴为目的、竞争力不足、没有特点的孵化器相继倒下，留下来的孵化器在经营方面日趋成熟。从现阶段孵化器发展情况来看，优秀的孵化器尽管分类不同，但逐渐具备一些共性，仅仅提供场地的孵化器逐渐淡出这个舞台，在市场强调软性服务的重要性过后，软硬兼备成为优秀孵化器的共同特质。软指的是孵化器对于初创企业在业务、财务、法务及投融资甚至技术方面的支持，硬则指孵化器配备自己的基金，对于特定行业提供的昂贵的设备、硬件条件等。相信未来从孵化器运营角度的类别会出现融合，但孵化器本身的运营会趋于多元化，同时各自又具备核心的优势和特点。

二、企业研究院科技孵化器平台的创建

科技成果转化涉及多个系统、多环链条、多种组织，其主要方式有作价投资、成果转让、成果许可、自行实施、合作实施。在企业研究院，每一个项目的成果转化方式，应根据成果的特点、科研团队、技术难题的具体情况设计合适的转化方式。集团公司所属的研究院主要通过成果转让、成果许可方式完成科技成果转化。

目前，我国专利技术转化到实际应用中的比率仅 10%～15%，在科研院所的转化率仅 5% 左右。根本原因在于科技成果转化路径长、投入大、见效慢、人才要求高。科技成果转化推广应遵循市场导向与配套扶持相结合，以价值为导向优化调整现有产业链，最大限度发挥一体化优势，以创新驱动促进企业发展的提质增效升级。为促进科技成果转化，尝试探索建设科技孵化器平台，旨在加速转化存量科技成果的同时，激发增量创新成果产生和形成内生动力。

（一）精准定位科技孵化器

科技孵化器是中国现有科技创新体系的完善和补充，是中国科技创新体系的有机组成部分。对科技孵化器的认识是否到位，如何定位，决定了将它摆在什么位置。只有认识到位，措施才能到位，措施到位，才能有力推进科技孵化器建设，才能充分发挥其对科研建设和人才培养的促进和提升作用。

无论把科技孵化器定位成什么样的平台，都是围绕在中国以科技为核心的创新发展背景下的产物。定位好它的位置，就是要摆正它与纵向课题、横向开发之间的关系。科技孵化器项目在立项时，应该有转化及产业化导向，要充分考虑预期效益及转化的便利性，可以考虑两个转变：从“科研导向”到“市场导向”，从“课题项目”进阶到“创业企业”。

即在已完成 0 到 0.1（即好点子到基础研究）的纵向课题中，根据市场需求，选取有市场价值及未来前景的项目进入科技孵化器，从而实现 0.1 到 1（基础研究到成果产品化），以及 1 到 N（即科技成果转化为工程化应用）的完整链条。

（二）组建孵化器管理团队

组建人才结构合理的管理团队，有效利用孵化器的功能、平台等，使所有在硬环境和软环境方面的投入能够更加高效、规范和顺畅运行，最大程度地发挥投入的效率。科技孵化器以相关职能部门作为孵化管理团队人员的有效支撑，并在特定部门设有专门负责孵化转化的管理人员。

国发〔2015〕32 号文件要求，“打造一支高素质、高水平的创业孵化人才队伍”。国科火字〔2017〕64 号文件也强调对孵化器人员理论和实操能力的综合培养，致力打造一支“懂孵化，擅服务”的职业化人才队伍。目前，国企研究院的孵化器高级管理人员非常稀缺，需要了解企业、懂投资、技术成果转化、知识产权、技术、法律等多元的综合性人才，可以从实验室配备、工商注册、财务税收、商标专利、法律咨询、政策申报、投融资服务、市场价值等提供所有服务内容。这就要求我们通过对目前从事孵化器工作的人员进行培训和专业化的学习，以及切身开展工作的经验来完善管理人员的水平。

人员的培训应该遵循两个原则：一是要根据孵化项目的特点开展培训；二是系统性培训与针对性培训相结合。

培训内容可以包括：技术培训，如行业新技术发展趋势；工商、税务知识培训；知识产权保护培训；市场营销管理培训；融资技能与技巧培训；财务管理知识培训；政府支持政策和政府项目申请专题培训（可以结合地方科技局）等。

培训的主要方法有：通过网络平台以网课形式进行培训；通过行业协会组织培训；委托培养等。

通过开展具有针对性、专业化的培训，增强孵化人员对科技孵化器的全面了解，形成高水平、高素质、专业化、职业化的服务队伍，为孵化器工作高质量发展提供高水平人才保障。

（三）建立项目入孵服务流程和平台管理制度

为规范孵化器平台对入孵企业的服务和管理工作，明确企业的入孵条件和孵化转化程序，促进入孵项目及企业的健康发展，依据国企研究院设立的孵化器平台的实际情况，立足于长远发展，制定和建立相关管理办法。如“科技孵化器——孵化工作管理办法、入孵申请书、入孵企业保密协议、科技成果转化实施细则”等孵化器相关执行文件及规章制度，见图 2-3。

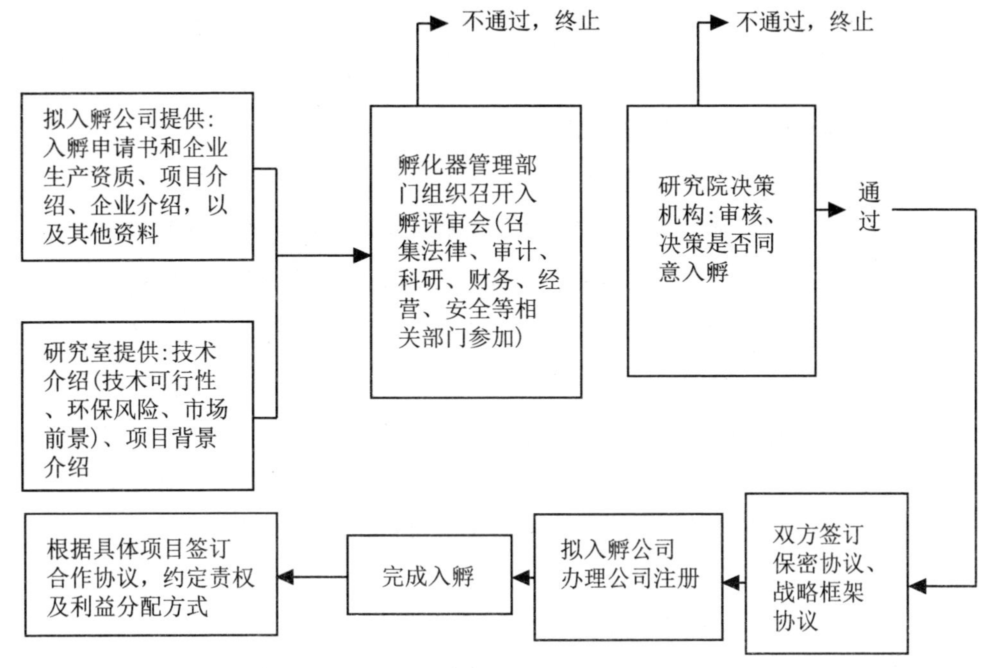

图 2-3　项目及企业入孵流程示意

1. 制定入孵项目甄选依据和流程

（1）入孵项目甄选依据

入孵项目甄选需要考虑宏观因素、项目因素、行业因素和技术成熟度。从宏观因素角度，入孵项目要符合国家政策导向和行业需求；从项目因素角度，入孵项目需要考虑场地需求、资金需求、技术水平、团队素质、方向正确、成长速度等；从行业因素角度，入孵项目要有足够多的用户，有门槛壁垒，不能被轻易模仿，有核心优势和创新性。

（2）入孵项目甄选流程

在研究院内广泛征集相对比较确定，具有一定市场潜力的科研项目。根据甄选依据，评审团队对初步筛选项目进行甄选。评审团队与初选项目负责人交流，进行入孵答疑。听取项目技术进展、国内外市场前景、市场预测、人员及资金投入、HSE 风险评估、产业化设想（经营模式，经济效益评估）等。根据甄选标准，由评审团队确定项目入孵是否可行。

2. 孵化转化合作公司及场地的选择

对于孵化转化项目的合作公司，要具有开放兼容的孵化合作氛围，具有任务导向型的创业加速功能，能够提供长期而持续的孵化合作，能够提供投融资服务及资金支持，具有一定的资源整合能力，没有或有较低的股权诉求，具有协同创业的价值观。

科技企业孵化器场地应与研究院、大学距离接近；接近科技园区或在高新园区内；周边有相关技术领域的企业群体，方便孵化解决孵化过程中的配套加工等协作问题，有利于形成产业聚集。作为专业技术孵化器，孵化场地可以在选择孵化合作公司时综合考虑，如果合作企业正好具备孵化项目生产所需的场地及基础设备，那么孵化项目可以充分利用双方综合优势，快速实现共赢。

（四）构建以团队为核心的孵化转化主体

在项目团队建设方面，充分考虑团队要具有多专业人才的互补性，拼劲十足、执行力强、效率快。当得到导师的指导后能迅速调整孵化思路，孵化团队负责人选择项目方向正确，对项目的领域市场前景应充分考虑具有广阔的发展空间，团队要具有较快的成长速度。依据企业研究院特点，在项目团队建设上要有广泛性和全面性，不局限于本专业相关的人员，根据项目需要，可纳入其他科室人员、管理人员及企业外本学科领域顶尖人才。

（五）建立五级孵化服务体系，助推科研项目快速成长

围绕科研项目不同发展阶段的特点，建立由“孵化器项目管理员＋项目经理＋项目团队导师＋专家咨询＋项目市场商业网络”构成的五级孵化培育体系，为科研项目提供全方位的服务，促进科研项目快速成长。

1. 以孵化器项目管理员为主的基础性服务

在每个孵化项目指派孵化器项目管理人员，帮助科研项目前期解决科研转化活动中的事务性工作，提高科研项目转化效率。

2. 以项目经理为主的增值性服务

给每个重点科研项目配备一名经验丰富的项目经理，以定期走访的形式，为科研项目在申报各类计划、项目推介、引进融资等方面提供咨询服务。

3. 以创业导师为主的针对性服务

对于科研项目发展所特有的个性化高层次问题，聘请成功科研项目专家、职业经理人、咨询机构专业人士担任科研项目的创业导师，借助成功人士的经验和视野，帮助科研项目增强对商业机会的辨识能力和对市场风险的抵御能力，提升科研项目的创业成功率。

4. 以专家咨询顾问为主的指导性服务

孵化器平台专家咨询顾问团依托单位各级专家，凝聚多个领域专家群体的集体智慧，为科研项目发展关键时期出现的重大问题提供决策支持。

5. 以各类商业服务机构为主的专业性服务

通过筛选，逐步引进科研项目发展所需的各类专业性商业服务机构，为孵化科研项目提供和市场资源接触的优先权，配合各类推介、对接活动，形成市场资源网络服务体系，提高市场资源供给方和市场资源需求方的碰撞几率，实现对孵化科研项目最大、最有效的配置，提高科研项目转化率。

三、科技孵化器平台建设实施效果

科技孵化器管理团队经过征集和筛选，选取了技术水平高、市场明确且潜力较大、环境及经济效益比较好的环保型油田化学品项目作为首个入孵化器项目进行孵化转化。在该

项目科研成果成功孵化转化的同时，建立专业的科研成果孵化转化团队，形成完整的科研成果孵化器管理体系，建设规范的科技孵化器平台，驱动研究院新兴领域科研成果经营创新多元化。

（一）通过平台孵化转化的典型科研项目应用效果分析

该项目入选孵化器期间处在即将中试阶段，为加快该成果的转化，与当地民营企业在科技孵化器平台成立了合作公司，在政策上对科研物料采取“即用即采”方式，孵化器公司随时、灵活配置人员对中试及工业化装置建设和设备改造，仅用10个月便实现了产品市场应用，大大缩短该科研成果工业转化周期，质量达到国内同类产品领先水平。在产品销售方面，委托合作公司销售产品，以产品销售价格的10%作为单位收益，激励项目骨干人员。该项目在一年内完成了从中试装置建设、生产出合格产品、市场应用的全流程运作。通过科技孵化器平台孵化转化，该项目入驻孵化平台前后效果对比见表2-1。

表2-1　科研项目入孵化平台前后效果对比

内容	正常流程模式效果	入孵化平台后效果
技术研发完成后评议或鉴定	按课题计划进度，2年	10个月
工业应用时的原材料采购	中国石化物资采购的流程，至少1个月	采购灵活，“即用即采”，同一物料最低价格采购，紧缺物料最快时间采购
工业应用时的装置设备改造	改造1台反应釜的时间为1~2周	随时调用多名工人进行装置改造，同时改造3台反应釜的时间仅为2天
技术成果转化	主要是中国石化市场	可外延至中国石油、中国海油、延长石油等国内市场，甚至是海外市场
科研团队的激励	酬金额度＝项目纯收入 ×9%	中国石化科技孵化器试行方案，科研团队至少可获得科技孵化企业收入的50%
项目从研发完毕到推向市场	至少2年	最慢1年

（二）孵化转化培育成果显著

环保型油田化学品项目作为首批入孵项目，2018年和2019年累计销售200余吨，2020年销售量达到500吨以上。用户包括中国石化胜利油田、河南油田、江苏油田、西南石油工程公司等，系统内使用覆盖率达60%以上。新增销售额300万元以上，利润100万元以上。

（三）为应用企业产生了显著的经济效益和环境效益

环保型油田化学品项目已形成四大类产品，并与油田企业研究院深度合作，开展现场井试应用和市场推广等研究工作。环保型油田化学品在某油田分公司30余口新钻油井的使用过程中，缩短了单井钻井时间，为应用企业节资402.5万元；在另一油田公司10余口新钻油井的使用过程中，缩短了单井钻井时间，为应用企业节资297.6万元。环保型油田化学品为油田企业提质提产，降低环保风险，推动石油天然气绿色勘探开发和可持续发展做出了重要贡献。

（四）科研人员工作积极性显著提升

根据集团公司及国家相关政策，制定孵化转化成果分配政策，对团队给予奖励，提高科研人员的横向收入，激发科研人员工作热情，使科研人员工作积极性显著提高。环保型油田化学品项目团队累计申请专利23篇，累计发表文章10篇。通过孵化器转化的新模式，科研人员的工作积极性被激发，打破体制的制约，真正实现“名利双收”。这样高效率的科研速度和技术成果将推动研究院科研成果转化向良性循环发展。

第三节　我国高新技术产业开发区发展历程

一、高新技术产业开发区的概念

（一）高新技术与高新技术产业

高新技术是我国为了便于应用先进的实用技术和高技术来提高我国产业的整体技术水平而特定采用的技术分类术语。技术概念通常可以按两类划分：按时间序列划分为一般技术、新技术和新兴技术；按技术先进程度划分为一般技术、先进技术和尖端技术。高新技术是对先进的实用技术和新技术、新兴技术、尖端技术等现代技术的统称。因此，我国对高新技术的定义是：新兴技术、创新的成熟技术及专利技术、专业技术和本国地区没有的技术。

高新技术产业是通过高新技术的产业化发展起来的新兴产业，是一个动态的、全球性的概念。一般而言，是指以最新科学成就为基础的、把知识高度密集的技术加以商品化并形成一定规模的产业，这种产业所拥有的关键技术往往开发难度很大，一旦成功，将具有高于一般的经济效益和社会效益。在实际经济生活中，关于高新技术产业的衡量标准、适用范围和分类，尚没有统一的定论。但至少以下三点是相似的：

（1）所采用的定量指标相类似，多采用技术密集度指标。如R＆D经费强度，即R＆D经费占产出（总产值、增加值或销售收入）的比重，科技人员或熟练工人占全体雇员的比重等。

（2）高新技术产业核心内容相对集中，即有一定的类聚性，各种界定都包括航空航天、电子及通信、办公设备及计算机、医药等制造行业。

（3）OECD关于高新技术产业的定义和界定范围具有一定的代表性，在进行国际比较时，很多发达国家及发展中国家都参照OECD关于高新技术产业的定义和目录。OECD近年来规定，R＆D投入占销售收入的比率达到8%~10%，即为高新技术产业。

（二）高新技术产业开发区

关于高新技术产业开发的基地，我国称为“高新技术产业开发区”（以下简称高新区）。所谓“高新区”是一种以智力密集为依托，以开发新技术和开拓新产品为目标，促进科研、教育与生产相结合，推动科学技术与经济、社会协调发展的综合性基地。世界各国高新区呈现千姿百态，名称也不尽相同，如“科技工业园”“科学公园”“技术公园”“发展研究园”“科学城”“技术城”等，但它们一般都以发展高技术、开拓高技术产业、振兴科教和经济作为基本目标和目的。

由于各个国家、地区的自然条件、社会经济和科学文化背景的不同，高新区的建设各具特色，形式多样。但从总体上来看，有以下六种基本形式：

1. 科学园

科学园是以大学为核心，通过校园土地出租等多种方式吸引众多企业参加的科学与生产相结合的组织方式，主要从事研究开发和中间试验。其主要功能是为园内公司提供建筑和服务设施，提供商业、管理、技术咨询服务，促进企业与大学和研究机构密切联系，促进科技成果的物化。英国剑桥科学园和美国斯坦福研究园具有典型意义。我国科学园模式的典型代表是北京中关村新技术产业开发试验区。

2. 科学城

一般地讲，科学城在建设初期均呈现为科研机构和大学的集结地，主要从事基础研究和应用研究。随着新技术革命的深入发展，高技术企业的靠拢和渗入，逐渐发展成为将科研、教学、生产、社会管理与服务结合成一体的新型城市。如俄罗斯的新西伯利亚科学城，日本的筑波科学城。我国的合肥高新区是国内比较典型的一个代表。

3. 科技工业园

科技工业园是通过原有良好的基础设施、优美的环境和高质量的服务来吸引技术企业、科研机构及厂商，以进行高技术工业生产的基地。其产出目标是高技术产品和科研成果。法国的格勒诺布尔科学工业园，韩国的大德研究园等是这种形式的代表。广州天河高新区就属于这种类型。

4. 技术城

技术城是一种以发展高技术和高技术产业为主，注重产、学、住有机结合，谋求整个地区振兴的新型城市化的发展形势。一般以一、两个城市为母城，充分利用原有基础，对产业区、住宅区、服务区和环境按照新的构想进行全面规划。这种形式的最大特点是把发展高技术及其产业同城市规划、城市发展结合起来，充分体现了高新区带动地方社会经济发展、发扬地方特色的优势。如日本熊本技术城、法国里尔技术城、意大利瓦兰扎诺技术城等是这种形式的代表。我国上海漕河泾基本属于技术城的发展方式。

5. 高技术产业地带

高技术产业地带是自发或半自发形成的高技术产业及科研机构大规模的集结地。其地域广，集科研、服务、销售机构于一体，是具有高技术研究、开发、生产、销售、服务全功能的地带。著名的高技术产业地带有美国的硅谷、128号公路、英国的M4号公路和加拿大的北硅谷等。我国在江苏沿江、京津塘沿线、珠江三角洲、陕西关中等地区已形成规模较大的高技术产业带。在环渤海地区的辽东沈大、山东齐鲁、福建东南部及北部湾地区等十多条高技术产业带也正在形成和发展。

6. 高技术产品加工区

高技术产品加工区是在原有传统工业生产加工区基础上发展起来的外向型技术经济开发区，主要通过改善投资与研究环境，吸引外资，引进先进技术与智力，使传统产业结构向高技术产业结构转化，发展技术密集型工业，产品主要供出口。一些新兴工业国家和地区，如新加坡和我国台湾省就建有这类加工区。国内高技术加工区的代表首推深圳高新区。

二、世界高新区发展模式

（一）优势主导模式

优势主导模式多见于发达国家，是以一个地区最具特色的优势为主导来谋求发展，所谓优势包括工业技术基础优势、学科专业优势、资源资本优势、智力和劳动力优势、地理位置优势、市场优势等。这种发展模式的特点是，扬长避短、注重实力、重点倾斜。美国I-270高技术走廊所依托的几个联邦政府研究机构，其技术强项为生物和信息，走廊以此为主导，发展成为一个生物技术和信息技术为主的高技术开发区。德国的不伦瑞克生物科学园也属于此类发展模式。

（二）优势导入模式

本地区的优势不突出，科技、工业技术基础薄弱，或原有的传统产业失去优势，面临困境，而改弦易辙，力图振兴，积极创造条件争取未来的优势。该模式的特点是因势利导，借人之长，补己之短，从而带动本地区的科技进步和经济发展。法国的索菲亚·安蒂波利斯科学城原是一个旅游胜地，原有的科技、工业技术基础几乎是空白。科学城的创业者积极创造条件，在城内创办了孵化器、新型研究机构等。经过多方努力，科学城内已吸引了上百家研究机构和公司，其中60%是外国的。该科学城已从昔日以旅游、建筑业为主的地区发展成为蓬勃发展高技术的地区。日本的九州“硅岛”从昔日的煤矿业基地发展成为集成电路板生产加工区，也属于这类发展模式。

（三）优势综合发展模式

综合利用地区的多种优势，如资源优势、科技优势、投资环境优势等，谋求发展。该发展模式的特点是多种优势综合利用，协调发展。法兰西岛科学城所在地是法国的政治、经济和文化中心，它正是凭借这一地理优势，并充分利用原有的工业、科技基础优势和密集的智力优势而发展起来的。美国的费城科学城、128号公路，英国的M4号公路走廊均属于此种发展模式。

三、我国高新区发展历程

我国的高新区是在面临世界新技术革命挑战，各国不断加强高新技术产业发展，国内不断深化改革、对外开放的背景下倡导发展起来的。它既根植于我国的科技、经济、教育、法律、政策、社会文化等内在基础，又生长在世界经济集团化、区域化、一体化及高科技激烈竞争的国际环境。我国在构造自己的高新区时，以本国的经济、社会各项要素和当代的国际环境为基础，通过高新技术、基础建设、扶持政策“三大支柱”，支持和推动各地高新区的成长和发展。大致经历了酝酿、诞生、成长与发展三个阶段。

（一）酝酿阶段

党的十一届三中全会后，伴随着我国改革开放的历史进程，在中央的积极倡导下，全国科技界、经济界、理论界掀起了一次又一次关于科技问题的讨论，我国开始形成了“尊重知识、尊重人才”的社会环境。人们强烈关注世界新技术革命的趋势及我们的对策，也在思考着解放和发展科学技术第一生产力的一些深层次问题。这为高新区的创办提供了必要的社会历史条件。

1984年6月，原国家科委向中央、国务院提出了关于迎接新技术革命的对策报告，其中明确提出了要研究、制定新技术园区和企业孵化器优惠政策，要大胆实践，跟上新技术革命步伐。1985年3月，《中共中央关于科学技术体制改革的决定》提出：“为加快新兴产业发展，要在全国选择若干智力密集区，采取特殊政策，逐步形成具有不同特色的新兴产业开发区。”同年4月，国家科委报国务院与中央财经领导小组的《关于支持发展新兴技术产业的请示报告》，提出了在北京中关村、上海市、武汉市东湖区、广州市石牌区等地试办高新区的设想及试办开发区的五项原则。1985年7月，中国科学院与深圳市人民政府联合创办我国第一个高新区——深圳科技工业园，拉开了中国创办高新区的序幕。1986年，国家开始实施“863”计划。1988年6月，国务院正式批准建立北京市新技术产业开发试验区，并制定了有关试验区的18项优惠政策，从而奠定了我国高新区发展的基础。同年8月，中央、国务院批准实施发展中国高新技术产业的指导性计划——火炬计划，明确把创办高新区、高新技术企业孵化器作为国家火炬计划中的重要组成部分。至此，我国高新区完成了它的酝酿阶段，开始进入运作时期。

（二）诞生阶段

继“863”计划、火炬计划，1991年3月，国务院以国发〔1991〕12号文件下发《关于批准国家高新区和有关政策规定的通知》，正式在全国37家地方兴办的高新区的基础上，批准建立了武汉东湖、南京浦口、沈阳南湖等27个国家级高新区，即第一批国家级高新区，明确了高新区的地位和作用，并颁布了适合于全国的国家高新区优惠政策和开发区高新技术企业认定办法。1992 年 11 月，国务院又以国函〔1992〕169 号文件批准建立苏州、无锡、常州、佛山、惠州、珠海等 25 个国家级高新区，即第二批国家级高新区。全国高新区建设出现热潮。

这一时期，高新区建设具有以下明显特征：

（1）区域选择靠近或处于智力、知识密集区，以高等院校、科研院所为依托；自然地理环境比较优美；交通便利；有一定的产业基础；与城市经济发展有着密切联系。

（2）地方政府设立专门的管理机构，实现多功能的综合管理，其中科技综合部门发挥积极作用，有关经济部门参与。资金来源多渠道，形成企业自筹、银行贷款、政府适当补贴建设格局。

（3）各地相继依据自身特点，制定了相应的配套政策体系，初步形成比较完善的政策支撑环境。依靠中央和地方政府的优惠政策，靠国家和地方政府的扶持，是高新区的初创期必要的推动力。

（4）各地高新区注重发挥自身优势，成片规划，集中开发，从项目做起，滚动发展，努力探索各自的发展模式。

（三）成长与发展阶段

从 1992 年开始，高新区经过了从无到有的历史跨越后，进入从小到大的成长发展阶段。1997 年 6 月，在全国高新区蓬勃发展的基础上，为推动农村高新技术产业的发展，国务院经过慎重研究，在北方农业科技、教育实力最为密集的陕西杨凌批准建立了国家农业高新技术产业开发示范区。至此，经国务院批准的国家高新区已经达到 53 个，整体布局基本完成。这一时期高新区的几个明显特征为：

1. 从“一次创业”进入“二次创业”

一次创业求生存，二次创业求发展。高新区的一次创业以技术成果转化和外延扩张为主，注重技术成果和人才的引进，注重项目的转化，注重高新技术成果的商品化。经过几年来的努力，53 个国家级高新区大部分已完成了一次创业，正在走向以技术创新为核心的新阶段，由注重招商引资、基本建设向注重创新质量和优化配置科技资源转移，由扩大建设项目向优化创业、创新环境转移，由发展分散向优势集成发展特色产业转移。进入二次创业阶段，将大力发展具有自主知识产权和国际竞争力的支柱产业，为我国产业开发和结构调整，提高经济发展的质量和效益，为科教兴国和可持续发展做出贡献。

2. 更加注重综合环境的营造

高新区创建初期，一般比较注重硬环境，特别是基础设施的建立和完善，现在则更注重软环境的综合创建，不少高新区提出了“营造环境，再创优势”的奋斗目标。这一转变，一方面表明高新区基础建设的发展成熟；另一方面表明高新区的建设进入了一个新发展时期。

3. 由主要依靠政策驱动逐步转入功能驱动

随着我国改革开放的深入，特别是大批开发区的兴建，政策优势已不太明显，各地高新区为在激烈的竞争中求得发展，均加强了自身建设，向发挥其功能优势的方向发展，这是近几年来高新区建设的又一重要转变。

四、我国高新区的发展现状

2020 年 1 月，国家科技部火炬中心公布了 2019 年度国家高新区评价结果，北京中关村科技园、广东深圳高新区和上海张江高科技园区分别位列第一至第三位。

其中，北京中关村科技园的营收规模和科研投入都稳居全国之首；而广东深圳高新区和上海张江高科技园区在营收规模、科研投入方面“你追我赶、不相上下”。

（一）国家高新区的数量不断增长

数据显示，2010 年以来，我国国家高新区数量总体增长，2018—2019 年，全国国家高新区数量维持在 169 个；同时，2010—2019 年，全国国家高新区入园企业数量也稳步增长，特别是 2016 年以后，入园企业数量同比增速均在 10% 以上，主要因“十三五”期间我国经济产业结构调整、战略性新兴产业得以发展等因素的影响，2019 年，我国国家高新区的入园企业数量达 14.11 万个。

（二）国家高新区评价结果

2020 年 1 月，国家科技部火炬中心公布了 2019 年度国家高新区评价结果，全国 169 个高新区（含 168 个国家高新区和苏州工业园）的综合排名出炉。该评价报告以总指数形式呈现国家高新区创新能力的发展，揭示国家高新区的创新能力建设和创新发展绩效，并对国家高新区创新发展进行动态监测。

其中，排名首位的是北京中关村科技园，这也是北京市唯一的国家高新区；排名第二的是广东深圳高新区，排名较 2018 年无变化；排名第三的是上海张江高科技园区，排名较 2018 年上升 1 位。

（三）营收规模

从营业收入来看，2019 年综合排名前六的国家高新区中，共有 4 家园区的营收规模在万亿元以上。其中，北京中关村科技园实现的营业收入最多，达 6.65 万亿元，这也促成了北京市成为全国国家高新区中实现营收最高的省市；营收排名第二的是上海张江高科技园区，共实现营收约 2.52 万亿元。

同时，在园区的收入结构中，综合排名前三的园区有所差异。北京中关村科技园的各项收入占比相对均衡，最大的收入来源是商品销售收入和产品销售收入；广东深圳高新区和上海张江高新区的产品销售收入都占比较大，2019 年分别实现了 1.16 万亿元和 1.81 万亿元。

（四）科研投入

国家高新园区是发展高新技术产业的重要载体，因此，园区的科研能力也是影响其持续发展的驱动因素。2019 年，在科研投入方面，北京中关村的科研经费支出和科研人员数量都稳居综合排名前六园区之首，分别达 4150.32 亿元和 29.75 万人；其次是广东深圳高新区，科研经费支出和科研人员数量分别为 1537.79 亿元、20.68 万人。

本章案例

一、案例简介

中国第一家科技企业孵化器是武汉东湖新技术创业中心，成立于 1987 年 6 月，是中国孵化器事业的发源地，也是国内第一家完成由事业单位向民营机制的企业改制的孵化器。

秉承“为中小科技企业提供创业孵化服务”及“促进科技成果商品化”的宗旨，武汉东湖新技术创业中心致力于寻求符合中国国情的企业孵化器发展之路。它一直专注于科技型中小企业服务市场，一方面为中小企业提供物业、餐饮、网络、通信等各类基础物业常规服务；另一方面为中小企业提供企业培训、管理咨询、风险投融资、国家创新基金、各类政府资助等专业服务。二十五年来，累计孵化科技企业一千二百多家，孵化科技项目一千余项（包括国家级项目二百五十多项），毕业企业七百七十多家，企业存活率超过百分之七十。其中凯迪电力、国测科技、武汉开目、三特索道、立德空间、凡谷电子、四方光电、楚天激光、银泰科技等众多毕业企业已成长为国内著名企业，极大地推动了区域经济的发展。在此过程中，创业中心累计提供就业机会七万余人次，并且培育了大批科技企业家，同时促使大批科技成果转化为生产力。

二、创新技术 / 模式应用

企业的战略管理包括战略制定和战略实施两部分，而战略的制定又包括确定目标和战略规划两阶段。武汉东湖新技术创业中心要制定适合自己的发展战略方案，首先要确定企业的战略目标，其次要考虑为达到这些目标而采取何种战略。实例从东湖创业中心发展战略的制定标准、战略目标和制定依据入手，选择最适合实际情况的发展战略方案，并从总体战略层、业务层和公司层三个层面来分别阐述。

（一）战略指导思想和发展原则

武汉东湖创业中心发展战略的制定遵循以下标准：

1. 制定东湖创业中心发展战略的指导思想

立足国家孵化器发展方针和国家社会、科技、经济发展的需要，发挥东湖新技术创业中心在孵化高新技术企业中的积极作用，推动区域经济的发展。创造有价值的品牌形象，实现服务创造价值。

2. 东湖创业中心发展战略的制定要遵守三个原则

（1）功能性原则

科技企业孵化器的宗旨是孵化。孵化器必须实现它的社会功能，即培育科技型企业、培养创业型人才、转化科技成果，推动区域经济的发展，以此实现孵化器的社会价值。

（2）专业化原则

新时期的孵化器事业要求孵化器能为在孵企业提供更深层次的服务和更专业的支持。为了提升孵化绩效，必须不断加强孵化器行业从业人员的专业水平和能力，这是我国新时期孵化器服务体系的必然要求，也是提升孵化服务水平、提高核心竞争力的要求。

（3）市场化原则

在资本市场上进行完全竞争，必须以市场为导向、以经济效益为目标，实现利润最大化。并以市场为检验手段，实现服务创造价值。

（二）东湖新技术创业中心的战略目标

武汉东湖新技术创业中心的发展战略总目标是“创业中心以创业、创新精神持续为社会创造价值，为员工创造价值，为股东创造价值，谋求独具特色的业务模式，开辟与众不同的发展道路，不断追求自我超越”。发展战略的具体分项目标如下：

1. 品牌建设目标

东湖新技术创业中心作为中国孵化器事业的源头，知名度在业内相当高，其创造的SBI创业街的品牌也得到同行业的认可。虽然已经具有一定的品牌优势，但还要加大宣传力度，得到全社会的认可。

2. 社会功能目标

创业中心必须为在孵企业争取到更优惠的政策、更多的基金和投融资，提高在孵企业毕业率，培养更多创业型人才，转化更多科技成果，以实现孵化器的社会价值。

3. 优化服务目标

加强人才建设，整合资源，加大服务投入，优化服务体系，持续改良自行运行机制，采取引进和提炼的方式提高核心竞争力。建立集约型一体化管理体系，在企业管理方面逐步与国际要求接轨，为企业全面提升核心竞争能力奠定坚实的基础。

4. 金融战略目标

一方面以中小企业融资需求为核心，与政府、银行及其他金融机构、第三方风险投资合作，建立投融资服务平台，为在孵企业争取各级政府的无偿基金、银行贷款，提供股权融资或债权融资；另一方面，东湖创业中心要积极做好自身上市的各项准备工作。

5. 网络化目标

一方面以东湖创业中心本部为核心，进行全国多点布局，在全国范围内建立孵化网络；另一方面可以与其他孵化器进行联盟孵化，共享孵化平台资源。

6. 专业化目标

在全国多点布局时应以各地方的区域产业发展为导向，充分考虑当地区域经济环境和技术环境，面向当地的优势产业，建立能使该产业企业集聚的专业孵化器。

7. 国际化目标

继续组织发展中国家技术国际培训班，开辟国际合作渠道，提高国际知名度。通过中比技术中心孵化器逐步构建国际技术转移平台，开展国际技术转移服务，并将此作为进入欧洲市场的启动项目。

（三）战略制定依据与方案选择

1. 战略方案的制定依据

SWOT 分析法最早是由哈佛商学院的安德鲁斯教授提出的，在其《公司战略概念》一书中指出处于竞争态势的企业所处的环境可分为外部环境和内部环境，其中外部环境包括企业面临的机会和可能受到的威胁，内部环境则划分出企业具备的优势和企业自身的劣势。SWOT 分析法就是首先综合分析企业内部能力和外部环境，然后构建出 SWOT 矩阵（见表 2-2），并分析四种可能的备选战略方案，最后在全面把握企业内部优势和劣势及外部环境的机会和威胁的基础上，制定最适合企业未来发展的战略或战略组合。

表 2-2　SWOT 分析模型

外部环境	优势 Strengths	劣势 Weaknesses
机会 Opportunities	SO 战略 增长型战略	WO 战略 扭转型战略
威胁 Threats	ST 战略 多种经营型战略	WT 战略 防御型战略

（1）优势——机会（SO）战略

这是一种企业利用内部优势并抓住外部机会的战略，是一种最理想的战略模式，也称为增长型战略。当企业在某方面具备特定的优势，而又有能发挥这种优势的外部环境提供的机会时，可以采取这种战略。

（2）弱点——机会（WO）战略

在这种战略下，企业利用外部机会来弥补自身的弱点，以使企业改变所处劣势地位而获取优势。当存在外部机会时，企业往往因为自身存在一些内部弱点而无法利用这些有利机会，此时可以先采取措施克服这些弱点，所以也称为扭转型战略。

（3）优势——威胁（ST）战略

这是一种企业利用自身优势来抵御外部威胁的战略。当外部环境造成不利影响时，企业可以凭借自身优势进行防御。在此种情况下，企业往往会有多种措施可以应对外部威胁，所以也称为多种经营型战略。

（4）弱点——威胁（WT）战略

这是一种企业旨在减少内部弱点，并回避外部环境威胁的战略，也称为防御型战略。当企业存在内忧外患时，采取这种战略或许有可能改变劣势。

2. 东湖新技术创业中心的战略选择

（1）SO 战略

这是东湖创业中心的开拓进取战略，充分利用国际国内的有利宏观环境及政府政策，积极提高创业中心的服务水准，引进先进的企业文化理念、先进的管理机制，加强人才队伍建设与储备。在发展核心竞争力的同时，走上国际化的道路。

（2）WO 战略

这是东湖新技术创业中心的发展改善战略，利用行业发展的有利时机，建立孵化联盟，走上网络化联合孵化之路。充分利用社会资源，通过与其他企业的合作来弥补自身的不足，提高自己的孵化能力；搞好人才建设，培养一支稳定的管理队伍。同时更重要的是，要面向特定区域产业，转型为专业孵化器，实行差异化聚焦战略。

（3）ST 战略

积极主动协助并促使政府加强政策创新，利用自身在行业内的优势弥补社会条件的限制。利用东湖创业中心的品牌优势，向外输出服务，可以用合资或托管方式与其他孵化器合作。整合各种资源，降低孵化成本，注意调动员工积极性，提高服务水平。同时要探索盈利模式，寻找利润增长点。

（4）WT 战略

在此种情况下，一方面要优化组织结构，挖掘自身潜力，另一方面要引进先进管理理念、引进高级管理人才；要加强服务意识，树立品牌形象，争取更多的政策与资金的支持。同时要加强危机意识，设立风险防范机制。此时更重要的是严格控制内部管理机制，严格资产管理，降低成本。

运用 SWOT 分析方法，针对中国科技企业孵化器发展的趋势及东湖创业中心的自身特点，从以上四个战略备选方案来看，WO 战略应是东湖新技术创业中心当前发展的最佳战略，并逐步过渡到 SO 战略。因此，建议东湖新技术创业中心实施的发展总战略为：实行发展改善战略和开拓进取战略的战略组合，利用建设创新型国家的机遇，不断完善自身的发展，重点提高核心竞争力，利用这种优势，实现东湖新技术创业中心的跨越式发展。

（四）东湖新技术创业中心具体战略方案

用 SWOT 分析法在总体战略层面上提出东湖创业中心选择发展改善战略和开拓进取战略的战略组合，具体到业务层战略上则采取差异化聚焦战略，即在定位上采取聚焦战略，在提供服务上采取差异化战略。为寻找更多可盈利点、创造更多价值，在公司层战略上采取多元化战略；但多元化并不是盲目实施无关业务，而要采取归核化战略，实施与核心业务强相关的相关多元化。

1. 聚焦战略

聚焦战略也称集中型战略，是专注于一个特定的目标市场的业务策略。当企业想利用核心竞争力来满足某一特定行业细分市场的需求时，可以采用这一战略，为特定的地区或特定的买方提供特殊的产品或服务。企业之所以选择聚焦战略，是因为企业能比行业内的竞争对手更有效地服务于一个细分市场。当它们可以有效地服务于拥有独特需求而全范围的竞争对手选择不服务的细分市场或企业拥有全范围的竞争对手不能很好地满足需求时，这些企业就会成功。

东湖新技术创业中心之所以实行聚焦战略，是为了实现与竞争对手不同的目标定位。创业中心可以采用这一战略，在全国多点布局时，在各地所建立的孵化器不是综合性孵化器，而是面向特定目标群体的专业性孵化器；已有的综合性孵化器也应该转型为专业孵化器。当然，这种孵化器专业化的要求，不仅是实行聚焦战略的需要，还是服务专业化、产业集群及集聚效应的必然趋势。

2. 差异化战略

业务层战略的目的是在企业与其竞争对手的定位之间形成差异。这种定位不仅包含聚焦战略的目标定位，还包括其他多种方面。“同竞争对手相比，选择与众不同地采取行动或采取与众不同的行动”是业务层战略的本质，一般可采取成本领先战略和差异化战略。但是从现实条件来看，东湖新技术创业中心很难在成本上做到领先的地位，而且成本领先企业的产品或服务本身也必须具备有竞争力的质量（通常是因为差异化），所以东湖新技术创业中心应该采取差异化战略。

差异化战略的本质是生产特定的产品或提供独特的服务，又或者使本企业其他方面与竞争对手有所不同来获得竞争优势，它能有效地使企业获得高于行业平均水平的利润。

东湖新技术创业中心要采取差异化战略，目的是提供与竞争对手不同的服务。服务是孵化器的核心，只有提供有别于竞争对手又优于竞争对手的服务，真正把服务做到“人无我有、人有我新”，才能保持东湖创业中心在行业内的领先。服务创新，不仅是差异化战略的要求，还是发展东湖创业中心核心竞争力的关键。

3. 多元化战略

公司层战略往往关注这样几个问题：企业的市场范围、企业参与哪些产业的竞争、企业如何管理这些业务。多元化战略是公司层战略的一种主要形式，是指企业同时经营两种或两种以上基本经济用途不同的产品或服务，以此发展多品种或多种经营的一种发展战略。

为寻找新的盈利点，创造更多的价值，东湖新技术创业中心可以实施多元化战略，发掘可盈利的业务。但并不能盲目地实施与企业现有业务毫无关联的业务，而是采取相关多元化战略，开拓与现有业务密切相关的业务。具体而言，东湖创业中心的主营业务是为在孵企业提供孵化服务，那么理论上可以提供与孵化服务相关的各类服务。创业中心先要明确能够提供的各项服务内容，比如物业服务、商业服务、中介服务、投融资服务、后勤服务、培训服务、娱乐服务、房地产服务等，然后再判断这些服务中哪些是相关业务，哪些是非相关业务。企业对相关业务进行经营活动就是实施相关多元化战略。

实施相关多元化公司层战略的企业可以增强或扩大其资源和创造价值的能力。因为企业的经营活动可以分摊共享、核心竞争力可以相互传递、多点型竞争可以提高市场影响力，所以，东湖创业中心可以通过实施相关多元化战略来提高企业各个业务的范围效应。

4. 归核化战略

所谓归核化战略是对多元化企业而言，注重企业的各种业务与企业核心能力之间的相关性，通过剥离不相关或弱相关的非核心业务，将业务集中到具备优势资源和能力的领域。这种资源向核心业务集中、业务向企业核心能力靠拢，同时保持适度的相关多元化的战略，实质上是一种更强相关的相关多元化。

东湖新技术创业中心采用归核化战略，目的是先确认创业中心的核心业务及与核心业务强相关的业务，然后通过向核心业务及强相关业务的回归来集中优势资源，提高企业自身的整体竞争力。

（五）东湖新技术创业中心战略实施措施

1. 积极获得政策支持、搞好公共关系

孵化器的发展与政府的政策强烈相关，行业的发展也离不开政策的引导和扶持，政府政策是孵化器运行的保障。东湖创业中心应该采取积极进取的策略，充分利用自己的孵化实践经验，不仅在政府制定相关政策时要主动协助，还要积极促使政府要加强政策创新。在争取政府的优惠政策时，不仅要争取到政府给予创业中心本身的更多更优惠政策，还要争取到政府给予在孵企业的更多更优惠政策，吸引待孵企业入驻。同时，要加强各种孵化政策和产业政策的研究，注意防范政策风险。

孵化器事业由于本身具备社会性，所以必须搞好公共关系。各种孵化服务平台的搭建，也依赖于社会各方面的支持与配合。重点来说，东湖创业中心不仅要搞好与政府、银行等金融机构的关系，还要与社会服务机构、行业协会等建立合作关系，与高校、科研机构等建立合作伙伴关系。但是也不仅限于以上合作方，东湖创业中心可以和一些大公司，特别是在孵企业建立合作伙伴关系。这样不仅能通过交流学习，获得对方的管理经验，还能将已有的合作持续深化下去。另外，东湖创业中心还要与各种中介组织建立良好的合作关系，以便一些与核心业务不相关或弱相关的业务可以外包出去，通过外包可以达到集中精力、整合优势资源的目的。

2. 搭建投融资平台、开拓多元化融资渠道

在中国现实的金融环境情况下，中小企业一直是弱势群体，银行为了让大企业贷款会

提供很多优惠，相比之下，中小企业却连银行常规利息的贷款都拿不到，为了在市场上竞争和生存，他们有时要靠两倍甚至五倍利息成本去银行贷款。中小企业不得不承受金融环境给予他们的高利贷负担。因此，要为中小企业提供孵化服务，就必须建立投融资平台，而且在东湖创业中心的各种孵化服务平台中，投融资平台又是重中之重。

为解决中小企业融资难题，东湖新技术创业中心可以通过建立投融资平台，提供以下服务：一方面，东湖新技术创业中心要为在孵企业争取到更多的省市地方政府的资助和无偿创业基金，甚至可以直接向中央财政争取国家的无偿创新基金，再由地方政府分配；另一方面，东湖新技术创业中心可以和银行等金融机构合作建设投融资平台，通过投融资平台，银行向在孵企业提供一定程度的优惠贷款。此外，创业中心可以通过与第三方风险投资公司合作，为在孵企业提供股权融资或债权融资。这样，通过投融资平台，风险投资能与行业整合、产业聚集等各项工作有机结合起来，与政府资助形成一个良性的互动。

为解决资金问题，东湖创业中心不仅要建立通畅的融资渠道，还应将创业中心自身的上市融资作为一项重点工作来抓。同时，对在孵企业的投资采取投资组合法，即多投资几个成长性较好的在孵企业，但相应所占的股份较少。由于资金有限，东湖创业中心不应把过多的资金投入到基础设施建设，而应该把有限的资金和资源投入到核心服务业务中去。

3.优化服务、提高核心竞争力

（1）采取引进和提炼的方式培养核心竞争力

现阶段可以通过合作的方式引进，一是在与其他企业的合作过程中积极学习对方的先进管理经验和管理理念；二是利用行业的交流机会及孵化网络联盟的合作机会，学习其他孵化器的成功经验和运作方式；三是充分利用组织国际培训班及国际交流的机会，积极学习其他国家公司和其他国家孵化器的有益东西，并充分利用国际合作的机会，学习合作方比利时新鲁汶大学及其科技园带来的知识和资源。

（2）东湖创业中心要做到把已有的核心竞争力进行有机地积累组合

东湖创业中心要想持续维持已有的核心竞争力并保持优势，就必须不断改良自身运行机制，完善自我服务功能。具体来说就是改革组织机构，改变各个下属公司和部门各自为政的服务习惯，将各种零散的服务平台集中为一个大孵化服务平台，提供孵化服务一体化。通过整合服务资源，发挥出整体优势，集中优势资源，优化服务。这样既可降低成本，也能使服务效果达到最优。

（3）加大对服务的投入

相应减少基础设施的投入，把有限的资金投入到技术服务平台和投资服务平台上去。同时，东湖创业中心重点要把自己建立成为一个学习型组织，能够快速、熟练、主动地创造、获取和传递知识，还能善于修正企业自身的行为，以适应新的知识和见解。建立起集约型一体化管理体系，在企业管理方面逐步与国际要求接轨，为企业全面提升竞争能力、实现可持续发展奠定坚实的基础。

4.转型专业孵化器、建立全国孵化网络、实现孵化国际化

（1）东湖创业中心要转型专业孵化器，进行产业孵化

东湖创业中心在全国多地建设孵化器，应该做到细分市场，清晰定位，满足特定群体的需要，并依托优势产业，提供特色服务。这就要求东湖创业中心以各地方政府的产业政策规划为导向，充分考虑当地区域经济环境和技术环境，依托区位优势，面向当地的优势产业，建立能使该产业的企业集聚的专业孵化器。各地专业孵化器的建立不仅能促使产业集群发挥集聚效应，推动区域经济的发展，还使东湖创业中心由企业孵化逐步向产业集群孵化转型。东湖创业中心在各地建立专业孵化器并提供特色服务，是差异化聚焦战略的具体应用，一方面强调聚焦性，要清晰定位，建立专业孵化器；另一方面要求差异化，要提供专业的特色化服务。

（2）东湖创业中心要建立全国孵化网络，形成孵化联盟

东湖创业中心的孵化网络建设以发展定向经济为指导思想，以促进孵化和企业聚集为目标，形成以区域政府产业政策规划、科技园区环境规划、孵化服务体系输出为核心手段的孵化网络开拓格局。一方面，东湖创业中心以本部为核心，进行全国多点合理布局，在全国范围内建立当地优势产业的专业孵化器，并形成孵化网络，提供异地孵化服务，为在孵企业突破地域限制更好地发展提供条件；另一方面，东湖创业中心可以与其他孵化器组建联盟，进行联盟孵化，共享孵化平台资源。同时，建立全国孵化网络有利于东湖创业中心由在地服务为主的孵化服务模式升级为网络集成孵化服务模式，这同样有利于提高东湖创业中心的核心竞争力。

（3）东湖创业中心要实现孵化国际化，逐步输出国际服务

要逐步实现国际化目标，必须做到以下几点：

1）继续组织国际培训班，提高国际知名度。充分利用这个平台，开辟国际合作渠道，积极促成在孵企业和毕业企业与国外公司的业务合作。

2）为开展国际技术转移服务，通过中比技术中心孵化器逐步构建国际技术转移平台，并将此作为进入欧洲市场的启动项目。

3）制定专门的中比技术中心孵化器战略方案，重点做好项目规划、方向选择、产业选择、路径选择四个方面，同时进行前期招商工作。

4）在国际交流合作中积极学习合作方比利时新鲁汶大学及其科技园带来的知识和资源，做好合作双方的互动。此外，在国际企业管理中要特别注意风险的防范，制定风险预警机制和应对措施。

（六）东湖新技术创业中心战略实施的保障

1.保障战略实施的各项基本条件

东湖新技术创业中心要保障具备战略实施的各项基本条件，使战略方案能有效实施。

（1）保障硬件设施的可用性和更新度

虽然厂房、写字楼等硬件设施的重要性比不上服务的重要性，但是园区硬件是提供孵化的基础，完全脱离硬件环境的虚拟化孵化只在少数情况下适用。年代较久、简陋破旧的园区会严重影响孵化器的形象，而新建孵化器会因为良好的硬件环境对待孵企业产生较大吸引力。因此，东湖创业中心必须保障一定程度的硬件建设，做到以下几点：

1）随时关注路面、排水、供电等基础设施，这是硬件设施的重点。

2）对于缺乏综合服务配套硬件的园区，提供基本的后勤配套和商务配套硬件设施。

3）要定期更新硬件设施，对于年代较久、简陋破旧的设施应及时拆除。

4）建立巡查制度和风险防范机制，注意园区安全。

5）保证厂房和写字楼的中高档装修水平，搞好园区环境建设，保证园区外观形象良好，以此提高品牌形象，吸引待孵企业，提高企业入驻率。

（2）东湖创业中心要完善人才建设

人力是服务的基础，企业的一切运营归根到底都是员工的活动，所以对一个企业而言，拥有一支高效而稳定的管理队伍是相当重要的。高效性要求东湖创业中心的管理者必须具备较高的素质，采取良好的人才引进机制，将人才引进和人才培养相结合，培养一批既懂技术又懂经济还懂管理的复合型人才。人才可以引进，但也会流失，稳定的管理团队对企业的发展至关重要。稳定性要求东湖创业中心采取具体措施防止人才流失。民营企业的很多问题在于“老板的热情和员工的热情不在同一温度上”，这就要求实行人才激励机制。正所谓没有满意的员工就没有满意的客户，要提高企业的服务质量，首先要提高自身员工的满意度。因此，人才激励不能仅仅停留在口号层面，还要有具体措施，比如薪酬的合理设计、完善的考核指标、良性的职位晋升机制等，不仅要增加员工对企业的认同感，更重要的是增加员工的满意度。专业的人才队伍是孵化服务的保证，也是企业发展的保证，东湖创业中心要利用与大公司的合作及与国外公司的交流和合作，充分学习它们的先进经验，多层次地培养专业管理人才和孵化服务人才，从而提升企业的整体素质。

（3）要搞好品牌建设，营造创业、创新环境氛围

东湖新技术创业中心作为中国孵化器事业的源头，知名度在业内相当高，其创造的SBI创业街的品牌也得到同行业的认可。虽然已经具有一定的品牌优势，但还要进一步加强品牌建设。

1）加强与政府、银行等金融机构、社会服务机构、中介等组织的合作关系，保持行业内的知名度，吸引更多优秀企业入驻。

2）通过社会媒体报道东湖创业中心，加大宣传力度，提高在全社会范围的知名度，得到创业者的认可。

3）采取合资或托管等合作方式，向其他孵化器输出服务，这也是提高行业知名度的有效方式。更重要的是，东湖创业中心自身要加强服务创新，提高品牌的无形价值，只有

核心竞争力才能使品牌真正具备内涵，品牌才会更有价值。同时，东湖创业中心应该在园区内营造良好的创业、创新文化氛围。一方面，要建立一定的创业、创新价值观，比如公平、尊重、竞争、秩序等；另一方面，不仅要鼓励成功，还要做到宽容失败，鼓励和宽容的结合才能激励创新。此外，在园区内还要发挥社区功能，积极协助工会、党团组织和其他社会组织开展各类活动，增强创业社区的凝聚力。

（4）资金上要有充足的保证

1）要采取多种措施建立通畅的融资渠道，争取得到更多的投融资。

2）要将创业中心自身的上市融资工作作为一项重点任务来抓。

3）要整合各种资源，加大对服务的投入。这就要求东湖创业中心相应减少对基础设施的投入，整合各种可以利用的资源，把有限的资金和资源投入到核心服务业务中去。

2. 建立保障战略实施的监控系统

要保障战略方案的顺利实施，东湖新技术创业中心必须建立起一套保障战略实施的监控系统，尤其是评估机制和预警机制。

（1）要建立评估机制，及时纠偏

东湖创业中心要根据内外部环境因素和战略实施的特点，制订短期、中期和长期计划，将完成战略任务的情况与个人绩效考核有机结合起来；并通过个人工作总结、月度报告、年度报告等来反馈战略实施完成情况，及时采取相应措施纠偏。

（2）要建立预警机制，并建立相应的应急计划

内外部环境因素是制定战略规划的前提，这些因素的改变也意味着企业的发展战略要随之改变。一方面，要建立预警机制，严格监控外部环境的变化，特别是政府政策的变化和高科技行业的环境变化，并建立相应的应急预案；另一方面，也要根据内外部环境因素的变化，及时调整战略计划，以适应新的环境，企业对战略的管理通过“制定—变化—调整”形成一个动态的过程。

第三章　风险投资

第一节　风险投资的概述

风险资本是一种以私募方式募集资金，以公司等组织形式设立，投资于未上市的新兴中小型企业（尤其是新兴高科技企业）的一种承担高风险、谋求高回报的资本形态。它和共同基金、单位信托等证券投资基金截然不同，在投资、募集等运作方式上有其自身的特点。国内有些部门提出的产业投资基金实际上就是风险资本。

一、风险投资的基础概念

（一）风险投资的概念界定

风险投资（Venture Capital），最早源于美国，随后快速出现于世界各国。对于风险投资的概念及具体范畴，纵观相关权威机构所给出的风险投资的定义，并无本质差别，只是侧重点不一致，具体见表 3-1。

表 3-1　风险投资概念界定

风险投资定义权威机构或代表学者		风险投资定义
国外权威机构	世界经济合作与发展组织（OECD）	风险投资是一种投资行为，即以股权投资方式投资于高成长潜力的初创期企业或规模不大的企业
	美国风险投资协会（National Venture Capital Association，NVCA）	风险投资是一种权益资本，由职业金融家投入到新兴的、有较大发展潜力的企业中并参与企业的经营管理
	欧洲风险投资协会（European Vedture Capital Association，EVCA）	风险投资是一种投资行为，由专门的投资公司向前景广阔的初创期、扩张期、成长期等未上市企业提供资金支持并提供管理建议
国内外代表学者	Gompers and Lemer	风险投资是一种权益资本，由独立的机构通过资本运营，将其投入高成长潜力的私营企业
	中国的“风险投资之父”成思危	风险投资是一种商业投资行为，把资金投向高风险的高新技术及其产品的研究领域，以期成功后取得高收益

结合以上的定义，将风险投资界定为：

1. 风险投资是一种权益资本。

2. 它所服务的对象是新兴的、具有较高成长性的高新技术企业。

3. 它还是一种商业行为，为服务对象带去资金支持，提供管理等增值服务。

（二）风险投资特征

从投资对象、投资方式、进入时机、投资策略、退出方式五方面对风险投资展开分析，具体如表 3-2 所示。

表 3-2　风险投资特征分析

风险投资特征	内容	定义
投资对象	高新技术企业为主	高新技术企业的八大领域
投资方式	股权投资	根据风险投资机构的投入资本占企业总资本的比重，计为风险投资持股比例
进入时机	初创期	此时处于产品开发期，属于“高风险、高初创期收益”期
	扩张期	此时处于产品大量生产期，属于“低风险、高收益”期
	成熟期（搭桥融资）	此时处于企业上市准备期，属于“低风险、低收益”期
投资策略	分阶段投资	非一次性投入全部资金，分为轮回式、里程碑式
	联合投资	非单一风险投资机构投资
退出方式	IPO	被投资企业上市后，将其股权公开转让，以实现其投资增值
	出售或回购	其他企业购买或者风险投资机构回购持有股份
	破产清算	被投资企业资不抵债或不能清偿到期债务时，风险投资机构将其资金撤出，用于其他项目投资

二、我国风险投资行业面临的挑战

（一）资金来源渠道单一，基金规模偏小

风险投资的主体包括政府、金融机构、风险投资公司和天使投资者等。从国内目前已经建立的风险投资机构的资金来源看，除外资投资基金外，绝大部分是由政府或金融机构出资的，私人、民间资本几乎没有。并且基金规模明显偏小，远达不到分散风险、建立投资组合的目的。从国外的经验来看，风险投资主体应该是愿意并且能够承担风险的个人、企业投入。在没有民间资本大量参与的情况下，风投基金的数量和规模很难有大的增长，远远不能满足我国高科技产业发展的需要，也达不到最佳投资组合的目的。

（二）风险投资主体错位

风投机构是风险投资市场的真正主体。它是向风险企业提供风险资本的专业的资金管理人。风投机构从风险投资者募集风险资本开始，搜寻、调查、筛选投资项目，制定投资方案，对投资进行监督、管理和必要的辅助，并在适当的时候以适当的方式撤出投资，把本金及实现的利润分配给投资者。目前，我国的风险投资主体结构是以政府主导为主的格局，民营企业并没有充分地参与到风险投资中来。没有充分利用包括私人、企业、金融或非金融机构等具有投资潜力的力量来共同构筑一个有机的风险投资网络，造成资金不配套，转化的中试环节资金严重缺口，无法形成良性循环和发展。

（三）缺乏高专业素质的风险投资人才

风险投资的形成需要大量甘冒高风险寻求高额回报的投资家。介入风险投资的这些投资家应是具有较强工程技术基础知识，又懂企业管理理论，具有金融投资实践和高科技企业管理实践的通才。风险意识的产生和风险投资的决心来自风险投资家，高科技、未来高科技商品市场及创业者素质的判断力。这种判断力是建立在熟练的专业知识和丰富的经验基础之上的。而我国长期封闭的自给自足的小农经济和建国后高度集中的计划经济体制，使得人们普遍缺乏投资的风险意识。同时，我国不利于人才流动的人事管理体制也严重阻碍了风险投资家的形成。使得高素质的风险投资家严重匮乏，高素质的风险投资家是风险投资的灵魂，这正是我国目前最需要也是最缺乏的。

（四）风投资本退出困难

风险投资家投资于高科技企业的目的是获得高额回报，而这是以产权能迅速变动为前提的。在产品开发，市场开拓阶段将面临两种选择：一是争取企业上市，二是被同行大企业收购或兼并。通过企业股票上市和收购兼并等方式，风险投资家就能收回投资，因此，风险投资运行机制要求风险企业是股份制而且产权能自由转换。可见，凡风险投资事业发达的国家必定有非常健全的股票市场和产权交易市场，这是风险投资家的退出口。而我国股票市场刚刚建立，许多机制尚未健全，能上市的高科技企业的概率极其小。我国高科技企业许多脱胎于高校、研究机构或传统企业，它们与原单位的产权关系模糊，加上我国产权评估机构和产权交易市场不发达，使得我国高科技企业不能很自由地转换产权。风险投资的退出问题尚未解决。我国创业资本所投资的项目，不管项目开发的好坏，创业资本都无法退出。项目开发好者，企业价值初步形成或风险投资的价值形成了，但却找不到价值升值的渠道，既没有下家来接手，又没有更大的资金实力进行再次投资。项目开发坏了，清算不了，拖得风险投资公司耗时、耗力、耗资金，导致大量资金沉淀，从而大大影响了风险投资企业的良性成长。

（五）法律制度不健全

风险投资在我国早已开始实践，但至今仍未对风投基金进行立法；由于法规建设不健全，使得社会上非法集资活动屡禁不止；在税收上，国家虽然给高科技企业享受15%所得税税率的优惠政策，但对高科技企业的投资者却没有所得税优惠，风险投资者在高科技企业所得的股息和红利要双重征税。这种滞后的立法状况严重制约了我国创业投资的运作和发展。

第二节　风险投资运作的原理

一、风险投资集聚理论

风险投资地理集聚是伴随着风险投资产业的自然演化而产生的。国外学者早已关注到这一现象，也针对风险投资地域集聚现象作出了诸多理论解释，并结合各国数据进行了大量实证研究。结合现有研究总结，风险投资集聚主要是指风险投资机构或者风险资本在某一特定地区或者某一特殊行业集中的现象。

（一）产业集聚理论

产业集聚（Industrial Agglomeration）是指某一产业或某几个产业及其在价值链上相关的企业在一定地域内高密度地集聚乃至聚合的过程。风险投资产业属于产业的一种类型，因此产业集聚理论是风险投资集聚理论的基础，要研究风险投资集聚地形成机制首先要分析产业集聚的形成机制。

马歇尔是学术界公认的第一位系统地研究产业集聚问题的经济学家。19世纪末，他对英国和欧洲其他国家的产业区进行了持续、细致的洞察，首次提出了关于产业区形成的外部经济理论。他认为大量中小企业在一个地理空间范围内聚集的根本原因是为了获取外部规模经济。张新立，杨德礼（2005）对比中美欧三国的情况发现，风险投资集聚的内在机制包含外部性，而外部性又包括市场外部效应、技术和管理方法的外部性及利益的外部性。

当产业集聚发展到一定程度便形成了产业集群。产业集群（Industrial Cluster）是指某一产业或者某几个产业领域互相关联的企业及其支撑体系在一定地域内形成了具有持续竞争优势的经济群落。产业集群中的企业可以就近获取所需的高度专门化的部件、原料、机器设备、商务服务、人才等投入资源，从而节约生产成本和运营成本。风险投资产业集群在各国都有典型案例，如美国硅谷、日本筑波科学城、中国北京中关村等。风险投资机构在这些地区“扎堆”，大量同类企业有意识地进行交流、互动与合作，有利于企业获取创新信息和知识，极大地降低了交易费用。因此，风险投资产业集群的高效率运作和持续发展会造就地区产业竞争优势，从而吸引各类生产要素持续向该地区流动，并促成新一轮产业集聚的发生。

从这个角度来看，风险投资集聚就是风险投资产业在特定地理范围内形成的具有持续竞争优势的产业集群。并且风险投资集聚是一个动态变化的过程。

（二）空间邻近性理论

空间邻近性理论主要探讨的是风险投资机构与被投资公司二者的空间关系。该理论的主张者认为，风险投资机构基于投资特征和自身利益需要，总是希望与被投资公司的空间距离越近越好。因此，在实际情况中，风险投资偏好在机构驻地或者附近的区域内进行投资活动。

从本质上讲，风险投资是一种非标准化的投资行为，其投资对象大多是刚起步的创新小企业，没有实物资产抵押和担保。在投资过程中，信息不对称的情况客观存在，会引发投资风险。风险投资机构在限定范围内投资，能够及时、便捷地获取被投资企业的动态信息，这在一定程度上可以避免道德风险和逆向选择。同时，风险投资不仅只是为初创企业提供资金支持，还会为其制定发展规划，提供营销策略及咨询服务等，空间距离的邻近让二者的交流沟通更加便利。

虽然部分学者认为，随着现在通信技术的发展及交通运输的便利，风险投资的空间邻近效应会逐步减退。但是，不可否认，风险资本市场存在大量的非完全公开信息。根据信息传播的一般规则，信息准确性和价值会随着传递距离的增加而衰减。对于风险投资机构而言，能否精准获取市场的"第一手"消息，会直接关系到一项投资的成败。如果获取的信息扭曲，风险投资者对潜在投资对象的估值就会产生偏差，最终会影响到投资收益。因此，只有减少与现在投资对象的距离，才能够便捷高效地获取其信息，且能保证时效性和准确性，从而可以降低评估成本。这就很好地解释了，为什么风险投资者总是青睐于在高新技术产业集聚的区域建立风险投资机构。

此外，风险投资活动的进行还需要银行、律师事务所、会计事务所、资产评估机构等一系列商业服务机构来提供配套服务。风险投资机构一般都与其机构所在地区的商业服务机构业务往来密切，形成了长期合作关系。那么，风险投资机构选择就近投资，可以获得廉价且更有保证的商业服务，从而降低交易成本。

总的来说，风险投资机构与被投资企业二者空间距离的缩减，可以帮助风险投资机构降低投资风险，减少投资成本，以获取更多的投资收益。在现实中的表现是，越是高新技术企业集聚的区域，风险投资机构也越集聚，风险资本供给就越充足。

（三）循环累积因果理论

风险投资区域发展不平衡的现象，还可以用缪尔达尔的经济发展"循环累积因果"理论来进行解释。该理论主张，在一个动态的社会过程中，社会经济各因素之间存在着循环累积的因果关系。某一社会因素的变化，会引起另一社会因素的变化，后者反过来又会加强前一类因素的变化，导致社会经济过程沿着最初启动的那个变化的方向发展。社会经济因素之间的关系不是守恒的，而是以“循环积累”的方式运动着的。

换言之，某些地区在风险投资发展之初就具有技术创新的优势，这使得该地区在早期就获得了风险投资机构的青睐，具有吸纳风险资本的先天优势。这种优势一旦形成，便会随着经济社会发展呈现出自我强化的趋势。而风险投资与技术创新之间本身就是相互促进的作用关系，这使得循环累积效应进一步增强。最终表现就是，该地区技术创新优势不断巩固，吸纳风险资本优势更加突出，大量风险资本自发涌向该区域产生集聚效应，同时该地区与其他地区的风险投资发展差距会不断扩大。

二、风险投资运作机制

从总体上而言，风险投资的运作机制是以市场为基础的，这是风险投资产生的根源所在，也是风险投资运作的依据和理由所在。而风险投资运作机制的集成性和综合性、多样性和互动性，则进一步表现了风险投资运作机制的基本特征。值得注意的是，由于以上特征是一种广谱性特征，而并非风险投资运作机制所独有或其所突出的特征。作为一种独立的资本形式，风险投资的运作也自然存在着不同于其他资本形式的相对突出的机制特点。在风险投资运作机制多样性前提下，风险投资的运作突出地表现出以下机制的作用。

（一）多头博弈机制

从经济学中博弈论的观点来看，任何市场交易的形成都可以看作交易双方相互博弈的结果。存在于交易双方之间的信息不对称，既给交易的达成带来了一定的困难，又给各自在交易中尽可能获取更大的利益带来一定的博弈空间，可以说，交易双方都会从各自的信息优势出发，在和对方进行彼此的信息沟通中向着尽可能获取更大利益的方向进行相互博弈，这种博弈进行到彼此认为的信息对称状态并彼此接受对方的交易条件（交易条件也是一种信息）时，交易便可达成。从某种意义上讲，风险投资的运作过程，是一个包含着多重交易的交易链条，因此，风险投资的运作存在着很强的博弈性。更为重要的还在于，在风险投资的整个运作链条上，涉及不同交易环节的多样性的交易主体，涉及交易主体、交易关系和交易形式的不断变化，它不像一般的交易是一种所谓的双头博弈，而是一种典型的多头博弈。比较而言，多头博弈更为复杂，博弈的难度更大，博弈的成功率和可靠性更低，因此，风险投资的整个运作过程也可以说是一个复杂的博弈过程。

（二）股权弹性机制

在风险投资运作中，作为风险投资公司或风险投资家与风险企业或创业家之间的交易而言，股权是风险投资公司或风险投资家与风险企业或创业家之间进行交易的核心和基础，他（它）们之间所进行的交易归根到底是一种股权交易。但是，这种交易不同于一般的股权交易，其中的主要区别在于这种交易中存在着很大的股权弹性，这种弹性对于双方在风险企业当中的权益具有重要影响。

风险投资运作中的股权弹性机制，首先表现为股权形式的弹性。风险投资运作中的股权形式的弹性又表现为，在风险投资公司或风险投资家投资于风险企业或创业家时，风险投资公司或风险投资家与风险企业或创业家一起对风险企业的股权安排的股权形式较多、可选择性较强。在风险企业的股权安排中，一般都可以采取多种股权形式的动态组合方式来设置股权，都可以采取诸如普通股、优先股、股票期权、认购权等股权形式和交易工具中的一种或几种来进行双方的股权及其他权益方面的协调。风险投资运作中的股权形式的弹性机制，增加了风险企业股权安排的灵活性，除了普通股以外，其他的股权形式的运用往往可以对交易双方的权益起到一种延伸、补偿和平衡作用，有利于加强双方的联系与合作，有利于风险企业成长的内部激励机制的形成。

风险投资运作中的股权弹性机制，还表现为股权份额即股权数量上的弹性。在风险投资的运作中，风险投资公司或风险投资家在与风险企业或创业家共同协商彼此在风险企业的股权时，虽然要评估风险企业的价值，虽然要找到一个双方都可以接受的交易价格的基点，但是，风险企业的股权安排中依然存在着相当大的弹性。对于交易双方而言，都共同地趋向于在交易中争取自己的权益最大化，但又都共同地面对着一个具有很大弹性的交易价格问题，交易价格（主要体现为以多少数量的风险投资来交换多大的风险企业股权）的弹性来源于对风险企业价值评估的困难，无论采取什么样的评估方法进行怎样的评估，风险企业的价值都难以做到精确计量，尤其是风险企业的潜在价值更难以确定，对于风险投资公司或风险投资家来说，其所拥有的谈判砝码主要是其货币资本注入对风险企业成长的现实支撑，而对于风险企业或创业家来说，其所拥有的谈判砝码主要是风险企业成长的未来前景和潜在价值，这种反差所产生的结果就形成了一个股权的弹性空间，交易双方都不能预先确定自己应该在交易达成后的风险企业中的股权份额，因此，双方就股权交易的谈判是在股权的这样一种弹性机制作用下进行，能够达成交易的风险企业股权设置是双方权衡现实和未来利弊、相互讨价还价的结果。需要指出的是，风险投资运作中的股权弹性机制的作用度是有限的，不是没有限制的，而且，在风险投资对风险企业进入阶段的推移，股权弹性呈递减趋势，即风险投资进入得越早，股权弹性越大；进入得越迟，股权弹性越小。

（三）外部协同机制

在一般的系统学意义上，协同作用可以表述，协同作用是客观系统从无序到有序进化的自组织能力，是系统本身所形成的不断协调各子系统或诸要素彼此间关系，以消除紊乱而同化为一个有机整体并向一个新的有序方向发展的内在能力。

对于风险投资的运作而言，在风险投资的运作过程中也同样存在着明显的协同作用，但是，风险投资运作中的协同作用，不同于单个企业成长过程中的内部协同，它主要表现为风险投资公司与风险企业之间的协同，这种协同是一种外部协同。风险投资公司与风险企业之间的协同，之所以是一种外部协同，是因为风险投资公司和风险企业之间是相互独立的企业个体，它们之间不能相互取代或相互替代，它们之间的联系是两个不同个体之间的资本权益方面的联系。风险投资公司与风险企业之间也必须相互协同，之所以如此，是因为风险投资公司一旦投资于风险企业，风险投资运作的前途和命运便维系于风险企业成长的前途和命运，风险投资实现增值的任务和目的便转移到并依赖于风险企业的发展壮大上，风险投资公司与风险企业之间便形成了所谓联体成长的格局，它们便在实现风险企业的成长和风险企业的价值增值目标上取得了一致，它们只有围绕这一共同的目标而相互协同，因此，风险投资运作中风险投资公司与风险企业之间的协同机制是一种强制性的协同机制。风险投资最终能否得到预期的增值回报，风险企业能否实现预期的成长目标，取决于风险投资公司与风险企业之间能否形成相应的协同机制和协同能力。它们之间协同机制的形成来源于它们之间围绕着风险企业成长目标的相互调适和相互配合，可以说，那些运作成功的风险投资，无一不是风险投资公司与风险企业之间能够很好地进行协同的结果，而那些不能进行很好协同甚至经常发生冲突和矛盾的风险投资公司与风险企业所形成的伙伴，往往很快就分道扬镳甚至其运作彻底失败。

（四）价值变换的灵敏响应机制

从价值创造的角度来看，风险投资的运动过程表现为一个价值发现和价值增值的过程。如果仔细品味和观察这一过程的话，则可以发现，这一过程包含着一系列的价值变换或变化，其中既有所谓价值形式的变换，比如风险企业成长到一定程度而公开发行上市时，企业价值由实体价值向虚拟价值的变换等；也有所谓价值载体的变换，比如价值载体由货币资本向生产资本的价值变换，商品资本向货币资本的价值变换等；还有价值形态的变化，比如无形资产的价值形成等。可以说，风险投资的增值和风险企业的成长是在这一系列的价值变换或变化中实现的。

如果从风险投资的运作角度而言，风险投资的运作过程可以看作一个由风险投资公司和风险企业相互结合在一起的运作过程。在风险投资的运作过程中，风险投资的运作当然是与以上所说的价值变换紧密交织在一起的过程，甚至风险投资的运作可以看作对价值变换工具的选择和运用。从风险投资运作中所涉及的主体即风险投资公司和风险企业的角度而言，较之于其他的资本运作或企业运作，风险投资在价值变换中的运作突出地表现出一种更加灵敏的响应机制。所谓响应，是指风险投资公司和风险企业对运作环境、运作条件、运作态势、运作空间等所做出的反应和选择。风险投资运作中价值变换的灵敏响应机制主要表现在风险投资所涉及的运作主体对投资、生产经营和风险投资的最终退出，从而对风险投资运作中价值变换工具的选择和利用所做出的及时反应。一般而言，风险投资的运作总是体现出以上所说的灵敏响应机制的作用，成功的风险投资运作也往往是灵敏响应机制作用的结果。

（五）要素资源连接和整合机制

如果把风险投资的运作从纵向链条上来看的话，一个完整的风险投资的运作链条是可以从投资者将自己的资本投资投向风险投资公司开始算起的，中间经历了风险投资公司将风险投资投向风险企业，风险企业的成长，到最后风险投资的退出。这种链条上的每一个环节或阶段都可以形成一个独立的运作过程，而风险投资运作的顺利进行要求前一个环节或阶段必须按照顺序向下一个环节或阶段依次递进，这就形成了一个依次连接的链条。那么，风险投资运作中这一长长的链条是靠什么力量连接在一起的呢？这就是风险投资运作中的要素资源的连接和整合机制作用的结果。

风险投资的增值和其他的资本形式一样，其能够实现增值的基本前提条件在于，它必须与其他的要素资源相结合，也必须借助于一定的载体形式（风险投资增值的载体一开始并一直是企业）并依托于相应载体在价值增值意义上的成长，因此，风险投资运作在这里就表现为以企业形式而存在的一个风险投资与其他要素资源的相互结合的过程。在这样一个过程中，不同要素资源的连接和整合机制发挥着重要作用。所谓连接，是不同的要素资源向着一个共同载体和共同目标的聚集；所谓整合，是不同的要素资源围绕一个整体彼此之间所进行的质量与数量的匹配。对于风险投资的运作过程而言，是一个比单个企业运动更加复杂的过程，风险投资的运作不仅涉及多个不同类型的企业（至少有一个风险投资公司和一个风险企业），也往往涉及资本由风险投资公司到风险企业的多次转移，还涉及风险投资公司和风险企业之间的动态连接及风险企业的股权结构的不断变化；不仅涉及不同单个企业的动态连接和整合，也涉及不同单个企业之间的动态连接。风险投资运作中的每一次要素资源方面的变化都会带来一次新的整合，因此，风险投资运作对形成要素资源的连接和整合机制的需求更强，在实际的风险投资运作中，要素资源的连接和整合机制的作用也更为突出。

（六）市场多重筛选和过滤机制

风险投资的运作始终是在市场中进行的，风险投资运作的每一个环节或每一个阶段都要在市场中进行并接受市场的选择和检验。

从市场选择的角度来看，市场选择是在市场自身所存在的筛选和过滤机制作用下进行的。所谓市场的筛选和过滤机制，是指市场自身所具有的一种对要素资源、生产者和消费者、产品和服务等市场要素、市场主体、市场媒介在市场中运动及发生关系的限制性约束机制。市场之所以存在着这样的约束机制，与市场所体现的商品交换关系的本质和商品交换的条件性特征直接相关。市场中所发生的各种关系都可以共同地归结为市场交易关系，但交易的发生或达成是有条件的：一是交易双方所产生的交易内容彼此能够满足对方需要；二是交易价格能够被双方共同接受。市场交易的这种条件性使得市场中的交易过程变成一个寻求交易条件并通过交易条件的过程。由于买者和卖者的多元性，使得买者和卖者都有机会选择自己的交易伙伴，那么，这种选择过程也就是一个市场的筛选和过滤过程。

所谓筛选，是选择和判断能够满足自己要求的交易对象和交易条件及不能满足自己要求的交易对象和交易条件。所谓过滤，是接收能够满足自己要求的交易对象和交易条件并排除不能满足自己要求的交易对象和交易条件。在市场的筛选和过滤机制作用下，市场中的交易双方彼此都如同横在对方面前的一张网，只有相互通过对面的网眼，双方才能通过对方的筛选与过滤，才能通过所谓的市场选择和市场检验。

对于风险投资而言，其运作过程始终是在市场筛选和过滤机制的作用下进行的，市场筛选和过滤机制是风险投资运作的重要机制。与其他资本运作和企业运作所不同的是，风险投资的运作环节更多、链条更长、阶段性特征更突出，因此，风险投资运作中的市场筛选和过滤机制表现为一种多重筛选和过滤。从风险投资运作的过程上讲，风险投资运作由前一个环节或阶段向下一个环节或阶段依次递进，在这里即表现为其依次通过一重又一重的市场筛选和过滤并将风险投资运动链条向前延伸的过程，如果中间有一环发生断裂，风险投资的运作就不能往前进行。风险投资运作中多重市场筛选和过滤机制的存在，向所有运作风险投资的人们提出的昭示是，在风险投资运作的整个过程中始终都不可掉以轻心。

（七）风险叠加与放大机制

由于市场关系的复杂性、多变性和市场主体预期能力的有限性（信息不对称所产生的必然结果）及其对风险信息认知和把握的不完全性，风险在市场中无处不在、无时没有。在任何市场领域中，任何处于相关市场领域中的市场活动主体都无法彻底摆脱市场风险机制的作用和消除风险因素的存在，并且随着相关市场的变化和市场活动主体自身的变化及其与外部关系的变化，其所面临的风险程度也是发生变化的。风险程度的高低取决于市场活动主体的相关影响因素（风险因素）对其所产生制约的可能性的大小。

风险投资运作中的高风险特征是一个不争的事实。在诸多不确定因素、非可控因素的动态作用和影响下，风险投资运作始终处于一种高风险的状态之中。基于经济学理论对风险和收益的对称性假设及隐性风险和显性风险的不同影响（真正对收益造成反面影响的是处于显性状态的风险，处于隐性状态的风险一般不会对收益产生实质性影响，还有可能蕴含着很高的收益机会），风险投资业中实际风险投资运作所表现出的高失败率和风险投资运作成功的高回报率，从正反两个方面共同验证了风险投资运作中的高风险性。在市场的风险机制作用下，从风险投资运作的企业形式来看，风险投资的运作也像其他的企业运作一样，可能面临着来自诸如投资风险、通货膨胀风险、存货风险、流动性风险、利率风险、信用风险、外汇风险、企业被兼并风险、道德风险、能力风险、政治风险等不同方面的风险，这一点似乎与其他的企业运作没有多大区别。重要的问题在于，风险投资运作中的风险变化机制具有其突出的特征，即风险投资运作中风险的变化是一种风险逐步叠加和逐步放大的变化。这是因为，正如我们在前面所阐释的那样，较之于其他的资本运作和企业运作，风险投资的运作的环节或阶段更多、运作链条更长、不确定性更突出，而且随着风险投资运作的递进，这种不确定性逐步强化，前一个环节或阶段的风险逐步向下一个环节或阶段转移并与下一个环节或阶段发生的新的风险叠加在一起，从而使得风险投资运作中的风险呈一种放大的趋势。可以说，从投资者将资本投入风险投资公司起，风险投资的风险便开始形成并随着风险投资运作地向前递进而不断地叠加和放大，只要风险投资没有退出，高风险就一直存在并一直威胁着风险投资运作的命运。风险投资运作中风险叠加和放大机制的存在，对风险投资的运作提出了很高的要求，任何的风险投资公司或风险投资家都始终需要将风险判断和风险控制纳入运作中的战略管理问题而予以高度重视和动态掌控。

第三节　风险资本的提供者

一、风险资本家

风险资本家，是向其他企业家投资的企业家，与其他风险投资人一样，他们通过投资来获得利润。但不同的是风险资本家所投出的资本全部归其自身所有，而不是受托管理的资本。

（一）风险资本家概述

人们通常把风险资本家勾画为一个想要资助新生公司的富有的金融家。事实上，风险投资公司和私人资产净值投资公司才是资金的载体，其组织形式为有限合伙企业，运作方式是向那些 5 至 7 年内有高回报机会的公司投资。风险资本家可绝对不是被动的金融家，他们通过参与所投资公司的管理、组织市场战略和制订业务计划来培育公司的成长。风险投资活动的早期，20 世纪 50 年代和 60 年代，个人是最初的风险投资者。随后，虽然这种个人投资并未完全销声匿迹，现代的投资公司却成为风险投资的主要载体。风险资本家参与企业的管理时间通常并不多，有时候他会为投资企业选择新的管理人才，但他自己经常一个月才会去企业一次；每次 4，5 个小时，来与企业进行交流和沟通。企业家常常是一个机会主义者，存在道德风险的可能性；因此风险资本家总是通过价值评估来加强对企业的监控。风险资本家通过阶段性投资来定期对所投资企业进行评估，从而实现风险控制。风险资本家一般而言会组成高科技风险投资公司进行运作。

（二）对投资项目的考察方式

1. 查询有关人士与参观风险企业

从侧面了解企业的客观情况，侧重检验企业家提供的信息的准确性。

2. 技术、市场与竞争分析

主要凭借风险投资企业自己的知识与经验，对项目进行非正规的市场、技术与竞争分析。

3. 商业模型与融资分析

根据企业家提供的和自己掌握的有关信息，对企业的成长模型、资金需求量及融资结构等进行分析。

4. 检查风险企业

主要考察企业以往的财务与法律事务。

（三）风险资本家与企业家的关系

在风险投资中，风险资本家与企业家实际上是在共同创业。从风险资本家与企业家达成初步投资协议时开始，双方就是一种合作关系，共同设计融资方案，寻找尚缺资金，以求最终实现投资；此后双方继续紧密合作，共同的目标只有一个——让企业顺利成长并促其最终成熟，使企业家圆其创业梦，风险资本家也得以撤出投资获得高额回报。随着投资过程的逐步进展，双方关系越来越紧密。

二、风险投资公司

风险投资公司是专门风险基金（或风险资本），把所掌管的资金有效地投入富有盈利潜力的高科技企业，并通过后者的上市或被并购而获取资本报酬的企业。

（一）风险投资公司概述

除了主顾是些起步公司而不是大公司这一点以外，风险投资公司类似于投资公司。缺乏经验的年轻公司除了资金以外，常常还需要经营企业的中肯建议。对此，风险投资公司都能提供。

风险资本家将资金投资于新的企业，帮助管理队伍将公司发展到可以“上市”的程度，即将股份出售给投资公众。一旦达到这一目标，典型的风险投资公司将售出其在公司的权益，转向下一个新的企业。(《金融学》兹维·博迪)

风险投资公司在投资领域的范围是比较广泛的，虽然风险投资在中国真正出现的时间并不长久，但是由于中国的发展及特殊的市场，近几年风险投资在中国的发展非常迅速，这其中很大的一个方面是风险投资公司中能够看到这一体现。

（二）组织形式

风险投资公司可以根据所有权归属和隶属关系进行如下分类。

1. 上市公司

在各类股票市场上公开交易的上市风险投资公司的数量不多，其风险基金的来源具有多样性，有的是借贷资金，有的是权益资金，这类公司投资范围很广，投资的资金数量高于平均水平。假如您需要的资金量很大，就有必要与这类公司联系，名声显赫的上市风险投资公司很容易查找。

2. 私有制公司

风险投资公司中绝大多数属于私有制公司，其中有些公司的规模较大。大多数私有制风险投资公司是由少数几个投资者组建的有限合伙制公司，这些投资者包括私人投资基金和保险公司。这类公司可以进行“杆杠式”风险投资，如果其投资基金总量超过1000万美元，则通常会进行“权益式”风险投资。在美国，有些较小的私人基金逐步发展成为小企业投资公司（sbics），其中多数偏向于借贷，许多小企业投资公司只从事高息信贷业务。

获取私人风险投资公司资料的难度很大，这些公司的管理者很少向外界透露公司的内部情况，因此，很难从公司内部获取其风险基金的规模和建立时间。大的私人风险投资公司和老牌的公司知名度高，如果您的业务与这些公司所投资的行业相关，您会很容易地找到他们的。

3. 银行附属公司

许多银行设立了风险投资公司，以便他们可以获取小企业的权益，使用这种方式，他们可以避开银行法规的限制，保护其所拥有的小企业股权。较大的银行拥有较大的附属风险投资机构。银行信贷部门的工作与银行风险投资部门的工作紧密相关，在大多数银行里，这两项业务根本未设置单独的承办机构，只是同一部门的两种业务而已。如果一个企业家既需要银行贷款，又需要风险投资，那么不必单独找风险投资公司，直接找银行就可以。当然，这两种业务不是所有的银行都结合在一起办理的。

银行风险投资部门由于其具有金融机构的优势，可以进行组合式的风险投资，如将项目融资、贸易融资、银团贷款、长期商业信贷与风险投资组合在一起向投资目标进行投资，往往组合式风险投资的投资额都会超过风险投资领域的平均水平，可以高达数亿美元。银行组合式风险投资是近十年风险投资发展的主流之一，遗憾的是其未计入风险投资的投资额中，我们预计未来十年世界商业银行的发展的主要方向之一就是组合式风险投资。21世纪10年代，国内商业银行根本没有风险投资业务，是否能在近两三年内开设该业务，必须视我国金融改制的步伐是否顺利，越早开设该业务越能早日赶上国际金融的发展步伐。

4. 风险投资股份公司

在美国，风险投资股份公司的规模都很大，一些主要的股份公司已经建立了自己的分支机构，或在一个或几个风险投资财团中投资。一般来说，独立投资的风险投资公司的数量正在逐年减少，大型股份制风险投资公司通过投资于有限合伙制风险投资公司，股份公司与其他管理风险基金的专业人士一样属于有限合伙人，再由有限合伙制公司进行风险投资，股份公司分享其投资报酬的现象越来越普遍。大型风险投资公司投资于小企业，会使一些企业家激动不已；而有些成功的企业家可能会认为，大公司希望对他投资时，不是出售企业权益的最佳时机。

企业家需要花一定的时间与风险投资公司讨论投资形式，风险投资公司对投资形式的选择非常慎重，就像他们选择所投资的公司一样。在决定接受资金前，企业家还应该分析一下风险投资家的信誉，对此，本文将在后面进一步讨论。

5.辛迪加组织（企业联合组织）

经常会出现这样的情况：风险投资家通知您，他有意投资您的公司，但只能满足您的部分要求，同时希望形成一个辛迪加组织。他的意思是说，他将与其他风险投资机构联合向您公司投资。在这种情况下，企业家应该提出的第一个问题是："您是投资牵头人吗？"其含义是说，该公司在投资集团中居领袖地位，并负责说服其他公司参与对您公司的投资。辛迪加组织在风险投资领域中是相当普遍的，许多风险投资公司都在按常规的辛迪加方式与其他风险投资公司联合。

在投资之初，确定由谁来说服其他风险投资公司加入辛迪加组织，对企业家来说是十分重要的。在某些情况下，牵头的风险投资公司将主动为企业家和其他风险投资公司牵线搭桥，以"推销"企业家的项目。在另一些情况下，牵头的风险投资公司可能是共同基金的第一个投资者，其余投资者会陆续分别投资，这意味着，企业家自己不得不做辛迪加组织的领袖，而且必须找到其他风险投资公司加入，当然，有些风险投资公司会向企业家提供一个可能参与本项投资的风险投资公司名单，以方便寻求投资。

通常，辛迪加组织的牵头者要收取一些费用，投资银行作为辛迪加的牵头者会向小企业收取相当于总投资额5%~10%的费用；如果由风险投资公司担任辛迪加的牵头者，费用会少收一些，大约是向小企业总投资额的2%~3%，有时，牵头者还会将这一费用的一部分给其他投资伙伴。

综上所述，辛迪加组织在风险投资领域十分普遍，但也确实存在很多问题。其原因是每一家风险投资公司都有自己的分析和评估计划投资对象的方式，都有自己的律师和自己的投资业务规范。因此，企业家只有采用一些巧妙的方法，才能将辛迪加组织起来，共同向公司投资。虽然辛迪加组织可以组成，并且可以非常广泛地组成，但是，其涉及的问题毕竟太复杂，只能随时间的推移逐步完善。

三、产业附属投资公司

附属公司，是指被另一个企业（称为母公司）控制的企业，一般是为签约方所拥有控制，或是与签约方有关联的公司。在服务合同中，与签约方同为另一家公司所拥有或控制的其他公司，也可以被列为附属公司里。

（一）公司种类

1.关联公司（affiliated company），通过拥有或被拥有，共同管理或长期租赁资产或其他控制手段，与其他公司相互关联的公司。

2.子公司，被另一家公司持有其50%以上有投票表决权股本的公司。

3.被其他公司长期持有其股份（一般是少数股权）的公司（英国用法）。

（二）不能合并范围

1. 由于收购和持有附属公司是专门为了在近期内出售，因此控制是暂时的。

2. 附属公司长期在严格限制条件下经营，严重削弱了它向母公司转移资金的能力。

对于这类附属公司，应视同投资，按国际会计准则第 25 号“投资会计”进行核算。

四、天使投资人

这类投资人通常投资于非常年轻的公司以帮助这些公司迅速启动。在风险投资领域，“天使投资人”这个词指的是企业家的第一批投资人，这些投资人在公司产品和业务成型之前就把资金投入进来。

（一）资本来源

天使资本主要有三个来源：

1. 曾经的创业者。

2. 传统意义上的富翁。

3. 大型高科技公司或跨国公司的高级管理者。此外，在部分经济发展良好的国家中，政府也扮演了天使投资人的角色。

（二）主要特征

1. 身份

（1）很多天使投资人本身是企业家，了解创业者面对的难处。天使投资人是起步公司的最佳融资对象。

（2）他们不一定是百万富翁或高收入人士。天使投资人可能是人们的邻居、家庭成员、朋友、公司伙伴、供货商或任何愿意投资公司的人士。

（3）天使投资人不但可以带来资金，还可以带来联系网络。如果他们是知名人士，也可提高公司的信誉。

2. 角色

天使投资往往是一种参与性投资，也被称为增值型投资。投资后，天使投资人往往积极参与被投企业战略决策和战略设计；为被投企业提供咨询服务；帮助被投企业招聘管理人员；协助公关；设计退出渠道和组织企业退出；等等。然而，不同的天使投资人对于投资后管理的态度也不同。一些天使投资人积极参与投资后管理，而另一些天使投资人则不然。

3. 级别

（1）支票天使：他们相对缺乏企业经验，仅仅是出资，而且投资额较小，每个投资案 1 万 ~2.5 万美元。

（2）增值天使：他们较有经验并参与被投资企业的运作，投资额也较大，5 万 ~25 万美元。

（3）超级天使：他们往往是具有成功经验的企业家，对新企业提供独到的支持，每个案的投资额相对较大，一般在 100 万美元以上。

（三）主要类型

1. 价值增值型

价值增值型天使投资人经验比较丰富，其中不少人是退休的投资银行家和创业投资家。他们选择项目不是注重行业，而是注重机会。他们认为，机会比行业更重要。因为他们有丰富的投资经验和较强的项目鉴别能力，因此，投资不是专业化，而是多元化。在投资过程中，他们愿意帮助公司成长并为此而感到快乐。正如一位投资者所说，“最有意思的活动还是帮助年轻公司成长，这是我这辈子以来一直做的工作。”因此，他们都十分积极地参与公司的管理。他们拥有强大的联合投资者网络，可以联合起来进行杠杆投资。他们对单个项目的投资额一般在 5 万 ~25 万美元，且要求所投的项目离家不远。

他们与被投资的公司之间，既进行权益性的投资，也进行债务式的融资。这类天使投资人一般都希望在适当的时候退出，而退出的渠道是公司收购和公开上市。这类投资者还喜欢做跟随型投资，即他们希望在自己投资之前，该公司已有一位主要投资者，这位主要投资者对公司很了解，能对公司提供许多帮助，且已投入 100 万美元以上。有了这样的投资者在前，自己再搭便车，则投资就比较安全。

2. 富有型

富有型天使投资人不是碰上什么就投资什么，而是只对自己了解的东西投资，且对项目的地理位置有偏好。投资决策主要依靠自己的判断和调查。对投资回报的期望值较高，要求达到 50%。而要达到这么高的投资回报率，一般只能投向企业发展的早期阶段。这类投资者往往都希望投资者集体拥有对公司的控制权，并在一定程度上参与公司的管理。投资者集体往往要组建一个外部控制的董事会。这个董事会由若干经验丰富的商人组成，它可以帮助公司走向成功。这类投资者往往既是投资者，也做过创业者。他们深知创业的艰辛，因而对创业者都很有同情心。

3. 个人投资联合

所谓联合体，并非是一种正规的投资组织，而是一种短期的、松散型的投资合作。合作期一般为 3~6 年。在投资中也是有合有分，有些项目是各自独立进行。一般投资规模在 5 万~50 万美元。遇到大的投资项目，他们就邀请一大群投资者加入。这类投资者较多地关注早期阶段的投资。为了尽快变现，经过一定时期的孵化，即使没有孵化出像样的企业，只是孵化出了一条像样的生产线，通过出让这条生产线，能收回可观的现金，投资也是成功的。

4. 合伙人投资型

这类天使投资人在投资中喜欢合作和团队精神。他们之间已经建立了一些联合投资者关系，或试图建立起关系网络。在这种网络体系中，单个人以隐蔽的身份充当买者。在他们的投资团队中，往往有领头的投资者，由这种领头的投资者搜寻投资机会，向联合投资者建议投资机会。投资规模一般在 25 万 ~100 万美元。投资者希望在被投资的企业中担任董事长的职位。

5. 家族型

家族型天使投资人的特点是，家族成员的资金被集中起来，由一位大家信任的、对投资比较内行的家族成员掌握并统一进行投资决策。这一类投资者的投资规模变化幅度较大，投资较多时可以达到 100 万美元，较少的投资额只有 10 万美元。由于家族成员中有值得信赖的投资高手，一般都寻找处于发展早期阶段的创业投资，通过项目的成长，能获得较高的回报率。

6. 社会责任型

社会责任型天使投资人非常强调投资者的社会责任。他们认为，投资的目的就是培育公司。既然如此，就应手把手地帮助某公司，并和它建立起亲密无间的关系。这类投资者所投资的对象，主要偏重于那些致力于解决主要社会问题的风险企业，如环保、能源等。这类投资者往往继承了一大笔财富，因而赚钱不是第一位的。但在支持那些有较好社会效益的项目的同时，也希望获得合理的投资回报。遇到较大的项目，自身力量不够，也会寻找与一些富有者进行联合投资。投资者的这种社会责任感，可能来自他自身的优良品质，也可能是来自减轻厄运的愿望，甚至是来自对以前获取某种不义之财的负罪感。如果投资者的配偶或子女已死于某种疾病，则投资者希望投资于某个研究治疗方法的机构；如果投资者的前辈有过不光彩的历史，则他们希望通过这种天使投资补偿以前通过不光彩手段夺取的财富。

7. 管理型

所谓管理型天使投资人，也就是出钱买管理岗位，即投资的目的是谋求一个职位。管理型投资者的年龄一般在 45 岁左右，以前或是公司管理者、或是公司业主、或是经验丰富的执行官。他们“下岗”后，通过投资购买一次“最后的工作机会”。这些人的投资规模一般在 10 万 ~20 万美元，且分阶段投资。投资并获得管理岗位后，很少追求对公司的控制权。为了使管理岗位能够长久，他们更关心与创业者拥有共同的见解。

第四节　风险投资的发展

在新常态下，创新已经成为引领地方经济发展的新动力。众多省市政府都希望借助风险资本的力量，激活创新资源与要素，助推区域技术创新与进步。

一、促进风险投资发展的整体策略

（一）营造良好的法律环境

发展风险投资不是简单的招商引资，而是一项复杂的系统工程。当前各地政府为吸引风险资本，都积极地采取税收优惠、政府补贴、信用担保等手段，也取得了一定的成效。但是，仅靠政策的激励作用只能将风险投资“引进来”，要让风险投资“留得住”还需要为其发展营造良好的法律环境。

1. 要健全风险投资融资和退出的相关法律

对于风险投资融资的相关法律，如《保险法》《社会保险基金管理法》等进行合理修订，逐步放开各种保险资金、社会养老保险金、医疗保险金及其他资金进入风险投资领域的限制。对于风险投资退出的相关法律，如《证券法》《破产法》《公司兼并收购法》《股票发行管理办法》等不断完善，使得风险投资在退出阶段能够有IPO、股权转让、破产清算等多种方式可以选择。

2. 要加强知识产权保护的相关法律的执法力度

投向高新技术产业的风险投资，其承担高风险的最大收益就来源于新技术的“垄断性”。因此要通过加强《专利法》等相关法律的执法力度，最大限度保护高新技术企业的知识产权，也保护风险投资者的合法收益。

（二）设立多层次风险投资引导基金

由政府部门出资设立风险投资引导基金，扶持风险投资行业及中小型高新技术企业成长壮大，是发达国家或地区在风险投资行业发展初期的通行做法。我国正处在风险投资发展的起步阶段，现阶段风险投资者面临的最大难题是资本供给不足。政府风险投资引导基金能够凭借政府信用，吸引更多的民间资本和海外资本进入风险投资领域，改善资本供给情况。此外，由于种子期和初创期的高新技术企业具有较高的投资风险，因此国内的风险投资主要还是倾向于投资扩张期、成熟期的企业，尤其是已经能看到上市前景的企业。政府风险投资能够采取联合投资的方式，为风险投资者分担投资风险，从而引导风险资本来扶持集聚创新能力的中小企业。

为了使有限的引导基金发挥出最大效用，政府需要建立多层次的风险投资引导基金体系。2012—2019年期间，引导基金数量增加1158支，复合年均增长率为33.65%，但从当年新成立引导基金数量上看，我国当年新成立引导基金数量呈先上升后下降的趋势，说明我国政府引导基金数量增长逐渐平稳。2016年政府引导基金新增数量达406支，为近年最大值，2016年后，新增数量逐年下降。2019年，政府新成立引导基金数量为74支，截至2019年年末，累计成立引导基金1333支。具体而言，可以根据企业全生命周期，针对企业发展的不同阶段，设立相应的子基金。

（三）加强科技创新体系建设

风险投资是为高新技术企业服务而诞生，而科技创新环境是支撑风险投资发展的基本条件。2018 年 3 月，李克强总理在政府工作报告中指出要加快建设创新型国家。因此，政府加强创新体系建设，是新时代发展风险投资的必然要求。具体举措主要有：加强科技创新平台建设，为区域内创新企业和风险投资机构提供科技服务；积极培育创新创业主体，强化企业创新主体地位；加强创新创业人才激励和培养，为风险投资发展提供人才支持；积极推进以企业为主导的产学研协同创新机制，有效利用大专院校、科研院所的科技资源，提升企业创新能力，促进成果与市场的有效融合。

二、各地区因地制宜的发展策略

（一）北上广地区的发展策略

北上广地区是风险投资集聚地中心，是我国风险投资发展的“领跑者”，也是完善风险投资制度建设与环境建设的“探路者”。作为领跑者，北上广地区应该充分发挥科技资源和创新人才集聚的优势，促进风险投资与高新技术企业、与高校和科研院所对接，为其他地区合理有效利用风险投资提供经验和示范。另外，从资源环境承载能力和地区产业容量来看，北上广地区对风险资本的吸纳能力始终有限，所以还应当积极发挥辐射引领作用，促进风险资本在更广阔的地域范围内实现合理配置。作为探路者，北上广地区要在已经建立“新三板”、深交所和上交所的基础上不断完善多层次资本市场。具体而言，就是要让创新企业能够与资本市场有效对接，既为初创企业提供更高效的融资服务，又为风险资本提供更完善的退出渠道。

（二）东部地区的发展策略

东部地区毗邻北上广地区，且大部分省市都在沿海经济带上，因此东部地区省市促进风险投资发展的重点在于充分利用区位优势。

1. 风险资本在北上广地区高度集聚必然会产生溢出效应，所以东部地区的省市应当完善信息网络建设和加速区域交通一体化建设，以便加强与北上广地区的经济交流与联系，承接北上广地区的风险投资转移。

2. 东部地区省市应该不断改善创新创业环境，注重挖掘地区产业优势和创新优势，这样不仅能形成区域特色，还能避免与北上广地区的同质化竞争。

3. 要利用沿海的区位优势，与海外风险投资机构开展广泛交流与合作，同时加快建立现代市场体系、转变政府职能，以吸引海外风险资本落地生根。

（三）中西部地区的发展策略

当前我国风险投资集聚局面已经形成，且地区分化趋势开始显现。中西部地区作为后发地区想要实现风险投资的快速发展，任重而道远。而且中西部地区的各省市经济发展水平良莠不齐，资源要素禀赋各不相同，所以其发展风险投资的道路不能直接参照东部或北上广地区，仍需要进一步探索。

1. 中西部地区要正确评估风险资本对技术创新的实际推动作用，而不应该盲目制定税收政策、设立创业基金来吸引风险投资进驻。不要追求风险资本遍地开花，因为并不是所有地区适合发展风险投资，风险投资也不是每个地区经济和创新发展的必须选项。不妨采取“中心—外围”的发展模型，在地区经济相对发达、创新活跃的省市建立起局部风险投资中心，并以此辐射周边地区。这样能够让稀缺的风险资本相对集中，从而更好地发挥对地区创新的促进作用。

2. 中西部地区要转变思维定式，不能只看到风险投资对创新的促进作用，而忽视了技术创新对风险资本的吸纳效应。对于大多数风险投资发展落后的中西部省市来说，并不是缺少风险资本对创新提供支持，而是因为其自身的创新不足，从而无法引起风险投资者的关注。所以，提高地区的创新水平，才是这些省市发展风险投资的前提。

3. 以中西部地区目前的经济发展水平来看，落后地区如果只依靠市场对要素资源的配置和调节作用，不仅难以吸引风险资本和创新要素集聚，还可能会造成人才的大量流失，所以必须发挥地方政府的主导作用。一方面，地方政府要增加科技支出，改善地区金融环境，促进产学研结合。另一方面，地方政府要充分利用本地区的高校资源，联合培养能够“留得住”的创新人才；同时，要制定合适的人才引进政策广纳贤才，加快地区人力资本的积累速度。

4. 中西部地区还可以把握住国家实施“一带一路”倡议的历史机遇，借助国家的扶持加快通信、交通、电网等基础设施建设，提高区域开放水平，以开放促发展。如果中西部地区能够形成新的区域经济增长极，一定会受到风险投资者的青睐。

本章案例

一、案例简介

党的十九届五中全会强调，要坚持创新在我国现代化建设全局中的核心地位，把科技自立自强作为国家发展的战略支撑。创业投资作为经济“助推器”和创新“孵化器”，需要激发市场主体创新活力，加速科技成果转化，加快创新资本形成，实现科技、资本和产业的有效融合。当前，境内资本市场全面深化改革，助推“双创”、供给侧改革和创新驱动战略实现。国有资本作为国民经济的支柱，积极响应国务院、国资委等号召，在实践层面通过直投和间投双轮驱动的投资模式，于我国股权投资市场赢得广阔发展空间。

由于高科技创新型企业在创立初期通常会发生高额的研发、营销支出，经营绩效较差，成长潜力被掩盖，难以获得债权融资。同时，由于新创企业存在流动性不足、风险过高及融资过程信息严重不对称等问题，也难以获得机构投资者的青睐。因此，年轻和创新型企业通常都存在资金短缺、研发经费投入不足的问题，致使一些尚未体现明确商业前景，但具有良好社会效应的技术创新项目未被发现。因此，向年轻和创新型企业提供资金支持是政府的一个关键政策问题。政府风投机构通过直投和间投双轮驱动投资模式，以直接出资投资机构或引导社会资金合力的形式，缓解投资机构的融资难问题，帮助创新能力强、发展前景好的早期企业度过“死亡之谷”。同时，政府风投机构可以有效修正“羊群效应”，为私人风投跟投规避一定风险，引导资本流向更具前景的年轻行业。

基金小镇作为一种新兴的资本运作方式，可以直接打通资本和企业的连接，紧密对接实体经济，有效支撑区域经济结构调整和产业转型升级，实现区域经济发展“换道超车”、跨越发展。政府风投机构依托基金小镇这一区域发展战略部署工具，充分发挥国有资本的引导撬动作用，利用私募基金扎堆惯性，快速形成金融产业集聚效应，助力多层次资本市场的建设。东沙湖基金小镇国有资本运用的创新之处在于其通过设立基金管理平台参股目标企业，充分利用基金“投、融、管、退”特点，建设投融资生态圈，保证资本循环的连续性。首先，该模式能创新国有企业投融资机制，发挥国有资本投资、运营平台作用，促进国有资本合理流动，缓解小镇入驻机构的融资难问题。其次，该模式有利于畅通国有资本和社会资本的互动，优化私人资本投向并鼓励联合投资，在引导资本向重点行业、关键领域和优势企业集中的同时，实现市场化风投机构之间的资源匹配、技能互补。最后，在该模式下，被投企业在上市之后，往往乐于“回馈”小镇，转换身份与小镇合资成立新的基金，并投资产业链上的创新型企业，实现资本在实体经济中的良性循环。

二、创新技术 / 模式应用

基金小镇模式最早源于国外，但国内外基金小镇的模式却不尽相同。国内基金小镇的建设发展不应完全照搬国外基金小镇自发形成的发展模式，而是需要结合各地的自有经济条件和面临的社会现实，全面打造符合中国国情的基金小镇，积极营造良好的金融生态环境，吸引基金和金融机构入驻。从主要发起方和实际运营主体的角度划分，我国基金小镇运营模式主要分为政府主导型、政企联合型、企业主导型三大类，其中政府主导型占据主要地位，诠释了政府在资源配置、整合方面的巨大优势。

东沙湖基金小镇以国有控股公司——元禾控股为主导，打造以私募股权为特色的投融资生态圈，充分发挥政府风险投资的资本补给、引导撬动作用，引领小镇内市场化 GP 联合投资，培育新兴高科技企业，鼓励已上市被投企业反哺，实现资本良性循环，形成投融资生态圈闭环，助力经济高质量发展。

政府风险投资作为连接小镇中各个有机体之间的有力桥梁，有效协助政府政策的传达，直接投资小镇入驻机构，缓解投资机构的融资约束，拓宽资本融资渠道，引进创新型财富管理工具，实现政府资本与民间资本的有效对接，促进经济提质增效。同时，政府风险投资能有效促进各GP间的合作交流，激励市场化GP联合投资，降低投资风险，加速民间资本向金融资本转化，激发市场化主体创新创造活力。此外，政府风险投资通过早期基金培育和科技项目孵化，赢得了被投机构的回馈，强力支撑基金小镇的后续发展和完善。案例将以元禾控股为切入点，并结合具体投融资事项，深入分析东沙湖基金小镇的投融资生态圈模式。

（一）政府LP直接投资小镇入驻机构

随着江苏自贸区的落地，东沙湖基金小镇被赋予了新的使命。江苏自贸区的功能定位为“一区四高地”，即建设世界一流高科技产业园区，打造全方位开放高地、国际化创新高地、高端化产业高地、现代化治理高地。东沙湖基金小镇背靠苏州工业园区，进一步提升金融产能水平，拓宽金融辐射边际，打造以基金小镇为主体的金融产业生态圈。现有研究发现，基金小镇的金融集聚效应能够有效帮助创新型企业维持现金流，加大研发投入。翟艳和苏建军（2011）研究发现，金融集聚与研发投入之间存在长期均衡关系。孙维峰和黄解宇（2015）指出，金融集聚能有效降低信息获取成本，提高本地区企业获得融资的可能性，在小企业中尤为明显。郑秀和陈艳（2020）指出，想要发挥小镇金融集聚效应，需要加强基金小镇规划引导，推动地方金融供给侧改革。

在东沙湖基金小镇的投融资生态圈中，政府风险投资显得尤为重要。政府风险投资通过直接投资创新型企业的方式，虽能在一定程度上缓解创新型企业的融资压力，推动地方产业稳步发展，但往往由于政府官员与被投企业利益解绑，极易出现政府官员为了规避投资风险，而投资于声誉较好的大企业，有悖于政府风险投资基金扶持创新型企业的初衷。为了解决上述问题，政府风险投资机构往往更倾向于与市场化私募基金管理人达成合作，把国有资本交给更具专业性的投资人才，引导投资标的选择方向，正确发挥国有资本的作用，提升资金运用效率。此外，与政府风投机构有过合作经历的市场化私募基金管理人，更有可能在后续的融资轮中再次与政府达成合作，继续投资于同一家企业。东沙湖基金小镇中存在诸多由政府风投机构与市场化私募基金管理人合作设立的私募股权投资基金，这些投资基金将资金投向苏州当地企业，在助力企业发展的同时，带动区域经济繁荣。

表3-3列举通和毓承和北极光创投下属东沙湖基金小镇入驻投资基金对初创企业的相关投资活动。苏州工业园区生物产业发展有限公司作为政府LP，一方面缓解了通和毓承所面临的融资难问题，另一方面有效引导通和毓承下属小镇入驻投资基金对于投资标的的选择。通和毓承通过不同投资路径，将政府的有限资金投入到企业最需要的地方，鼓励企业加强研发，精准发力助推新兴产业发展。同样的，北极光创投下属的两家投资基金也得

到了政府LP的资金支持，这两家投资基金从2018年10月至2021年3月分别在不同时间点和不同融资阶段投资于江苏省内6家高科技企业，扶持推动企业研发投入，助力企业长远发展。

表3-3　东沙湖基金小镇投资机构投资信息

投资机构	机构所属基金	首次投资时间	融资轮次	被投机构	被投企业区县
通和毓承	苏州通和创业投资合伙企业（有限合伙）（政府LP：苏州工业园区生物产业发展有限公司，持股比例：7.12%）	2014年3月	A轮	丹诺医药（苏州）有限公司	苏州市苏州工业园区
		2015年6月	A轮	江苏亿康基因科技有限公司	泰州市医药高新技术产业开发区
		2016年5月	天使轮	冠杰医疗科技（苏州）有限公司	苏州市苏州工业园区
		2018年8月	A轮	苏州杰成医疗科技有限公司	苏州市吴江区
	苏州通和二期创业投资合伙企业（有限合伙）（政府LP：苏州工业园区生物产业发展有限公司，持股比例：7.25%；国投创合国家新兴产业创业投资引导基金（有限合伙），持股比例：9.07%）	2016年9月	B轮	丹诺医药（苏州）有限公司	苏州市苏州工业园区
		2017年3月	B轮	同宜医药（苏州）有限公司	苏州市苏州工业园区
		2018年7月	A轮	苏州仁东生物医学集团有限公司	苏州市吴中区
	苏州通和毓承投资合伙企业（有限合伙）（政府LP：厦门建发新兴产业股权投资有限责任公司，持股比例：3.89%；苏州工业园区生物产业发展有限公司，持股比例：7.29%）	2018年7月	A轮	苏州仁东生物医学集团有限公司	苏州市苏州工业园区
		2018年11月	B轮	同宜医药（苏州）有限公司	苏州市苏州工业园区
		2020年12月	B轮	以心医疗器械（苏州）有限公司	苏州市苏州工业园区
	苏州工业园区睿尔威企业管理咨询合伙企业（有限合伙）	2017年12月	B轮	瑞尔通（苏州）医疗科技有限公司	苏州市苏州工业园区

续表

投资机构	机构所属基金	首次投资时间	融资轮次	被投机构	被投企业区县
北极光创投（2020年中国创业投资机构100强第24名）	苏州极创欣源创业投资合伙企业（有限合伙）（政府LP：苏州市创新）	2021年2月	股权融资	苏州中辉激光科技有限公司	苏州市吴江区
	产业发展引导基金（有限合伙），持股比例：14.69%；苏州医疗器械产业发展有限公司，持股比例：11.30%）	2021年3月	A轮	苏州维伟思医疗科技有限公司	苏州市苏州工业园区
	苏州极创金源创业投资合伙企业（有限合伙）（政府LP：中金启元国家新兴产业创业投资引导基金（有限合伙），持股比例：18.11%）	2018年10月	股权融资	苏州兆鑫驰智能科技有限公司	昆山市千灯镇
		2018年11月	Pre-A轮	苏州鑫康合生物医药科技有限公司	苏州市苏州工业园区
		2019年6月	股权融资	信念医药科技（苏州）有限公司	苏州市苏州工业园区
		2021年2月	股权融资	怡道生物科技（苏州）有限公司	苏州市高新区

如表3-3所示，通和毓承下属的四家小镇入驻投资基金中，有三家得到政府LP—苏州工业园区生物产业发展有限公司的投资，分别为苏州通和创业投资合伙企业（有限合伙），苏州通和二期创业投资合伙企业（有限合伙）及苏州通和毓承投资合伙企业（有限合伙）。同时，这三家小镇入驻投资基金的投资标的存在重合，例如，丹诺医药（苏州）有限公司分别在A、B轮融资中获得通和毓承下属投资基金的投资；苏州仁东生物医学集团有限公司在A轮融资中获得两家下属投资基金的投资；同宜医药（苏州）有限公司在B轮融资阶段获得两家下属投资基金的投资。此外，我们发现与政府投资基金有过合作经历的市场化GP，更有可能在后续的融资轮中再次与政府达成合作，继续投资于同一家或同一地区的企业，例如，通和毓承和北极光创投下属小镇入驻投资基金所投资的其余企业均位于苏州及其周边地区。

（二）小镇内市场化GP联合投资

东沙湖基金小镇充分利用政府投资基金，建设以政府投资基金为依托的高能级区域金融集聚平台，持续吸引成熟的市场化风投机构，强化金融对创新型经济的引领作用，发挥金融对实体经济的血脉作用，打造区域金融高质量发展新高地、全国标杆性创新资本生态圈。东沙湖基金小镇聚焦于苏州工业园区，以政府投资机构为创新要素集聚的重要纽带，围绕服务创新驱动发展战略，积极牵线小镇内市场化GP沟通合作，建设市场化GP对接平台，助推金融资源向生物医药、人工智能、纳米技术及应用等关键创新领域和重要创新载体集聚，发挥“人才+资本+科技+产业”协同放大作用，形成资本链带动创新链、创新链带动产业链的发展格局。

陆瑶等（2017）发现，联合投资能有效提升创新型企业的创新能力，联合投资对创新的促进作用与参投机构数量成正比。因此，联合投资是东沙湖基金小镇内市场化GP所采用的首选投资模式。联合投资具有巨大优势，一方面，市场化GP联合投资时，能够共同应对潜在投资对象进行筛选、识别、监督和协助，降低投资风险。同时，当多家市场化GP共同参与一项投资活动时，市场化GP将减少其在单个投资项目上的资本投入，使其在总基金规模有限的情况下尽可能增加投资项目的数量，避免由于投资过度集中带来的高失败风险。另一方面，联合投资有利于市场化GP相互之间实现业务资源和投资技能的学习与互补，聚集多方资源与知识共同识别有潜力的投资对象，并提供更优质的投后增值服务，激发企业创新活力，激励企业加强核心竞争力。同时，联合投资不一定限定于在同一时间进行投资，先前的投资吸引其他投资基金在后续轮次中对同一家企业进行投资也是一种特殊的联合投资形式。例如，在完成联合投资活动后，市场化GP通常都会对被投企业的整体状况进行评价，并向外界发出相关信号。若企业经营状况良好，发展前景优越，将会吸引其他投资基金在后续融资轮次中加入联合投资。此外，基金小镇金融集聚效应形成后，众多基金将自然形成多个梯队，方便各个阶段的基金找到相匹配的合作伙伴，从而顺利实现退出。

实例通过天眼查搜集东沙湖基金小镇内市场化GP联合投资于苏州本地企业的数据，并选择其中有代表性的三家企业进行展示。派格生物医药（苏州）股份有限公司先于2020年9月接受苏州工业园区新建元生物创业投资企业（有限合伙）的股权融资，紧接着在2020年12月Pre-IPO轮次中，获得其他四家小镇内投资基金的青睐，其中两家小镇内投资基金与苏州工业园区新建元生物创业投资企业（有限合伙）隶属于同一家投资机构。苏州中天医疗器械科技有限公司在2019年1月A轮融资中获得两家小镇内投资基金的投资，在2020年8月又获得小镇内另外3家投资基金的投资。相类似地，苏州长瑞光电有限公司也于2018年5月和2021年1月分别获得小镇内投资基金的股权融资。

派格生物医药（苏州）股份有限公司、苏州中天医疗器械科技有限公司、苏州长瑞光电有限公司均于两个不同时间点获得小镇内投资基金的投资。较早投资试点，派格生物医药（苏州）股份有限公司、苏州长瑞光电有限公司都只募得一家小镇内投资基金的投资，并没有形成联合投资。相对较晚投资时点，派格生物医药（苏州）股份有限公司、苏州长瑞光电有限公司均获得了小镇内四家投资基金的联合投资，企业发展前景得到认可，资金链安全稳定。市场化GP联合投资不仅为企业提供了稳定的资金链，更为其长期发展提供保障。企业获得联合投资主要有两大原因，其一是企业不断自我完善、自我发展，吸引小镇入驻机构联合投资；其二是小镇内早期市场化GP通过对被投企业的整体评估，释放乐观投资信号，吸引其他市场化GP后续跟投。苏州中天医疗器械科技有限公司（下文简称“中天医疗”）成立于2018年5月22日，主要从事医疗器械领域内的相关技术开发及器械销售。在中天医疗正式注册成立前，曾于2015年申请两项专利，但2016—2019年该公司均未申请相关专利。中天医疗正式注册成立后，于2018年11月披露首次股权融资，2019年1月披露A轮融资，因而获得了各大投资基金的融资。此后，中天医疗的专利申请数呈井喷式的增长，于2019—2020年共申请了16项专利，其中6项为实用新型专利，均为授权状态；10项为发明专利，6项为公开状态，2项为授权状态，2项为实质审查状态（见表3-4）。

由此可以看出，高科技初创企业在获得投资基金融资后，将加大企业研发投入，激发企业创新创造活力，提升企业核心竞争力。

表3-4　苏州中天医疗器械科技有限公司专利信息

时间节点	专利类型	数量	法律状态	总计
A轮融资后	实用新型	6	均为授权状态	16
	发明专利	10	6公开2授权	
	外观专利	0	2实质审查	
A轮融资前	实用新型	1	均为授权状态	2
	发明专利	0		
	外观专利	1		

（三）成功被投企业反哺基金小镇

东沙湖基金小镇创新基金发展模式，坚持走“基金+孵化器”的道路，培育小基金与早期科技类公司成长，提升金融与科技的交叉赋能功能。过去，东沙湖基金小镇注重头部基金的聚合，资源向头部基金公司聚拢，而新基金生存困难。现今，东沙湖基金小镇开始着手培育小基金与早期项目，丰富小镇金融业态。例如，小镇内部主力机构元禾控股，在2017年到2020年分别投资于苏州工业园区原点正则贰号创业投资企业（有限合伙）、苏州元禾厚望成长一期股权投资基金合伙企业（有限合伙）、苏州工业园区明昕股权投资合伙企业（有限合伙）、苏州元联药谷一期基础设施投资合伙企业（有限合伙）等小镇自己培育的基金。

从基金小镇的角度，对小基金与早期项目的投资，更像是一段相互陪伴、共同成长的故事，经历时间打磨并且最终开花结果。小基金与早期项目往往黏性更高，对小镇感情深厚，后续反哺可能性极高。被投企业在上市之后，往往乐于“回馈”小镇，转换身份与小镇合资成立新的基金，并投资产业链上的创新型企业，实现资本的良性循环。例如，苏州思必驰信息科技有限公司最初是留学生创办，先后获得小镇入驻机构元禾控股和元璟资本的投资，并逐步成长为国内语音AI新生代中的领军企业。在具备一定规模后，思必驰“回馈”小镇设立了人工智能产业基金，聚焦人工智能领域早期项目的投资，继而建立人工智能大生态。再如，于2016年5月登陆A股的世嘉科技（002796），其在上市前曾接受元禾控股的投资，在上市后，世嘉科技出资认缴了苏州工业园区元禾重元贰号基金的相应份额，成为基金的有限合伙人，为基金小镇注入成长的力量。

三、案例思考

2015年以来，浙江省围绕着推动金融更好地服务实体经济的主线，以特色小镇建设为契机，在杭州、宁波、嘉兴、温州、湖州、金华和绍兴等地布局建设基金小镇，成效显著，玉皇山基金小镇、南湖基金小镇等8家金融小镇已入选省级特色小镇名单。据不完全统计，截至2021年2月底，省内14家金融小镇入驻的基金及基金管理公司总数超4万家，其中宁波、嘉兴、杭州的基金小镇入驻机构数量排名前三，分别为24478家、7179家、5476家。然而，浙江省基金小镇的发展存在诸多问题，服务实体经济的能力有待提升。首先，政府投资基金的引导作用并未充分发挥，引育优质机构的能力有待增强。其次，基金小镇入驻机构间交互不够，联合投资积极性不高，集聚效应不明显。最后，基金小镇与上市公司产业资本结合不紧密，产业资本向金融资本转化效率低下。通过上文对东沙湖基金小镇投融资生态圈模式的深入分析，提炼出了若干有助于浙江基金小镇高质量发展的建议。

（一）鼓励政府投资基金加大对小镇入驻机构的支持

1.鼓励省、市、区等各级政府投资基金入驻基金小镇

政府投资基金能有效发挥财政资金杠杆作用，集聚金融要素，增加风险投资资金体量，弥补创投市场前端投资的不足。

2.鼓励政府投资基金与小镇内的入驻机构合作发起设立基金

鼓励政府风险投资基金在提供资金的同时，有效撬动民间资本进入创业投资领域，缓解小镇入驻机构的融资约束，助力创新型企业成长，促进相关产业转型升级、促进产业集群和集聚。

3.鼓励政府投资基金投资于早期创业企业

高科技创新型企业在创立初期通常难以获得债权融资及股权融资，存在资金短缺问题。政府投资基金通过对处于早期发展阶段的初创企业进行天使轮和A轮投资，能有效发挥引导效应，吸引基金小镇的入驻机构后续开展跟投。

4.优化政府投资基金管理人遴选机制

政府投资基金往往缺乏更具吸引力的利润分配方案和薪酬安排结构，极易遭受经验缺乏、机会成本较低的基金管理人的逆向选择，导致投资项目成功率低下。政府投资基金亟须积极引进有私募从业经验的专业人才，扩大基金管理人团队。

5.鼓励小镇入驻机构扮演耐心资本角色

依据其持股期限及是否投早、投小、投高科技，对在中基协备案并年检合格的创业投资基金及管理人给予一定的优惠补助。

（二）鼓励小镇入驻机构联合投资

1. 鼓励小镇入驻投资机构间联合投资

已有研究证明，联合投资不仅能有效避免集中投资带来的高失败风险，还有利于市场化 GP 之间实现资源、技能的互补与学习，识别高潜力投资对象，激发创新主体活力。

2. 鼓励基金小镇积极对接其他金融机构

基金小镇运营主体通过整合各类金融机构资源，建立全方位一体化金融服务体系，为基金小镇入驻投资机构与商业银行等金融机构合作提供机会。小镇入驻的股权投资、创业投资类企业与商业银行等金融机构开展合作，通过投贷联动、投保联动模式，拓宽创投资金来源渠道，创新投、贷、保联动等多种投资模式。

3. 鼓励各基金小镇加强沟通交流

支持入驻基金小镇的投资机构与全省的优质公司、研发机构、科创园及其他非金融类特色小镇等对接，协同开展科技成果的孵化活动，助力省内高新技术企业、科技型中小企业等新兴及优势产业链项目的发展。

4. 鼓励各基金小镇入驻机构联合投资

省、市、区等各级基金小镇组建联盟，并成立基金小镇研究智库，进而有效加强全省基金小镇内部的信息共享和资源对接，便利各基金小镇内投资机构间沟通交流，开展联合投资。

5. 鼓励基金小镇引入国际知名资产管理机构

考虑到国际投资者的投资经验比较丰富，当国际投资者和本地投资者联合交易时，企业扩张更顺利，成功上市概率更高。

（三）鼓励基金小镇积极对接省内上市公司

1. 鼓励省内上市公司在旗下成立企业风险投资 CVC，并入驻基金小镇

围绕公司的战略定位和转型升级目标，面向产业链关键节点企业开展单独投资活动或与入驻小镇的其他投资机构联合投资。

2. 鼓励省内上市公司在基金小镇设立并购基金

上市公司可以与政府产业基金、私募股权投资机构共同成立“政府产业基金 + 上市公司 +PE”等并购基金，并围绕完善上市公司产业发展生态链的目标，开展横向或纵向并购业务。

3. 鼓励基金小镇入驻投资机构为上市公司分拆的子公司提供融资服务

小镇入驻投资机构与上市公司优势互补。小镇入驻投资机构为上市公司提供资金支持，拓展融资渠道。上市公司向小镇入驻机构分享上市经验与企业管理方式，提高被投企业上市成功率，帮助投资机构实现最优退出方式。

4. 鼓励政府投资基金与上市企业共商共建协作机制

上市公司向基金小镇内机构分享上市经验及企业需求。助力有潜力的被投企业上市，

政府投资基金牵头协调解决上市公司面临的困难和问题。被投企业在上市之后“回馈”小镇，转换身份与小镇入驻机构合资成立新的基金，并投资产业链上的创新型企业，实现资本在实体经济中的良性循环。

第四章　科技银行

第一节　国外科技银行发展实践

一、科技银行的内涵

所谓科技银行通常情况下就是种银行金融机构，这种机构主要提供专业性、智能型的科技金融服务，其服务对象主要是科技型中小企业。科技银行为技术引进、产品研发、产品试验推广、成果转化、成果产业化等各个阶段提供金融服务和支持。在美国，科技银行一般被称为风险银行，这是因为创新型高科技企业在发展过程中都伴随高风险，同时科技银行的服务对象主要是高新科技企业。

二、国外科技银行的发展情况及分析——以美国为例

在科技银行业务领域，美国硅谷银行（SiliconValley Bank，简称 SVB）是一个最为典型，并且是最成功的代表。硅谷银行是美国科技银行主要的模式，也是美国最成功的科技银行，甚至成为科技银行的代名词，对美国科技银行的研究其实主要就是对硅谷银行的研究。

（一）硅谷银行简介

硅谷银行成立于 1983 年，于 1988 年在纳斯达克上市，1990 年开始向硅谷以外的美国其他地区扩展业务。1993 年，硅谷银行开始全新的经营战略，集中精力服务于创新的、高成长且高风险的高新技术产业，并相应推出适用于此类企业的产品和服务创新，此举使得它在一跃成为全美新兴科技公司市场中最有影响力的商业银行。1996 年将业务已发展到美国 15 个州，2004 年在全球 4 个国家设立分支机构，2005 年在中国设立分支机构，即浦发硅谷银行。硅谷银行主要服务于科技型企业，成功帮助过 Facebook、twitter 等明星企业。以专注高科技行业中小企业、全面联结风投机构的投贷联动为核心经营模式，运行多年，取得巨大成功，是全美科技公司市场中最有地位的商业银行。

（二）多元的投资风格

对于传统的投资银行，其主要业务是银行的存贷业务，即银行通过传统的储蓄手段向社会吸收资本，再将这些资本通过高额利润的方式贷款出去赚取差额收益，即进行债券式投资。而一些投资集团，则通过购买创业公司上市前的股票，在公司获利后分取红利，即进行股权式投资。而硅谷银行采取的投资方式是将这两种方式相结合，将资金分别用于借贷和股权投资，即国内大家所说的“投贷联动”，从而降低借贷的风险并增加提高收益的机会。另外，就投资对象而言，硅谷银行会根据不同的情况，将资金直接投入创业企业，或者将资金投入一些创投机构，再由他们完成下一步的投资。这种多元化的投资方式，突破了传统银行投资风格的限制。

1. 专注于为科技型中小企业提供金融服务

高科技初创型企业得到美国“硅谷银行”充分的重视，这种做法不仅能在处理事情时经验充分，而且使得能够更加专注。其他同时关注多个领域的商业银行，就无法有效做到这一点。硅谷银行的合作对象大部分来自初创型企业，因而在刚开始时是很难取得盈利的。要想在今后取得有效回报，在这个过程中，必须有十足的耐性，需要通过大量投资、花费大量时间和精力。一家公司的发展肯定不会一帆风顺，在这个过程中要努力去为公司的发展创造出更好的条件。

2. 差异化金融服务支持

提供差异化金融服务，要求针对客户的不同需求设计不同的金融工具、金融产品，也是金融机构扩大客户群的重要途径，美国“硅谷银行”模式主要创新之处在于设立直接创业投资公司作为创业投资人。传统银行之所以很难涉足科技型中小企业，对于科技型中小企业的核心技术和成长性评价存在缺陷，是因为其评价企业的强项在于财务评价。而核心技术、市场空间、企业成长性及团队管理恰恰成为对企业的重点评价。

（三）新颖的投资思路

1. 独特的风险投资模式

依靠风险投资公司成为硅谷银行控制风险的主要手段。硅谷银行与美国的风险投资公司密切合作。风险投资公司提供的是专业知识、领导能力等，通过和风险投资公司合作使双方同时获利。

2. 银投联盟是其扩大影响力和竞争力的重要手段

硅谷银行实现银行与风险投资公司的结合，需要通过银投联盟。存贷差盈利模式即债券投资是从普通的商业银行中引进的，经过传统的存贷差保障灵活的现金流；而股权投资通过上市与并购兑现来自风险投资公司的盈利模式。面向风险投资进入的创业公司存贷款业务成为硅谷银行 80% 收入来源。由于初创企业风险高，相应地，贷款利率也高。

3. 硅谷银行的贷款利率普遍高于其他商业银行

处在一个风险相对较高的领域，贷款利率自然要高，对于那些贷款无力的初创公司，显然也不会在意多出一个点半个点的贷款利率。而硅谷银行的资金来源成本又是最低的。许多创业者从风险投资者那里得到一笔投资后，会马上在硅谷银行开一个账户，并在银行的帮助下建立起一套财务体制，这些客户对存款的利率也敏感，而且在存款中有 30%左右是不付利息的活期存款账户。资金来源成本低廉，贷出去的价格又高，收益自然比较高。

（四）科学的风控手段

硅谷银行与风险机构始终保持着密切的联系，还专门设立了风险投资咨询顾问委员会，借助专业的风控目光来决定公司的投资目标，另外还通过提供一些专业咨询、服务等业务来保障客户的既得利益，从而收获良好的业内口碑。公司还采取风险隔离的方式，将各种不同类型的业务严格分割开来，不随意在业务间挪用资金，避免相互之间的风险影响。

1. 硅谷银行的风险控制机制

（1）通过风险投资机构筛选贷款对象

硅谷银行的主要贷款对象是接受过风险投资的企业，风险机构在进行风险投资前都会对其投资对象做深入调查，由于硅谷银行目前是 200 多家风险投资机构的股东或合伙人，硅谷银行和风投机构特殊的合作关系，使得硅谷银行可以通过风投机构的调查对所贷款对象有一个清晰地了解，从而降低由于高科技创新型公司创业初期的盈利模式模糊所带来的风险，可以说只贷款给受到风投投资的企业是 SVB 风险控制的一个硬性指标。

（2）对于不同风险级别的公司进行贷款金额限定

发展规模较小的创新型公司，一般在获得风投后可从硅谷银行处获得 200 万美元左右的短期贷款；一些规模相对较大的企业，在资金流出现困难时可从硅谷银行那获得 500 万美元左右的贷款支持。

（3）只投资特定领域

术业专攻，其投资领域主要集中在高科技、生命科学、风险投资及高端葡萄酒四大行业，绝不涉足自己并不熟悉的领域，如利润丰厚但最容易产生坏账的房地产市场。另外，硅谷银行业减少对复杂金融衍生品的使用，不依赖抵押品的交换盈利。

（4）利用 SVB 银行和 SVB 分析对公司的资金利用和管理状况进行监控

由于 SVB 所贷款的公司必须将资金存放在 SVB 银行中，所以 SVB 可以有效地对所投资公司的资金流向和资金利用情况进行有效监督，同时利用 SVB 分析对其投资的公司的管理进行监控，为公司的管理提供咨询服务。

2. 像“风投”那样放贷款

目前，SVB 对创新型高科技企业的贷款方式主要有两种，分别是直接投资方式和间接投资方式。

（1）直接投资方式

直接投资方式可以细分为债权直接投资和股权直接投资两种模式。

1）债权直接投资是直接向处于创业初期的高科技成长型企业提供贷款服务。硅谷银行在进行贷款服务时主要有三个特点：第一，其贷款业务对象大部分只针对获得过风险投资的企业进行，之所以主要放贷给获得过风险投资的创新型企业，主要原因在于这类企业由于经过风投机构的融资审查，风险相对较低，在美国过半获得风险投资的企业都获得过 SVB 的贷款；第二，由于其贷款对象是高风险的创新型高科技产业，作为风险的代价，其贷款利率比一般的贷款利率要高 2% 到 5%，具体的贷款利率要根据其所贷款对象的风险而定；第三，其贷款业务一般会发生在创新型企业的发展初期，企业一旦从成长期进入成熟期后，SVB 便会从这家企业中退出，再选择其他的贷款服务对象。目前，硅谷银行的退出机制主要有两种，对于公开上市的公司，在上市后将其股权抛售；对于没有上市的公司，将从其的融资或盈利中所得补偿后退出。

2）股权直接投资是 SVB 采用入股的形式直接投资于其看好的创新型高科技公司。和其贷款业务一样，SVB 股权投资的对象也都是获得过风险投资的创新型企业，其股权投资一般与风投机构的风投资金同时入股。

（2）间接投资方式

主要是硅谷银行通过将资金投入给风险投资机构，再通过风险投资机构对创新型高科技企业进行投资，其间硅谷银行和被投资企业不发生直接联系。硅谷银行可以通过风险基金对外投资的一个主要原因在于硅谷银行和风险基金之间特殊的合作关系，硅谷银行目前是 200 多家风险投资机构的股东或合伙人，同时，其商业贷款业务对象除了创新型高科技企业外，另一个主要客户群体就是各类风投机构。

（五）两种退出方式

硅谷银行主要采用公开上市的方法进行创业投资的退出。其获得股权后，在创业公司上市后将其抛售，获得利润，而后进行其他投资。对于没有上市的创业企业，硅谷银行还采用收购的方式进行退出。

第二节　国内科技银行发展实践

一、杭州科技银行

杭州科技银行采用“银行 + 担保 + 额外风险收益补偿机制”的运作模式，即该科技银行向高科技中小型企业提供基准利率贷款，担保机构对高科技中小型企业实行优惠的担保措施，政府给予风险收益补偿和激励。

（一）杭州银行科技支行概况

自2008年国际金融危机爆发以来，大量中小企业破产，失业率上升，金融机构流动性紧缩，导致大批具有发展潜力的科技型中小企业发展受阻。特别是在上海、江苏、浙江一带科技型中小企业密集区，影响更大。在全社会探究如何破解中小企业融资难题背景下，杭州市科技局、杭州市银监局等部门推动杭州银行在杭州高新技术产业开发区揭牌成立了科技支行，按照硅谷银行的模式探索科技型中小企业的金融服务模式，成为浙江省第一家、全国第三家科技支行。科技支行是杭州银行下属的一级支行，其服务对象定位于科技型中小企业。运营一年多来，其服务客户涉及电子信息、新能源、节能环保、医药、文化创意、传统行业技术改造六大行业近20个子行业，基本覆盖了杭州市重点发展的战略性新兴产业。

（二）杭州科技金融生态概况

1. 金融创新活跃

杭州在科技型中小企业融资方面的金融创新十分活跃。在贷款产品方面，杭州在全国首创了“联合担保”贷款、“桥隧模式”“道衢模式”等中小企业融资模式；在担保模式方面，杭州开展了天使担保、政策性拨款预担保、期权担保、知识产权质押担保和订单及应收账款质押担保；在政府支持模式方面，杭州设立了杭州市创业投资引导基金，组建了杭州市创业投资服务中心，搭建了科技企业融资平台。

2. 担保体系完善

杭州中小企业担保体系较为完善，拥有一批实力较强的政策性担保机构与商业性担保机构。如杭州高科技担保有限公司，是隶属于杭州市科技局的政策性担保公司，注册资本达1.25亿元；位于杭州的浙江中新力合担保有限公司是浙江省最大的融资担保机构，其注册资本达4.17亿元。

3. 信用环境较好

杭州市社会信用环境在全国各大城市中位居前列，且自古以来“浙商”便以“守信用、重承诺”闻名全国。此外，杭州目前正大力推进“以政府信用为表率、企业信用为重点、个人信用为基础、信用中介服务为核心”的社会信用体系建设，信用环境持续优化完善。

（三）创新商业服务模式

1. 机制创新：“五个单独”“五方联动”与“五大特色”

（1）管理体制的“五个单独”

为体现科技型中小企业金融服务专营机构的特色，杭州银行总行为科技支行制定了五项单独政策：单独的客户准入机制、单独的信贷审批机制、单独的风险容忍政策、单独的拨备政策和单独的业务协同政策。

（2）运营模式的“五方联动”

科技支行的运营模式体现为“五方联动”，即加强与政府部门（包括科技主管部门、金融监管部门和经济管理部门）、创业风险投资机构、担保公司和工业园区等力量的联动，构建银政合作平台、银投合作平台、银保合作平台和银园合作平台，形成科技企业金融一体化服务战略联盟。目前，科技支行已经与杭州各区县科技局、十余家创投机构、近十家担保机构和多家园区建立了合作关系，并与部分合作伙伴签订了战略合作协议。科技支行现有 80% 的信贷客户都是通过网上合作平台获得。

（3）风险管理的“五大特色”

1）客户评估的“两头兼顾”。在进行信用评估时，科技支行实行财务信息与非财务信息，硬信息与软信息的两头兼顾，既考虑传统银行调查所考虑的因素（主要是财务信息和硬信息），也考虑企业技术、产品、营销模式和竞争对手等因素（主要是非财务信息和软信息），以便在评估其潜在风险的同时，发掘其潜在价值。

2）重大项目的联合评审。科技支行建立由技术专家、政策专家、信贷专家和投资专家等组成的联合信贷评审委员会，参与重大信贷项目和业务的评审，弥补科技支行在科技领域专业知识方面的局限性。

3）专职审批（风险管理前移）。总行派出独立审批人常驻科技支行，对贷款进行专职审批。

4）团队制模式。科技支行采用团队制模式，将客户经理分成三个团队，实行团队考核，在业务拓展中坚持团队责任制，团队之间开展适度竞争。

5）“专注与专业”。在专注方面，科技支行将业务目标锁定为拥有自主知识产权或商业模式创新的科技型中小企业。在专业方面，科技支行引入专家联合评审制度、组织业务培训、加强与创投机构合作、开展对专注行业的行业研究。

2. 产品与模式创新

在“五方联动”构建的投融资平台基础上，科技支行推出知识产权质押贷款、银保联动贷款、投贷联动贷款、基金宝等创新产品与模式。

（1）知识产权质押贷款

科技支行的知识产权质押贷款中引入了专业评估机构降低贷款风险，并利用杭州银行在北京设立的网点办理知识产权质押登记降低企业融资成本。

（2）银保联动贷款

银保联动贷款模式是一种基于银行与担保机构互动的期权贷款模式。这种模式使银行通过对企业成长性收益的获取来弥补贷款风险。具体来说，在银保联动模式中，银行对企业提供贷款的同时，担保公司取得企业的认股权（期权），银行与担保机构约定期权收益各自的分配比例。

（3）投贷联动贷款

投贷联动贷款是一种基于银行与 VC 或 PE 互动基础上的贷款模式。在该贷款模式中，银行向企业提供贷款，VC 或 PE 提供担保。投贷联动贷款模式在一定程度上可以实现申贷企业、放贷银行和股权投资机构三方共赢：申贷企业在不出卖股权及企业经营控制权的情况下获得了融资；科技支行降低了贷款的风险，并有利于开拓成长性客户；VC 或 PE 则既减少了股权受稀释的威胁，又增加了以较低廉价格获取企业股权的可能性。目前，科技支行与浙江天堂硅谷创业投资集团有限公司、浙江华睿控股有限公司、浙江赛伯乐投资管理公司及浙江华瓯股权投资管理公司正组建银投联盟，联合杭州高科技担保有限公司开展投贷联动贷款。

（4）基金宝

基金宝即政策性拨款与担保贷款，通过该产品，获得政府各级部门的政策性拨款科技企业，都能申请“政策性拨款预担保”，能提前拿到拨款资金的 70%。该笔贷款由杭州高科技担保有限公司提供担保，无须任何实物抵押。基金宝贷款期限不超过一年，企业除了归还本金，只需承担 1% 的担保费率和银行基准贷款利率。自基金宝业务推出以来，基金宝受益客户已达到 18 家，贷款总额 1215 万元。

（5）合同能源贷款

合同能源贷款是一项为合同能源企业专门设计的，以合同未来收益为还款来源的创新融资产品。合同能源贷款无须提供抵押担保，贷款条件是提供合同能源管理服务的节能服务商或设备供应商已有项目开始获得收益分成，贷款用途为承接新合同能源管理项目。

（6）期权贷款

期权贷款是指企业出让部分期权给第三方机构，第三方机构提供担保，科技支行发放贷款，科技支行通过财务顾问费获取部分期权带来的收益。

（7）其他创新融资产品

除以上创新融资产品或模式外，科技支行还开发了应收账款质押贷款、订单贷款、租金贷等贷款产品。

3. 政策支持创新

面对科技型中小企业贷款市场存在的“市场失灵”，包括市科技局、财政局、金融办和高新区等在内的政府部门为科技支行提供了诸多政策扶持，形成了一套较为完善的政策支撑体系，对于分散银行资金风险、引导带动多方资源发挥了积极作用。

（四）杭州科技支行的效果及优势

1. 成绩与效果

在科技支行设立后的一年多里，科技支行确实发挥了其支持科技型中小企业发展的重要作用，并且由于体制机制上的独特设计，目前风险及收益情况良好。

2. 优势及可借鉴之处

（1）发挥政府和市场作用，支持科技创新，弥补市场失灵

相关政府部门制定并落实了贴息政策、存款支持政策、财政补偿政策及组建专家组等方面的政策优惠，有效支持了科技支行的发展，发挥了政府的引导服务作用，改善了科技金融生态，带动了银行资金向科技创新领域流动。同时，也充分利用了市场监管、遴选等功能，科学把握了信贷风险，并利用市场机制为科技支行遴选了可行性贷款项目，实现了商业银行的市场化运作，为政府支持资金的高效利用提供了保证。政府和市场功能的有机融合，为打开银行资金支持风险更高的科技型中小企业瓶颈提出了解决途径，拓展了当前我国商业银行业务的新模式和新内涵。

（2）借助多方互动进行金融创新，改善风险收益结构

科技型中小企业融资难的重要原因在于银行科技贷款业务的风险收益不对称：承担很大风险，仅获得固定且较低的收益。科技支行通过多方互动（包括担保机构、投资机构、政府等）进行金融创新，在降低风险和成本的同时，又增加了收益，从而改善了科技支行的风险收益结构，有利于科技型中小企业贷款大规模市场化运作。

（3）通过产品持续创新，提高服务科技型中小企业的能力

金融产品方面的创新，不但改善了科技支行的风险收益结构，还在业务规模扩大和业务经验积累的过程中，不断提高科技支行在价值发现、风险控制和最优融资方案设计等方面的能力。

二、汉口银行光谷支行

银行信贷作为金融资源配置的主要方式，一直是武汉市科技型企业融资的重要依靠，各类科技信贷资金通过多种渠道为科技型企业的发展壮大提供了有力支撑。在不少地区和金融机构还处于摸索阶段时，区域性股份银行汉口银行快速深度地介入业界普遍叫难的科技型中小企业融资领域，打造科技专营银行，实现了第一生产力与第一推动力的有效结合。

（一）科技金融服务模式创新的科技生态背景

1. 高新技术开发区科技资源聚集

东湖高新区自获批建设国家自主创新示范区后，园区内创新创业热潮涌动，在国内高新区中处于领先地位。此外，东湖高新区还建立了待认定企业的后备库，后备库中已有 200 多家企业，这些企业将成为今后高新技术企业认定辅导服务的重点对象。

东湖高新区现已成为湖北省最具影响力的科技成果产业化基地和高新技术产品出口基地、技术创新示范基地和创新型人才培养基地。特别需要指出的是，东湖高新区中科技型企业绝大多数属于中小企业，成为汉口银行光谷科技分行大量的潜在客户资源。

2. 区域内信用环境较好

经过多年来的努力，武汉市信用环境持续优化，在社会中形成了良好的诚信风尚，为银行信贷体系提供了良好的信用环境。此外，东湖高新区的大多数企业与武汉市的众多高校建立了合作关系，企业内部的管理层人员多为有高校背景的教师，素质较高，诚信意识较强，融资环境更为单纯。

3. 汉口银行光谷支行科技金融服务概况

汉口银行科技金融服务中心依托于学术研究、信息共享、金融合作和业务支持等五大平台，着重进行服务模式、业务流程、金融产品等创新活动，针对科技型中小企业的不同特点，以“信贷工厂流水线”的方式提供与之匹配的融资方案。与此同时，该中心重点围绕为科技企业提供综合金融解决方案的主题，全面整合银行、政策、风投、科技保险／担保和中介等各类金融服务资源，为科技企业提供银行直接融资、风投股权融资、科技政策辅导及理财增值服务等综合方案，全面解决企业金融服务需求。在提供服务的过程中，中心专业人员从企业自身需求和特点出发，为科技型企业提供包括理财、财务顾问、信息咨询、经营诊断等各项增值服务。

作为中部地区首家科技支行，光谷支行通过聚合政府、风投、担保、保险、中介等各类金融服务资源，建立“信息共享、业务联动、风险担保、联合创新”的合作机制，依托光谷支行全国范围内的科技金融组织架构，采用“股权＋债权”“引资＋引智”的模式打造了汉口银行科技金融服务中心，创新、高效地解决科技企业融资难题，为科技型中小企业提供了全方位的金融服务，在实践中已取得初步成效。光谷支行发挥武汉“中国光谷”的区位优势，寻求与国有大银行、股份制银行差异化的经营路线，借鉴美国“硅谷银行”的经验与模式，不断创新丰富科技金融产品，走科技金融特色道路，旨在建设中国“硅谷银行”，树立品牌，拓展市场。

（二）汉口银行科技金融模式创新

汉口银行科技金融模式创新主要体现在四大创新体系的构建上，通过对组织架构、内部机制、业务模式和产品服务的不断创新。为解决科技型中小企业融资难题，光谷支行推出“投融通”科技金融服务方案。利用法人银行灵活的制度优势，搭建起科技金融的内部制度体系。该行为中心开展科技金融创新的实践活动提供了强有力的后台保障与政策制度支撑，有效降低融资门槛，并同时配套搭建科技金融绿色审批通道，缩短审批流程，提高审批效率。审批通道由科技金融服务中心受理各辖区的科技企业融资需求，总行科技金融创新部统筹全行科技金融业务的审批与管理，从而在产品与内部机制上建立了“双保障”的体系，保证了对科技型企业的服务。

1. 内部机制保障

为优化内部机制，光谷支行设立独立的考核与约束机制，弱化对负债规模、短期利润的要求，重点强化投资结合业务、产品创新等方面的专项考核；设立独立的信贷审批机制，增加了科技型中小企业通道来审批5000万元以下的信贷业务；设立独立的科技金融审贷会，引入科技专家和风投专家进入审贷会，并赋予投票权；设立独立的风险容忍度政策，将科技金融信贷业务的风险容忍度提高到5%；设立独立的专项拨备机制，将科技金融信贷业务的拨备计提比例设置为行业内普通信贷业务的2倍，另外还制定了风险定价政策和先行先试政策等。

2. 产品保障

光谷支行结合科技型中小企业成长需求，聚合各类资源，全面解决科技型中小企业在成长过程中遇到的各类问题。光谷支行在科技金融创新的进程中突破现有传统业务模式，依照“业务联动、风险共控、资源共享、多方共赢”的原则将各类金融及科技资源进行有效聚合，形成多方合力服务科技中小企业，达到多方合作“1 + 1 + 1… > N”的效果，旨在打造银行、风投、券商、中介机构及开发区政府等多方共赢的局面，其创新业务模式主要分为“银行+风投”“银行+券商+风投”“政府+银行+风投”和“政府+银行+中介机构”等几种，在实践中已成功助推多家不同类型企业的发展。

（三）创新型银行信贷产品

1. “投融通”——科技金融服务方案

“投融通”是光谷支行专门针对科技型中小企业的生产经营特点，专为科技型中小企业量身定制的专属金融服务。相比于一般中小企业融资，基于科技型中小企业轻资产、信息不对称程度高等固有特点，其融资渠道更为狭窄。“投融通”产品的创新点在于，突破传统抵押融资的束缚，重点发掘科技型中小企业无形资产价值和未来市场价值并运用到融资中，大力推广知识产权质押、非上市公司股权质押、经费搭桥、节能贷款、供应链融资、集合贷款等创新融资产品，为面临融资难题的科技型中小企业提供最合适的融资方式。在创新银行信贷产品、降低科技型中小企业融资门槛的同时，光谷支行通过引入风险投资机构在科技、投资和管理领域多年积累的专业优势和品牌资源，为科技企业在法人治理、财务规范、人才引进、品牌提升等方面提供有针对性的增值综合服务，为处在不同生长周期的科技型中小企业提供全面的综合金融服务解决方案。

2. 重点项目库

光谷支行建立了“初创期”项目库、“成长期”项目库、“成熟期”项目库（表4-1），针对不同成长阶段的科技型中小企业提供长期性跟踪差异化的产品及服务。其中，“初创期”项目库主要针对已获得科技专项补贴或政府资金扶持的，上年度净利润在500万元以下的初创期科技型中小企业；“成长期”项目库主要以光通信、新能源、节能环保、高端装备制造、航天军工等国家战略新兴产业的，上年度净利润在1000万元以下的成长期的企业为主；“成熟期”项目库则主要以成熟产业具有产业链扩张的，上年度净利润在2000万元以下的成熟期的科技型企业为主。

表 4-1　光谷支行不同生命周期项目库划分标准

项目库	初创期项目库	成长期项目库	成熟期项目库
划分标准	上年度净利润在 500 万元以下；主要以获得科技专项补贴或政府资金扶持的，初创期的科技型中小企业为主	上年度净利润在 1000 万元以下；主要以光通信、新能源、节能环保、高端装备制造、航天军工等国家战略新兴产业的成长期的企业为主	上年度净利润在 2000 万元以上；主要以成熟产业具有产业链扩张的成熟期的科技型企业为主
占比	17%	61%	22%

（四）光谷支行科技金融模式创新取得的成效

经过近几年来的发展，汉口银行科技支行的科技金融创新工作得到湖北省、武汉市政府的高度重视。2011 年 9 月，光谷支行经有关监管部门批准成功升格为光谷分行。开展科技金融业务有利于积累优质客户资源，改善传统银行客户结构，打造独具中心特色的客户结构，该行因此在激烈的业界竞争中得以实现可持续发展。现在，汉口银行科技金融服务已经成为一个重要的特色品牌。

（五）光谷支行金融创新所带来的启示

汉口银行光谷分行通过构筑“一站式”服务平台，整合多方资源来共同为其服务的科技型企业提供持续的资金援助，其结果是科技型企业不断发展壮大，银行客户资源不断扩充，以之为依托的东湖高新区也得以进一步发展。这种多赢局面为其他科技银行的发展提供了极具参考价值的新思路。

1. 科技型中小企业融资难的重要原因在于科技贷款业务普遍面临着风险与收益不对称的困境，银行出于资金安全性原则选择谨慎放贷。科技银行通过打造整合资源的多元化服务平台来进行金融服务模式的创新，在分散风险、降低成本的同时增加了收益，还能改善科技银行的风险收益结构，有利于推进科技型中小企业贷款大规模市场化运作。

2. 在业务规模扩大和业务经验积累的过程中，科技金融产品的持续创新能够不断提高科技银行在价值发现、风险控制和最优融资方案设计等方面的能力。与此同时，针对企业生命周期各个阶段进行产品的设计，使得科技型中小企业在不同发展时期能有最合适的融资方案，减少了匹配的流程和成本，更好地推动了高新技术企业的发展。

3. 汉口银行科技金融服务通过金融资源配置，将银行进入科技型中小企业的时间前移，并结合科技型中小企业在不同时期的特点，整合金融创新融资来源以达到破解科技型中小企业融资难的目的，这种模式值得其他科技银行借鉴和推广。

4. 汉口银行通过不断探索科技与金融结合的模式，形成科技金融的“多米诺效应”，引领同业金融机构转变经营思路和服务理念，撬动更多的金融资源向科技型中小企业流动，也产生了良好社会效应。

三、模式比较与存在的问题

科技银行的支行模式是在我国严厉的监管环境下对美国硅谷银行式科技银行尝试未果

的一种替代选择。采用科技支行模式运营具有一定的优势，比如银行成立前期易于开展科技贷款业务，由于背靠总行，其风险承受能力和融资供给能力能得到保障，但是科技支行模式也有较大的劣势，突出表现为独立性缺失。

为增强科技支行的独立性，设立科技支行的总行对科技支行采取了“一行两制”政策，给予科技支行特殊的优惠政策，比如放宽信贷审批权限、提高不良贷款容忍率等。杭州银行科技支行实行的“五个单独”就是典型的“一行两制”政策。在实践中，大部分科技支行是由当地中小银行设立，这一现象的内在逻辑之一在于中小银行相对扁平化的组织架构能够赋予科技支行更多的独立性。尽管如此，科技支行在开展业务时仍然受到总行风险偏好程度、风险承受意愿和业绩考核制度等方面的限制。

但是，科技支行在具体业务运营方面仍然存在比较突出的问题。从盈利模式来看，科技支行的盈利来源主要是利息收入。受制于我国的监管法律政策，商业银行不能获取期权收益。尽管某些银行通过财务顾问费等形式实质性地获得贷款企业的期权收益，但该形式并未得到银行监管部门的首肯，只能通过财务顾问费获得企业的认股期权。在利息收入方面，科技支行对贷款的定价也经常会受到干预，还缺乏自主的贷款定价权。从风险控制机制看，总体上科技支行的风险控制机制与传统银行的风险控制机制并无太大差异，过度依赖有形抵押物和质押物的现象普遍存在，而无形的知识产权（如技术专利）质押融资则往往流于形式。

科技型中小企业合资银行的优越性在于它认真借鉴和学习海外科技银行在服务科技型创新企业方面的主要做法和成功经验，为本土科技型创新企业提供金融服务，业务风险得以有效控制。然而，新业务模式的引入并不是单纯地移植到本国银行中，还需要结合、嫁接本国的金融体制和法律制度。而目前国内现行的相关法律法规和贷款管理机制限制了硅谷银行业务模式在国内银行的构建。例如，硅谷银行成功运作的重要条件是，允许银行在向科技型中小企业提供贷款的同时，获得科技型中小企业的部分股权、认股期权等，允许商业银行向 VC / PE 投资，或者向 VC / PE 发放贷款。但是我国《商业银行法》和《贷款通则》对此均有限制，比如《商业银行法》第 43 条明确规定，商业银行在中华人民共和国境内不得向非银行金融机构和企业投资。此外，硅谷银行成功运作的一个重要原因在于通过获取科技型中小企业的部分股权或认股期权，获得了比一般商业贷款更高的投资回报，一旦企业成功上市或者股票升值，硅谷银行便能够成功分享科技型中小企业高成长所带来的丰厚收益。但是在目前我国分业经营的体制下这是难以实现的。

除了以上两种现有科技银行运营模式的差异以外，从我国建立科技银行已有的探索和实践来看，目前我国科技银行在发展过程中还存在以下问题：第一，科技银行的创立模式有待改进；第二，科技银行的信用评价体系有待健全；第三，科技银行的业务运营模式有待完善；第四，民间资本的市场准入有待放宽；第五，科技银行与科技型中小企业之间存在信息不对称，使得科技银行承担的高风险难以得到足够的风险补偿；第六，科技银行的金融工具尚不够丰富，金融服务尚不够综合化和多元化；第七，科技银行的风险管理能力和风险控制水平有待提高；第八，科技银行还比较缺乏高素质的复合型专业人才。

第三节　科技银行业务创新——知识产权质押模式

知识产权质押融资作为落实国家创新发展战略的重要举措，是解决中小企业融资难、融资贵的重要手段之一。

一、我国知识产权质押融资概况

知识产权质押融资是知识产权权利人将其合法拥有的且目前仍有效的专利权、注册商标权、著作权等知识产权出质，从银行等金融机构取得资金，并按期偿还资金本息的一种融资方式（董登新，2019）。知识产权的质押标的物有专利、商标、著作权等，发明专利、实用新型专利和外观设计专利均可作为质押标的。近年来，我国专利申请量和专利有效量呈现较快发展态势，为扩大知识产权质押融资规模打下了良好基础。

截至 2020 年年末，我国发明专利有效量为 305.8 万件，每万人口发明专利拥有量达到 15.8 件；实用新型专利有效量为 694.8 万件，外观设计专利有效量为 218.7 万件，有效注册商标总量为 3017.3 万件。2020 年我国专利转移转化水平稳步提升，专利转移转化指数（PTI 指数）达到 54.7，与 2019 年相比增加了 3.6，专利转移转化活跃程度日益提升。

总的来看，随着知识产权质押融资活动在我国的不断推广及活跃程度的不断提升，其融资规模和融资金额逐年扩大和增加，这为小微企业融资方式提供了更多的可选项。2020 年我国专利、商标质押项目数达到 12093 项，相关登记金额达到 2180 亿元，同期相比增加 43.89%。其中，专利质押项目数为 11033 项，同比增长 56.27%；质押融资金额达 1558 亿元，同比增长 41.0%（见图 4–1）。

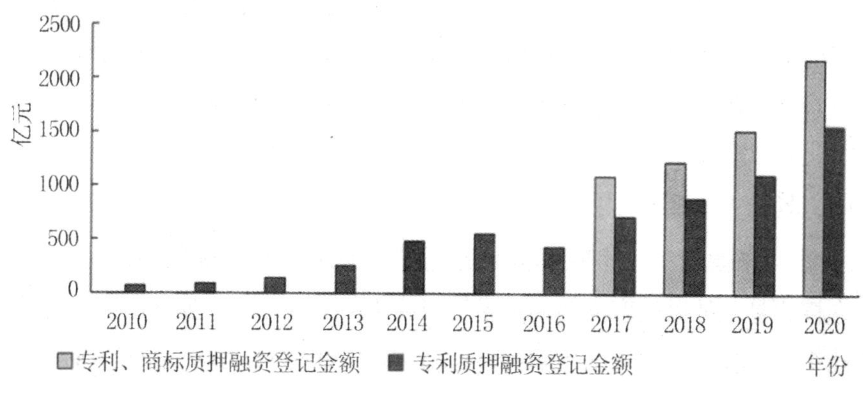

图 4–1　专利、商标质押融资规模

（一）从区域分布来看

知识产权质押融资规模区域分布不均，知识产权服务机构数量较为集中，江苏、浙江、广东、山东和安徽五个省份的知识产权质押融资业务规模总和占据全国总体规模的64%左右。另外，东部地区的知识产权服务机构最多，占比68.1%；中部地区、西部地区和东北地区分别占比13.9%、14.1%和3.9%。

（二）从参与主体来看

2020年全国专利质押融资金额为1558亿元，其中银行业金融机构是最大的质权人，占全部质押项目数的67.4%。同时，2020年专利质押融资的出质人中，工业企业出质的专利数量占全部出质专利数量的97.9%，达到“十三五”以来的最高值，这说明质押融资有力地支持了知识产权转化，支持了实体经济的发展。

（三）从知识产权运营服务体系建设来看

知识产权运营服务体系建设的重点城市达37个，对全国专利运营工作发展的带动作用明显增强。2017—2020年，4批37个重点城市开展了知识产权运营服务体系建设，共开展40.7万次专利运营活动，获得1680.9亿元专利质押融资。2020年，37个重点城市专利运营次数达到18.8万次，专利质押金额达到808.9亿元，分别占全国的46.4%和51.9%；专利运营次数同比增加39.5%，高于全国平均增速7.5个百分点；专利质押融资金额同比增加54.3%，高于全国平均增速13.3个百分点，有力地发挥了引领带动作用。

二、我国知识产权质押融资模式

1996年，随着《专利权质押合同登记管理办法》的出台，知识产权质押融资作为一种新的融资方式走上我国历史舞台。2006年，知识产权质押融资业务开始较大规模试行，上海、北京、武汉、广州等地成为第一批试运行城市。从实践来看，我国知识产权质押融资经历了较长时间的摸索，逐渐形成了北京模式、上海浦东模式和武汉模式这三种模式。

（一）北京模式：“银行＋企业专利权/商标专用权质押”

北京模式是一种以银行创新为主导的、市场化的直接质押融资模式，由贷款企业直接提出质押融资的申请，评估机构进行价值评估，银行等金融机构对申请进行审批，审批通过后对其发放贷款。例如，交通银行北京分行以科技型中小企业为市场服务对象，推出了“展业通”“文化创意产业版权担保贷款”等质押贷款产品，政府在整个流程中发挥营造良好营商环境的“服务者”作用，不承担贷款风险责任。

（二）上海浦东模式：“金融机构＋政府基金担保＋专利权反担保”

上海浦东模式是一种以政府推动为主导的间接质押融资模式，政府作为融资过程中的主导方，搭建知识产权质押融资服务平台，运用财政工具给予企业、银行等参与各方财政补贴。该模式下，上海浦东生产力促进中心充当担保主体角色，为企业提供贷款担保，在质押融资业务开展中起主导作用并承担 95% 的贷款风险，上海知识产权中心对知识产权价值进行评估，企业以其知识产权作为反担保质押给上海浦东生产力促进中心，然后由银行等金融机构向企业提供贷款。

（三）武汉模式："金融机构＋科技担保公司＋专利权反担保"

武汉模式是在借鉴北京和上海浦东两种模式的基础上推出的一种混合模式，政府搭建服务平台并启动相关配套机制，企业在向银行金融机构申请贷款后，由知识产权管理部门及科技担保公司共同对企业的质押资产价值进行评估，然后由金融机构判断是否提供贷款。该模式最大的亮点是引入了专业担保机构，实行保险公司、财政、银行 5∶3∶2 的风险共担机制，在一定程度上分解和降低了金融风险。

三、知识产权质押融资的国际经验借鉴

国外发达国家在知识产权质押融资方面有着更为完善的政策及融资机制，社会公众对无形资产的价值认可程度较高，融资模式更加成熟，在知识产权运作和实践中积累了丰富的经验。

（一）完善知识产权质押融资的法律法规

1953 年，日本颁布《信用保证协会法》，随后又陆续制定了如《知识产权基本法》《知识产权战略大纲》等法律法规。1995 年，日本正式确立知识产权质押融资机制，重视知识产权的运用，定期修订《知识产权战略推进计划》，并成立了专门的知识产权上诉法院，负责知识产权质押融资风险控制和纠纷案件处理。除日本外，美国在健全知识产权质押融资相关法律法规方面也进行了大量努力，如专门制定了《动产担保交易指南之知识产权担保权补编》《美国统一商法典》等法律制度，为知识产权质押融资提供法律层面的制度保障。

（二）针对知识产权质押融资出台扶持政策

日本政府出资成立政策投资银行，科技型中小企业可以以知识产权为质押，向政策投资银行融资。政策投资银行可委托第三方机构完成质押资产价值评定及相关法律审查，审核通过后即可向企业放贷。美国知识产权质押融资提供了较为宽松的营商环境和政策支持，具体措施包括：还款期限较长，提供最低 5 年的融资还款期限；信贷额度较高，通过开展企业信用评级，为中小企业提供最高可达 500 万美元的贷款额度；知识产权质押融资的标的范围更广泛，包括专利、版权甚至是软件源代码等。

（三）建立完善的知识产权质押融资担保体系

日本拥有成熟的二级担保机构进行信用担保，成立了信用保证协会和信用保险公库，专门负责向商业银行提供担保。信用保证协会由地方政府设立，属性为政策性金融机构，通过开展公共信用保证服务中小企业。美国成立小企业管理局（SBA），为中小企业提供

了多种质押融资服务，鼓励中小企业和金融机构进行市场化的信贷活动，而非直接进行资金补贴。此外，SBA 提供质押融资的担保额度较高，还需要公司股东额外支付至少 20% 的自身财产作为担保来降低 SBA 的风险。

（四）具有专门的知识产权价值评估体系和风险分散机制

日本先后发起“知识产权商业评估书”和“知识产权金融化促进事业”项目，全面评估中小企业知识产权的商业价值，并将评估信息免费提供给金融机构。美国在风险分散方面建立了违约风险补偿和贷后风险管理机制。例如，保证资产收购价格（CAPP）机制是指 M-CAM 公司对金融机构的购买价格作出保证，中小企业在取得贷款后因经营问题出现债务违约时，M-CAM 公司可对知识产权进行收购，购买价格最高可达贷款金额的七成左右，有效解决了知识产权担保物的处理和变现问题，从而降低了风险。知识产权许可收益质押融资以知识产权未来能够创造的收入作为质押物，被许可人可以向拥有质押权的一方支付许可费来获得知识产权质押权，从而克服变现障碍。

四、我国知识产权质押融资存在的问题

（一）知识产权质押融资方面的法律法规有待健全

现行的知识产权质押融资相关法律条款主要来自《民法典》物权编，其第四百四十条规定了债务人或者第三人有权处分的部分权利可以出质，这其中就包含知识产权（如可以转让的注册商标专用权、专利权、著作权等）中的财产权。总的来看，知识产权质押融资的实施细则尚有待完善，需要加快推动相关支持政策的制定和实施工作。

（二）知识产权评估标准和评估制度有待统一

知识产权属于无形资产，具有较强的专业性。评估机构在进行知识产权价值评估时能否做出科学准确的论断，将直接影响银行等金融机构的资金投放、授信额度及质押资产的变现和处置。因现实评估工作中的制度、标准、方法、实施细则存在差异，不同机构对同一知识产权可能会做出不同的评估结果。

（三）知识产权质押融资的风险分散机制有待完善

1. 知识产权质押融资往往只能以未来预期现金流作为担保，实际操作中不确定性因素较多，难以确定贷款额度、放贷比例和贷款用途。同时，在实际操作中缺乏专业的第三方担保公司或保险公司对知识产权进行价值担保。

2. 知识产权质押物处置面临一定的现实困难，需要依靠专家团队对质押物进行价值认定，且发生坏账时质押物处置难度较大，难以通过拍卖、租赁、转让等方式弥补损失。

五、我国知识产权质押融资的宏观政策

（一）完善知识产权质押融资法律法规

加强知识产权质押融资法律制度建设，不断完善法律法规和相关政策，做好法律层面的制度保障。在现有《民法典》物权编的基础上，加快推进知识产权融资立法，对评估工作的方式方法、制度标准等给予法律规范指导和制度保障。同时，要在专利保护方面不断加强政策指引和支持，依法严厉打击垃圾专利，优化知识产权质押物的处置和变现。

（二）建立健全知识产权价值评估体系

成立专门的资产评估机构，真实有效地评估质押资产的价值。

1. 制定统一的评估标准和实施细则，运用科学系统的评估方法精准判断质押资产的未来市场价值。

2. 建立专家评审团队，广泛吸纳包括财会、技术、法律、经济金融、管理和审计等方面的专业评估人才，定期开展职业技能专业培训和业务水平考核，提高评估业务人员的综合素质和评估行业的服务水平。

3. 加快建设全国性的一站式质押融资服务平台，不断简化质押融资登记程序，降低企业质押融资的时间成本和经济成本，提高质押融资效率。

（三）提高企业创新能力和质押资产质量

企业要重视自身知识产权的管理，加大科研技术和创新领域的资金投入，研发新技术、运用新方法，依据权威规范的标准化质量指标创新要素资源，增强知识产权的研发能力，提高质押资产质量和创新成果转化能力。同时，企业要认识到自身信用积累的重要性，重视信用、积累信用，不断提高自身的生产经营管理水平和业务规模，建立健全规范标准的财务制度。

（四）完善知识产权质押融资担保机制

1. 大力普及宣传各类优惠政策，让金融机构了解政府在知识产权质押融资上的财政补贴优惠政策，吸引更多的银行关注并开展知识产权质押融资，创造良好的营商环境。

2. 引入知识产权质押融资第三方担保机构，专门负责向商业银行提供担保，分担贷款违约风险，鼓励中小企业和银行根据市场规则进行信贷活动。

3. 建立风险分散机制，借鉴国际实践经验进行违约风险补偿和贷后风险管理，有效降低风险。

第四节　我国科技银行发展建议及措施

一、我国科技银行发展的总体思路

总体来说，目前我国科技银行规模偏小，业务量偏少，还远远不能满足科技型中小企业的金融服务需求。为此，我国今后培育和建立科技银行（或中小企业银行）可以考虑采取如下的总体思路。

（一）在与商业银行合作方面

科技银行应当加强与目前商业银行的合作，制定一套较为一致的科技型中小企业财务评价标准，在进行科技型中小企业信息资源共享的基础上，实现风险共担、收益共享，共同努力，从而最终解决科技型中小企业的融资难问题。

（二）从科技银行自身方面

国家应当给予科技银行较多的政策性优惠，使科技银行能够较为容易地获得大量存款。科技银行根据科技型中小企业的风险状况和担保情况，收取比一般商业银行稍高的贷款利率，使科技银行获得比一般商业银行稍大的借贷利差，从而与科技型中小企业贷款的高风险相匹配、相对应。在科技银行为科技型中小企业贷款提供担保时，收取合理、低廉的担保费用，以与该担保所面临的风险相匹配、相对应。

同时，通过为科技型中小企业提供辅导和咨询服务，使科技银行可以掌握科技型中小企业真实的经营业绩和财务状况等信息，降低科技银行与科技型中小企业之间的信息不对称，从而降低科技银行向科技型中小企业提供信贷服务的风险。此外，科技银行还可以通过贷款时以项目审核为重心的贷款方式，以及要求科技型中小企业的主要股东对贷款承担连带责任的方式以降低和控制贷款风险。

二、我国科技银行发展的原则、模式、目标和措施

（一）基本原则

我国培育和建立科技银行应当遵循的基本原则是：坚持科技银行定位于为科技型中小企业提供有力的资金支持和全方位、多元化的综合金融服务，坚持采用专业化经营模式，严格风险管理，加强风险控制。

（二）模式选择

科技支行是当前国内建立科技银行的探索和实践中较为盛行的组织模式和业务模式，也是与目前国内金融发展现状和相关监管法律相适应的运营模式，其在专业化、本地化和

互动性方面已具备一定的条件，对于我国未来培育独立性科技银行具有重要的探索作用。从长远来看，我国未来建立独立性科技银行的目标模式是美国硅谷银行模式；换言之，美国硅谷银行作为海外科技银行典型的成功案例，为我国未来科技银行的长远发展提供了可资借鉴的参照和范本。为此，我国应当认真借鉴和学习美国硅谷银行的主要做法和成功经验，在此基础上，结合我国基本国情，培育和建立市场化、专业化、本地化、互动性、独立性的科技银行，以探索建立科技型中小企业金融服务新模式，从而有效缓解科技型中小企业的融资难问题。浦发硅谷银行的成立就是在这方面进行的有益探索和尝试，开创了我国成立专业性、独立性科技银行的先河，对于我国引入并运用硅谷银行模式具有十分重要的实践意义和示范作用。当然，硅谷银行模式要在我国真正扎根并取得成功，还有赖于我国进一步深化金融体制改革、提高金融发展水平、扫清相关法律法规障碍、完善贷款管理机制等。

（三）短期目标和中长期目标

我国科技银行发展的短期目标和中长期目标是：坚持循序渐进、积极稳妥的原则，建议首先在一些科技资源与金融资源富集的高科技园区内试点设立科技银行；等试点一段时间后，适当扩大科技银行试点范围；在总结试点成功经验的基础上，待条件具备和时机成熟后，再逐步在全国范围内加以推广。

（四）具体措施

加快培育和建立科技银行，探索建立科技型中小企业金融服务新模式，建议采取以下具体措施：

1. 科技银行股权结构方面

以民间投资为主，政府投资主要是起引导作用，围绕市场主体来设计科技银行的股权结构。应当逐步放宽民间资本的市场准入，鼓励、引导和规范民间资本参股设立科技银行，即大力发展民间金融。在科技银行创立阶段，可以通过财政资金的杠杆作用来引导民间资本投入。同时，科技银行组织结构方面，应当建立结构扁平化的组织架构，以降低科技银行与科技型中小企业之间的信息不对称。

2. 创新科技银行业务运营模式方面

通过市场化运作，与风险投资公司共同建立跨平台业务合作体系。在企业初创期，以创业投资或风险投资或 PE 为主，同时科技银行介入并与企业接触，等企业进入成长期时，由科技银行为其提供金融服务。应当健全贷款的业绩考核体系和激励机制，建立适合于科技型中小企业特点的贷款评价指标体系。在科技银行的运营制度、业务内容、担保方式和盈利模式的设计上都要保证专业性、盈利性和风险可控性，比如聘请科技界和经济界的专家学者为独立董事把握产业发展方向。

3. 创新科技银行金融产品方面

通过机制创新，在对成长期科技型中小企业发放贷款的同时允许少量的债转股，使得科技银行在承担风险的同时能分享科技型中小企业快速成长所带来的价值增长收益。同时，政府应当在一定条件下提供倾斜性政策，比如给予财政支持、税收优惠及风险收益补偿和激励，引导科技银行乐于为一些高风险项目提供金融服务。

4. 健全科技银行风险管理体系方面

应当建立适合科技型中小企业特点的风险评价标准、风险评价方法、风险控制制度和风险控制规程等。应当健全多层次的科技银行贷款风险分担机制，比如，建立与政府财政和科技部门合作的风险补偿机制；开展组合贷款业务，以分散和控制贷款风险；联合专业投资机构共同投资，与专业担保公司捆绑发放贷款，以共同降低和控制贷款风险。

5. 加强科技银行人才队伍建设方面

应当建立一支既懂科技知识又熟悉金融知识的专业化、复合型、高素质的人才队伍，为促进科技银行发展提供坚实的智力保障和有力的人才支持。

6. 完善培育和建立科技银行的配套措施

完善培育和建立科技银行的配套措施主要包括以下几个方面：

（1）进一步加强法制建设，健全相关法律体系，完善相关法规制度，为促进科技银行发展奠定坚实的法律基础，提供明确的法律依据和有力的法律保障。

（2）完善产权交易制度，进一步明晰产权关系，促使产权主体人格化。

（3）建立风险投资市场，建立科技银行与风险投资机构之间密切合作的机制，成立风险投资基金和创业投资引导基金。

（4）有效对接科技资源与金融资源，加快建立服务于高科技成果的定价、评估和转化的专业化中介机构，尤其是应建立知识产权的评估和定价机制。

（5）加快利率市场化步伐，赋予科技银行以更大的贷款利率自主定价权，扩大贷款利率浮动范围；建立全国科技型中小企业贷款专家决策支持系统等。

本章案例

一、案例简介

2019 年 8 月，中国银保监会、国家知识产权局、国家版权局发布了《关于进一步加强知识产权质押融资工作的通知》（银保监发〔2019〕34 号），从加强知识产权质押融资服务创新等四个方面推进知识产权质押融资工作。2020 年，我国专利和商标质押融资登记金额达到 2180 亿元，同比增长 43.9%，质押项目数达到 1.21 万项，同比增长 43.8%。截至 2020 年年底，苏州市场主体总量增至 244.3 万户，高新技术企业达到 9772 家，省民营科技企业 1.06 万家、科技型中小企业 1.26 万家，全社会研究与试验发展经费支出占地区生产总值比重由 2.61% 提高到 3.7%。企业的数量规模大，科技研发实力强，知识产权创造和运营能力显著提升，国际知识产权合作更加务实高效和多元化。苏州在国家推进知识产权质押融资的宏观政策指导下，结合自身知识产权基础和独特优势，不断探索知识产权质押融资模式创新，帮助企业解决研发和技术创新中的资金需求，在区域科技创新和经济高质量发展中发挥了重要作用。

二、创新技术 / 模式应用

（一）苏州推进知识产权质押融资的意义

1. 支持科技企业持续进行知识产权创造

近年来，随着企业科技创新能力的不断增强，企业对先进技术进行专利布局的积极性明显提高，为苏州科技创新能力提升和产业优化升级奠定了良好基础。但是，随着知识产权创造规模的扩大，企业每年的专利申请费用和授权后的有效专利维持费用不断增加，对拥有较多知识产权的科技型企业造成了一定的资金压力。通过运用现有知识产权资产开展质押融资获得资金，可以为后续的知识产权进一步创造和运营提供资金支撑。

2. 助力疫情防控常态下企业可持续发展

2020 年年初暴发的新冠肺炎疫情对企业的技术研发、产品生产、市场销售及进出口贸易等都产生了较大的影响。目前，国际疫情防控形势依然严峻，我国也进入了常态化防控时期。政府出台了针对性的政策措施，指导银行等金融机构通过延期贷款偿还、提高信用贷款的授权额度等途径加大了对企业的支持。在此种形势下，科技企业通过知识产权质押等方式获得企业研发所需的资金是深化银企协作的有效途径。对于轻资产的科技公司而言更是如此。公司拥有较多的优质知识产权，但企业固定资产较少，抵押物价值不高，很难获得足够的银行抵押贷款。通过政府部门、担保公司等多主体的协作，企业可以将积累的优质知识产权的价值进行挖掘，通过质押等方式获得银行的融资支持，确保企业可持续发展。

3. 保障企业生产经营中资金链的稳定性

苏州科技型企业的规模大，科技创新能力强，对城市产业升级的带动效应明显。科技型企业生产经营中形成了资金、技术研发、知识产权和产品销售的良性循环，循环的关键是资金支撑。当前形势下，受到产品市场销售等因素的不利影响，企业的资金来源更加不稳定，存在较大的资金链断裂风险。由于风险控制的需要，银行也加强了对传统贷款的管理，注重对优质抵押、质押资产的贷款服务。企业通过知识产权质押融资方式，将企业拥有的知识产权价值转化为现金流，有效缓解企业生产经营的资金需求压力。

（二）苏州知识产权质押融资的优势分析

1. 知识产权创造的良好基础

近年来，苏州高质量知识产权创造能力不断增强，2014 年以来，发明专利的年申请量一直维持在4万件以上，2018年，发明专利申请量突破5万件。同时，发明专利的授权量也在稳步增加，2015—2018年，发明专利的年授权量均在1万件以上。2020年，苏州获得专利授权13.89万件，其中发明专利授权0.99万件，年末有效发明专利拥有量达到7.4万件。作为市场创新的主体，苏州科技企业的专利申请和授权量占总量的90%左右，为企业运用知识产权开展质押融资提供了基础性条件。

2. 质押融资资产的质量保障

当前知识产权的申请人有企业、大专院校、科研机构、机关团体和个人等。根据对目前不同权利人的专利应用情况进行统计表明，大专院校、机关团体及个人作为申请人的专利的质量、产业化实施率以及对产业科技创新的贡献等方面都低于科技企业。科技企业在专利申请和应用方面投入更多，专利维护时间也较长。目前，苏州企业申请和授权的发明专利占总量的90%左右，据此，在7.4万件有效发明专利中，企业约有6.7万件。发明专利维持时间越长说明专利的价值越高，苏州发明专利的平均维持时间为6.99年，其中维持时间在6年以上的发明专利占比为67.6%，维持时间在10—20年的有效发明专利超过1.22万件，同比增长61.96%。维持时间较长的专利的所属主体中，企业占比最大，有利于企业知识产权质押融资业务的开展。

3. 知识产权金融的丰富实践

近年来，国家知识产权质押融资发展明显加速。2017年，专利质押融资总额为720亿元，同比增长65%。2019年我国专利、商标质押融资总额达到1515亿元，同比增长23.8%，其中专利质押融资金额达1105亿元，同比增长24.8%。苏州作为国家知识产权质押融资示范城市，2019年全市知识产权质押贷款额达23.76亿元，质押融资总额位居全省第一。设立了全国地级市第一支知识产权运营引导基金。知识产权管理部门与在苏50余家银行及分支机构合作，并于6家重点合作银行搭建了知识产权金融服务平台，通过江苏国际知识产权交易运营中心，促进银行、企业、服务机构交流合作。苏州的企业规模大，科技创新能力强，高质量知识产权数量多，知识产权质押融资额也不断增长，对企业技术研发创新和区域经济发展的支撑作用日益突出。

（三）苏州知识产权质押融资的创新模式

1. 实施知识产权质押融资专项工程

知识产权行政部门联合银行、知识产权服务机构、担保公司等主体，实施知识产权质押融资专项工程。在对苏州科技企业的知识产权创造和运营能力，以及技术研发等对资金的实际需求状况进行调研和综合评定的基础上，对企业知识产权质押融资需求进行分等级管理，并根据年度知识产权工作安排，分批次推进知识产权质押融资业务。在项目实施过程中，注重专利权、商标权、版权等多种知识产权的组合运用，提升企业知识产权整体价值，提高知识产权质押融资额度。银行和科技企业要做好质押知识产权的有效维持，以及可能出现的侵权行为的处理机制。在经过一定周期的专项工程实施后，由相关主体进行知识产权质押融资业务的综合运行评估和质押物的价值评估的完善，确保知识产权质押融资业务风险的可控性。对知识产权质押融资工作成效显著、对企业支持效果明显的项目进行评选并列入知识产权金融示范项目。

同时，通过专项工程的实施，进一步优化知识产权质押融资的申请、登记、审批和放款流程，以更高的额度、更低的利率、更优的服务支持科技企业技术研发。

2. 发挥高校院所知识产权资源作用

2020 年 2 月，教育部、国家知识产权局、科技部出台的《关于提升高等学校专利质量促进转化运用的若干意见》（教科技〔2020〕1 号）指出，以优化专利质量和促进科技成果转移转化为导向，促进技术转移与知识产权管理运营体系建设，不断提升高校科技成果转移转化能力。鼓励高校与第三方知识产权运营服务平台或机构合作。鼓励高校与地方结合，围绕各地产业规划布局和高校学科优势，设立行业性的知识产权运营中心。

截至 2019 年年底，苏州有高校 26 所，全市工程技术研究中心、企业技术中心、工程中心（实验室）等省级以上研发机构 1591 家，大专院校和科研院所的发明专利的数量较多。建议通过政策引导，盘活现有高校院所知识产权资源，支持企业知识产权质押融资和科技创新。各高校院所将专利资源统计后报送至江苏国际知识产权运营交易中心等相关专业交易平台，加快专利资源的校企对接与交易，为知识产权质押融资等提供基础条件。鼓励高校院所与科技型企业联合开展技术研发和专利申报，并通过协议等形式确定知识产权及相关科技成果的权益分配，加速成果的转化应用。指导高校院所构建专利申请的价值与评估机制，减少低质量专利的申请。对于审查通过的专利申请，要督促发明人与知识产权服务机构的技术沟通，进一步提高专利质量。制定对专利成果转化的奖励措施，引导高校申请高质量专利并注重成果转化应用。

3. 探索知识产权质押融资模式创新

目前，北京、上海、武汉、广东等地形成了具有自身特点的融资模式，北京模式是“银行 + 企业专利权 / 商标专用权质押”的直接质押融资模式。中关村建立了国内首家“评—保—贷—投—易”五位一体的知识产权金融服务体系，帮助科技型企业以“知识产权质押 + 股权质押”方式获得银行贷款。上海浦东实行的是以政府推动为主导的“银行 + 政府基金担保 + 专利权反担保”间接质押模式。武汉模式是“银行 + 科技担保公司 + 专利权反担保”质押融资模式。广东深圳实行的是知识产权质押融资再担保体系，再担保中心、融资性担保机构、商业银行按照 5 : 4 : 1 的比例承担贷款风险。建议苏州充分借鉴上述地区知识产权质押融资模式，并结合自身实际，深入探索知识产权质押融资创新。优化“园区 + 平台 + 担保 + 银行”知识产权质押融资模式，充分运用信息化手段与大数据信息抓取和综合分析功能，提高专利质押融资过程中的信息获取效率，提高知识产权质押融资规模，让更多的企业，尤其是成长期的科技型中小企业享受到知识产权质押融资带来的科技创新红利。

4.加大对优质专业服务机构的扶持

知识产权质押融资的前提是有高质量的知识产权，而知识产权服务机构的能力和水平对知识产权的质量有重要影响。随着《关于提升高等学校专利质量促进转化运用的若干意见》等相关政策的实施，以高校作为主要服务对象的知识产权服务机构面临转型的挑战，以企业为主要服务对象的优质知识产权服务机构将更加稀缺。建议提前做好优质知识产权服务机构的培育和引进。

（1）完善知识产权服务机构星级评定制度

对现有知识产权服务机构的高质量知识产权的申请、授权登记、知识产权交易转化等方面综合考核，确定出优质的知识产权服务机构，指导服务机构与企业知识产权质押融资服务的有效对接。

（2）出台优质知识产权服务机构引进专项政策

加快高端知识产权服务机构的集聚，助力苏州企业开展高质量知识产权创造、高水平运营和高效能管理。支持服务机构与银行、保险机构、担保机构等的合作，进行更全面的知识产权价值评估、更精准的动态管理和更有效的知识产权质物处置、流转途径，构建知识产权质押融资的全链条高效服务体系。

第五章　科技保险理论内涵

第一节　国外科技保险实践

一、国外实践经验

由于科技保险这一概念是由我国首先提出的，国际上并没有科技保险的概念，各国的保险行业也没有将科技保险作为一个门类进行产品研发、销售、统计及监管。但是发达国家科技企业的行业门类较多且具有一定规模，在科技保险业务经营模式和险种设置上能给我们提供很多有益的参考。

（一）经营模式

目前，相关保险业务经营模式主要有商业化经营模式、强制模式和政府扶持模式三种。以专利保险为例：

1. 美国：知识产权保险实行的是商业化经营模式

其发展得益于成熟的市场体系和保险制度体系。美国发展比较成熟的知识产权保险产品类型是知识产权执行保险和知识产权侵权保险。除此之外，美国的保险公司还开发了附加诉讼失败营业中断保险、未经授权披露商业秘密保险、知识产权抵押保护保险等。

2. 英国：推行的是具有很强行政色彩的强制模式

英国的诉讼成本和费用较高，为了保护本国企业知识产权运营，英国专利保险局推出专利申请保险，一方面对专利申请成败风险进行承保；另一方面对专利申请过程中遇到的风险进行承保，降低了专利重复申请和资源浪费。在英国政府的官方网站上还能查询到知识产权保险的指引，其知识产权保险保障的风险和责任同样很丰富，包括专家费用、执行和抗辩法律费用、任何侵权抗辩失败造成的损失、知识产权有效性抗辩法律费用、由于失去知识产权所有权导致的营业损失、向第三者承诺的责任、由于包括知识产权所有权泄露在内的网络安全事件导致的损失等。

3. 日本：实行政府扶持的专利保险模式

在知识产权保险发展的初期阶段实行政府扶持模式，随着知识产权保险的不断发展，逐渐实现商业化模式，减轻政府对知识产权保险的财政负担。2016 年，日本开始为海外知识产权诉讼创设保险制度，若日本中小企业在海外开展业务时卷入侵犯知识产权等诉讼中则提供诉讼费用。企业缴纳的费用将由国家补助一半。

（二）险种设置

国外科技保险的险种设置主要包括特定风险保障和组合式保险解决方案。特定风险保障即我们国内常见的提供单独险种规避技术创新活动中的特定风险；组合式保险解决方案则是向某一些特殊的技术创新企业提供组合式的保险产品，以更好地满足其全方位的保险需求。随着科技的快速发展和门类细化增多，国际上有些保险公司会针对不同行业的科技企业及不同发展阶段的科技企业设计不同的产品组合。

1. 针对特定行业的保险组合方案

通常被称为“行业解决方案”，一般多为向电子信息、生命科学等行业提供定制的保险解决方案。以丘博为电子信息技术行业提供的保险计划为代表，该项保险计划是在传统保险产品基础上，针对电子信息行业的特点，通过不同产品的组合，达到企业综合保障的目的，计划主要包括财产保险、营业收入保险和一般责任保险等内容。财产保险包含传统保单中没有的 12 种财产保险、针对关键研发财产的水渍险、计算机服务损失保障等营业收入包含额外费用保险和研发收入保险。

2. 针对不同发展阶段科技企业的保险方案

将以色列的科技投资保险为代表，其选择的是从特定方向（即投资人）切入，根据科技企业从创业阶段到成熟阶段不同生命周期的需求，通过产品的组合形成综合保障方案。一般来说，适用于投资人的险种有管理层责任险、职业责任险、犯罪险、特定交易险及投资组合公司保险等；适用于被投资企业的险种有财产险、产品责任险、职业责任险、董监高责任险、网络安全保险、寿险和健康险等。

以色列的科技投资保险具有以下两个特点：

（1）保险方案一般为涵盖了多种风险的综合险，对不同阶段的客户进行选择性适配：最早起始于孵化器中，此时公司面临的风险相对单一，但保险公司提供的是全面保单，此时收费较低，对这个阶段尚不存在的风险不收取保费；随着公司发展，面临的风险逐渐增多，保费也逐渐增加。通过这种手段，保险公司加强了客户的黏性，同时确保了保险政策的一致性和可追溯性。

（2）鉴于以色列法规允许追责时间往前倒推 7 年，保险公司同意为投保公司提供项目退出 7 年的延长保险，而所收取的保费远低于 7 年保费。

二、科技保险的国际发展经验

“科技保险”的概念由我国首次提出，在美国、欧盟等保险发展程度较高的发达国家和地区并没有采用“科技保险”这一概念，而是融合在与科技保险相关的险种领域中，不可否认的是这些国家和地区保险业还是有许多值得我国借鉴学习的先进经验。

（一）提供科技保险的各类机构数量众多、各有专攻

国外科技保险的市场化程度非常高，科技企业数量多、规模大，且创新能力强、维权意识高，对于科技保险的需求强烈。相应地，提供科技保险的保险公司、经纪公司及其他类型的机构非常多，且各有擅长的目标领域。如美国的丘博保险公司针对生命科学、海洋产业、信息与网络技术、能源工业领域的企业提出行业解决方案；波兰 AON 保险公司针对工业行业设置相关险种，并为工业企业提供解决方案；圣保罗旅行者集团的科技保险采用为行业提供专门保险的形式，涵盖电子制造业保险、全球技术保险、信息技术保险、医疗技术保险和电信行业保险。成立于 2001 年的技术保险协会，是由部分美国保险、会计公司等组成的非营利组织，专门为技术领域企业提供风险管理、风险规避方面的服务。

（二）险种设置方式多样，产品种类丰富

部分发达国家和新兴经济体在相关领域顺应市场需求开展自主研发，进行了大胆的创新和尝试，科技保险产品在数量及质量上均已达到了一定规模。国外科技保险的险种设置主要有两种方式：一是提供单独险种，规避技术创新活动中的特定风险。如知识侵权责任保险、知识产权保护保险、网络保险、过失与疏忽保险、专业责任保险及技术错误和遗漏保险、数据损坏保险等。二是针对特定高新技术产业定制组合式保险产品，一般分布在行业保险、项目保险、工程保险、责任保险、财产保险等组合险种中。特别是在大部分国家，科技保险并不是一个特定的险种名称，而是保险公司通过风险评估，及时了解行业不断变化的环境，从而帮助企业识别潜在风险并为科技公司全面风险管理提供定制解决方案。

（三）合约模式摆脱单一化局面

与国内以“投保—理赔型”合约模式为主不同，国外科技保险的运行模式可以分为投保—理赔型、担保型、半参与型、全参与型四大类（见表 5-1），能够有效降低企业投保成本，解决由信息不对称带来的风险。

表 5-1　国外科技保险合约模式

模式	定义	特点
投保—理赔型	投保方向保险公司缴纳保险金，若发生风险损失，则由保险公司负责赔偿投保方的损失	传统模式
担保型	保险公司为科技成果转化提供信贷担保，与银行共同规避企业的科技创新风险	有效降低企业投保成本，解决由信息不对称带来的风险
半参与型	保险公司在科研开发项目发生风险损失的情况下要向投保方支付赔偿费，而当科研开发项目获得成功而且收益超过一定标准时，保险公司可以较小的比例参与收益分成	
全参与型	保险公司以风险投资者身份直接介入科研开发活动，并与企业或其他投资者实现利益共享，风险共担	

第二节　国内科技保险实践

一、我国科技保险发展现状

（一）我国科技保险市场概况

经过近年来的推广和实践，科技保险试点工作取得了突破性进展。

1. 科技保险市场规模不断增长

科技保险保费收入从 2007 年的 1.2 亿元增长至 2016 年的 77.66 亿元，复合增长率超过 50%，远超同期行业增速。以首台（套）重大技术装备保险补偿机制试点为例，来自上海银保监局的数据显示，上海保险业为中国商飞、国核自仪等高端制造企业提供首台（套）风险保障，为国产飞机顺利完成首飞和商业交付做出突出贡献。截至 2020 年上半年，上海共完成 210 个重点创新项目承保，累积提供风险保障 382.67 亿元，提供赔款约 3.25 亿元。上海市生物医药临床试验责任保险和药品安全责任保险试点两年多来，已服务 78 家企业，提供风险保障超过 10.77 亿元。

2. 科技保险险种不断丰富

自原保监会和科技部共同开展科技保险试点工作以来，科技保险的保险产品逐步丰富，承保范围逐步扩大，据不完全统计，我国现有科技保险险种超过 20 余款。

（二）我国科技保险的类别

目前，市场上的科技保险主要分为以下几类：

1. 常规产品

常规产品是指针对科技企业常规的企业财产、雇主责任、产品责任、董监高责任等提供的传统产品，是科技保险的基础类产品，占当前科技保险市场的 70% 左右。

2. 首台套、新材料、特险

首台套与新材料保险是针对重大技术装备和新型材料创新应用的两个财政直补险种，其高额的财政补贴使得此类业务受到了保险公司的极大关注。其中，首台套保险于 2015 年启动试点后，在 80% 的高额补贴下实现快速增长，2017 年当年规模已达到 21 亿元，三年累计保费近 35 亿元。特险，即为航空、航天、核电、海洋石油开发等特殊行业设计的保险，其特征为高价值、高风险、高技术，一般通过共保体的方式开展，对再保也有较高要求。

3. 科技企业贷款保证保险

融资需求是中小科技企业最为核心的需求之一，贷款保证保险也是各地政府极为关注的一项产品。目前，科技企业贷款保证保险业务在宁波、上海、苏州等多地开展了试点，但尚未大规模展开，主要难点在于如何建立风险分摊模式。市场上主流模式为“政银保”模式，即政府设立风险资金池，由政府、银行、保险公司按照一定比例分别承担科技企业贷款违约的风险损失。从试点城市来看，2017 年科技企业贷款保证保险业务整体规模约为 10 亿元。

4. 新兴创新产品

新兴创新产品是针对科技企业特点而推出的创新型产品。如中国人民保险公司的知识产权类产品、中华联合的创业失败险、科技成果转化失败险等。由于科技企业风险数据积累较少，且科技企业行业众多，风险多样化，费率厘定较为困难；加之科技企业生产技术比较专业，科技保险产品创新对专业能力的要求很高。此类产品在当前市场中占比小、试点周期长，多数产品在产品本身和运营机制方面都还不成熟。

（三）我国科技保险市场主要特点

1. 市场处于起步阶段

无论是企业投保意识、保险公司科技风险识别能力，还是再保险分保能力，都制约着科技保险市场的发展。

2. 投保主体主要为高新技术企业

高新技术企业投保险种主要包括财产险、雇主责任险、产品责任险、产品质量保证保险，以及专利保险、营业中断保险等。

3. 政策依赖性高

试点地区政府相继实施了高新技术企业资格认定，出台了保费补贴、税收优惠等科技保险扶持政策。

4. 经营主体不断扩容

华泰财险、中国信保、平安集团和北京中金保险经纪参与科技保险首年试点。2008 年 2 月，科技部和保监会联合发文，批准中国人民保险公司试点经营科技保险业务。之后，多家产险公司将传统企财险等产品升级，报备了科技企业财产一切险等产品，并直接参与到地方政府等组织的科技保险产品名录中。

（四）我国科技保险运营模式

科技保险的复杂性，决定了科技保险实施的多样性。参考有关学者的研究，可将我国科技保险的运营模式划分为投保—理赔型、担保型和参与型。

1. 投保—理赔型：以传统财产险保障为主

在科技保险发展初期（2007—2009 年），基本以传统财产险保障为主，运营模式为投保—理赔型。比如中国人民保险公司的专利执行保险。受国家知识产权局委托，中国人民保险公司 2011—2013 年，分阶段设计并推出了专利执行保险（2012 年 5 月）、专利代理人责任保险（2013 年 2 月）和侵犯专利权责任保险（2013 年 8 月）三款专利保险产品。

目前，专利保险已在中国人民保险公司全国 68 个地市级分公司落地。

2. 担保型：以科贷险为核心险种

2010 年科技保险试点地区开始重点关注科贷险（贷款履约保证保险）业务，至 2013 年，科贷险已成为科技保险核心产品。以上海为例，截至 2017 年上半年，"科技贷""微贷通"已累计服务上海 1200 余家科技型中小微企业，支持贷款金额 43 亿元。保险行业为上海科技型中小微企业承保专利数量 1400 多件，保险金额累计超过 3500 万元。

3. 参与型："保费换收益"和"保投联动"

以中国人民保险公司苏州科技支公司为例。中国人民保险公司苏州科技支公司于 2012 年成立，成立后即积极参与到苏州市科技局、财政局牵头的科技企业信贷补偿政策中，初期以科技贷业务为主，在操作方式上公司从全市十万余家中小企业中梳理出四千多家科技企业纳入信贷担保机制的企业池，并且坚持独立审贷，与银行分别完成尽调，通过与银行并行的查勘与尽调措施强化风险管理，在考核方面也增加了险种搭配销售渗透率指标。随后，公司尝试开展投贷保联动新业务，产品设计以优化银行现有产品为主，针对合作中或合作过的科技企业，与科技局、创投公司以 2：1：2 的比例设立科技投资基金 5 亿元，通过与中国人民保险公司资管基金合作开展对科技企业的投资。具体操作中，由公司负责客户筛选和尽职调查，资管基金负责投资，兼具债权和股权两种形式，对成熟企业和初创企业采用不同的投资模式，中国人民保险公司苏州科技支公司、科技局、科投基金的投票权和超额收益分享机制也根据投资模式的不同进行调整。

（五）我国科技保险发展新趋势

1. 知识产权保险快速发展

近年来，国家将科技创新摆在了发展的核心位置，实施知识产权强国战略。为积极响应国家战略，保险行业在知识产权保险产品方面进行了较多创新，其中，中国人民保险公司在知识产权保险方面取得了较好成绩，2018 年全年，知识产权保险产品合计保费收入 1.67 亿元；2019 年 1—4 月，知识产权保险产品合计保费收入 8222 万元。在顶层设计上，中国人民保险公司分别于 2014 年、2019 年同国家知识产权局签订了两个五年战略合作协议，深度开展知识产权战略合作，目前已进入到大知识产权风险保障全面落地的新阶段。在产品开发上，中国人民保险公司设立了知识产权保险产品创新实验室，陆续开发完成 15 款专属知识产权保险产品。在地区合作上，中国人民保险公司借助与国家知识产权局的战略合作，快速推进与地方知识产权合作。各机构同当地知识产权部门签订辖区战略合作协议，成立合作协调小组，建立合作协调和定期沟通机制，加强交流合作；持续推进知识产权保险的数据信息平台建设，实现同政府、院校等数据资源共享，包括知识产权文献数据、企业承保理赔情况、经营情况等，并建立季度数据信息互通机制。在创新探索方面，中国人民保险公司与地方政府部门合作，一方面，积极推进知识产权质押融资保证保险，扩大覆盖范围，率先在重点知识产权运营服务体系建设城市、风险补偿资金试点地区推广贷款保险；另一方面，共同探索“保险资金直投 + 企业贷款融资 + 风险保障”的“保贷投”创新模式。截至 2018 年年底，中国人民保险公司已帮助科技型中小企业通过引入保险机制的专利质押方式获得融资超 4.7 亿元，其中险资直接投放资金 1000 万元以上。

2. 新兴产业科技保险不断涌现

2016 年科技部、财政部、国家税务总局联合修订印发了《高新技术企业认定管理办法》(国科发火〔2016〕32 号)，公布了国家重点支持的八大新兴产业领域，主要涵盖电子信息、生物与新医药、航空航天、新材料、高技术服务、新能源与节能、资源与环境、先进制造与自动化等。目前，保险行业在各个产业领域都有配套的创新产品。

（六）我国科技保险市场问题和不足

1. 保费定价科学性不足

（1）科技相关概念无法准确定义

科技相关的概念范围较广，涉及的技术和管理方法还在发展、成熟过程中，很多概念无法明确，就使得在损失发生时难以开展责任定性和相关定价工作。

（2）风险定价面临数据有限和统计方法失效等难题

科技保险保费的确定要以风险的定量评估为基础。传统的保险精算工具是利用现有的样本信息估计未知参数，从而获得风险的概率分布。而我国科技风险概念的提出是 20 世纪 90 年代，保险公司没有足够的数据进行风险估算。同时，科技风险的不可测性导致无法充分运用数理统计方法获得损失分布。即使根据现有数据和精算模型制定出保费价格，也会因为和实际情况有所偏差而给保险公司带来经营风险。

2. 险种设置覆盖面不广

科技企业在创新过程中遇到的风险复杂且多样，而我国目前科技保险的数量和质量还不能满足企业转移科技风险的需要。从数量上看，国内科技保险大多都是针对科技企业特定风险的一般化保险产品，专门针对科技风险的特殊险种较少，如针对黑客入侵、病毒攻击等互联网风险的网络保险。从质量上看，国内保险公司经验不足，尚不能研发行业解决方案、定制一揽子组合式保险、为单一险种不能覆盖的风险提供保障，而市场上科技企业类型多、规模不一、需求不同，有些中小型企业很难在市场上找到适合的产品。

3. 科技保险销售不均衡

目前，科技企业投保的险种主要集中于企业财产类保险、出口信用保险及人身意外保险等主要由传统保险产品转变而来的险种。而对于研发责任保险、环境污染责任险、营业中断保险等，鲜有企业问津，原因在于部分企业缺乏风险管理意识，企业管理人员在经营过程中抱有侥幸心理、缺乏战略思维；同时保险公司产品宣传不到位，或者出于自身利益考虑，优先向企业推荐认可度高的产品现象仍较为普遍。

二、浙江科技保险实践

（一）浙江科技保险发展历史

2009 年 5 月，人保财险浙江省分公司与杭州宏华数码科技股份公司签订第一笔首台（套）高科技产品质量保证保险，获得浙江省委省政府主要领导的好评，标志着浙江科技保险业务正式起步。2012 年浙江省科技厅发布《关于在我省科技企业中开展科技保险试点工作的通知》，对浙江省内国家级和省级创新型试点示范企业和高新技术企业投保科技保险保费给予一定财政补贴。此后，浙江省相继开展了科技型中小企业小额贷款保证保险试点、首台（套）重大技术装备保险补偿试点、专利保险试点、重点新材料首批次应用保险补偿试点等工作。近 7 年来，各类财政给予科技保险补贴累计超过 3 亿元。2018 年 1 月 8 日，全国第一家科技保险公司——太平科技保险股份有限公司落户浙江（见表 5-2）。

表 5-2　浙江省科技保险发展历史

时间（年）	事件
2009	浙江省第一笔首台（套）高科技产品质量保证保险合同签订
2010	湖州市在全省率先出台科技保险保费补贴政策
2012	浙江省科技厅开展科技保险试点工作
	浙江省开展科技型中小企业专项贷款保证保险试点工作
	浙江嘉兴被国家知识产权局确定为全国第二批专利保险试点地区
2013	浙江省在全国率先开展首台（套）重大技术装备保险补偿试点工作
	浙江省启动专利保险试点
2015	嘉兴市政府出台《关于支持科技保险发展的实施意见》，温州、金华等地政府部门下发专门通知推动当地科技小额贷款保证保险业务发展
2018	全国第一家科技保险公司太平科技保险股份有限公司在浙江成立
2019	浙江建立省级重点新材料保险补偿机制

（二）浙江科技保险现状

经过近 7 年的发展，浙江现有各类科技保险产品 20 余种（数据不含宁波，下同）。据初步统计，2018 年浙江科技保险的保费收入达到 3.68 亿元，增长率超过 25%。目前，浙江市场上的科技保险产品主要分为以下几类。

1. 传统产品

针对科技企业领域常规的企业财产、雇主责任、产品责任、董监高责任等责任范围提供的传统产品，是科技保险的基础类产品。2018 年该类产品保费收入在科技保险市场占比超过 70%。

2. 推动科技产品研发应用类产品

例如，首台（套）保险，浙江自 2007 年在全国率先建立首台（套）保险补偿机制，并逐步将保费补贴比例提高到 80%。截至 2018 年年末，浙江（不含宁波，下同）共有 7 家保险公司先后参与承保首台（套）项目，累计为 90 户企业、149 个首台（套）项目提供风险保障 99.8 亿元，涉及保费收入 1.4 亿元，有效破解国产首台（套）产品“不好用、不敢用”难题。又如，重点新材料保险，自 2017 年全国首单新材料保险落户浙江到 2018 年年末，3 家保险公司累计为 8 家新材料企业提供风险保障 11.93 亿元。此外，还有科技成果转化失败险、针对浙江“互联网 +”发展战略开发的互联网科技保险等产品。

3. 畅通融资类产品

轻资产、高成长、高风险的中小科技型企业难以从正规渠道获取贷款，迫切需要金融产品的支持。为此，浙江省政府于 2012 年 11 月启动科技型中小企业小额贷款保证保险试点。科技企业购买保证保险，同时政府拿出贷款风险补偿准备金，通过“政府 + 保险 + 银行”的风险共担模式，使无担保、无抵押的科技型中小企业获得银行贷款，拓宽科技型中小企业的融资渠道。2018 年浙江保险业累计支持 25 家次科技型中小企业获得贷款 3679.4 万元。

4. 知识产权保护类产品

各保险公司在浙江辖内相继推出了专利执行保险、专利申请费用补偿保险、侵犯专利权责任保险等知识产权类产品。其中专利执行保险运行效果较好，自 2013 年试点以来，累计承保企业 500 多家，保费收入 200 余万元，提供保障约 4300 万元；累计发生赔案 14 起，赔款金额 30 余万元。

（三）浙江科技保险取得的成效

1. 有效提升企业市场竞争力

以重点新材料保险为例，新材料是我省发展的战略性新兴行业，但是实际发展中遇到研发风险高、初期市场销售难、客户不信任问题。保险杠杆的出现打消了购买者和使用者对新材料的顾虑，打通了新材料与市场应用的“最后一公里”，有力带动了企业销量提升。2018 年我省累计承保新材料保险 3579.82 万元，提供保障 11.93 亿元，推动了我省电池材料、绝热材料等新材料产品在新型显示、新能源电池、航天航空等领域的应用，带动保费 10 倍以上新材料产品销售。

2. 有力提高了企业创新能力

以首台（套）重大技术装备保险为例，该产品为装备生产企业提供全方位保障，释放了企业技术创新带来的资金风险压力。2018 年浙江装备制造企业科技活动经费支出总额占规模以上企业科技活动经费支出总额的 58.3%，取得了一大批达到国际先进和国内领先水平的重大成果，正逐步成为浙江企业技术创新的主要领域。如杭州锅炉集团股份有限公司为其新研发的 130t/h 高温超高压带再热系统全燃生物质锅炉投保了首台（套）保险。首批设备投产使用后，部分组件出现腐蚀痕迹。由于保险的及时理赔，妥善解决了问题。同时，由于首批设备问题的充分暴露，企业在后续生产中革新技术，不仅进一步提高了设备的稳定性，还增加了企业对于新设备研发的经验，促进了装备技术的进步。杭州杭氧股份有限公司于 2016 年起连续三年为其神华项目的“百万空分项目”投保首台（套）保险，累计保费 5100 余万元，出险 4 次，累计赔付 1500 余万元。保险机制促进了该企业的大胆创新，公司又相继自主研发了具有世界先进技术水平的“十万等级煤化工特大型空分设备”等多项设备。

3. 服务企业安心生产

（1）帮助企业防范出口收汇风险

通过对高新技术企业购买出口信用保险提供更为优惠的政策，即具有省级以上高新技术企业资格的可享受保险费率优惠，高新技术产品的买方在其他条件相同的情况下可享受更大的信用额度，出口高新技术产品的企业可获得更大额度的风险保障。通过采取一系列积极有效的措施，高新技术产品出口信用保险渗透率远高于普通产品，有力推动了高新技术产品出口。

（2）积极协助解决企业融资难题，降低企业资金沉淀和回款压力

小额贷款保证保险有力拓宽了科技型中小企业的融资渠道；首台（套）、新材料等保险推广以来，以往低效率的质量保证金模式正逐步被市场化的保险补偿新模式所替代，投保企业尝到了保险机制带来的资金高效周转的甜头。

（四）浙江科技保险实践中存在的困难和不足

尽管当前浙江在科技保险上取得了一定成绩，为科技企业分散了风险，但还是存在一些困难和不足。

1. 科技企业参保率不高

尽管近几年来我省科技厅、银保监局和各财险公司做了许多科技保险宣传工作，如专题报告会、上门推介等，但总体来说，科技保险投保率始终较低。2018 年，科技保险签单件数仅 10000 余件，覆盖率不到 15%，其中还有很多是一家企业多次签单的情况，实际覆盖率更低。究其原因主要有以下两点。

（1）科技企业对科技保险的认识不足，保险意识薄弱

该省许多科技企业（特别是中小型科技企业）对科技保险的必要性、现实性和其作用性都缺乏最基本的了解和认识，不少企业对于保险的认识停留在“赚”或者“亏”的层次上；有的企业甚至希望保险产品能够覆盖全部经营风险，为其经营行为买单；有的企业对科技保险功能存在误解，认为投保科技保险是员工社保的补充或员工福利，未能充分认识科技保险对科技创新的保障作用，忽视风险管理的重要性。所以，要从根本上提高科技型企业的风险认知需要一个较长的过程。

（2）科技企业的资金紧张状况制约了企业的选择

科技保险由于风险大、个性强，费率相对较高。浙江省中小科技企业占比较高，且大部分处于发展初期，资金较为紧张，即使有一定的补贴，对于自身经营资金有限的企业来说也是一笔不小的开支，出于成本考虑，不得不放弃投保。

2. 科技保险供给不足

科技企业与传统企业不同，有其自身风险的特殊性。即使同一行业，不同企业间的

需求也不一样，这对保险公司在险种、覆盖面、专业性、创新能力等方面提出了很大的挑战。尽管我省保险公司近几年已陆续开发了一些创新险种，扩大了科技保险的保障范围，但总体数量有限，还未形成产品体系，难以覆盖科技企业发展的所有环节，与企业实际需求存在差距。

（1）保险公司经营科技保险的经验有限，数据积累不充分，无法依据大数法则对历史统计数据进行估算，险种保险费率的科学性、合理性有待实践检验。

（2）科技企业创新风险千差万别，信息不对称导致保险公司无法准确核定风险水平，供给乏力。同时，高新技术企业营运过程中所面临的风险因素较多，涉及研发、生产、销售、售后服务等多个环节，保险机构严重缺乏此类综合型的科技保险人才。

3. 外部发展环境还需进一步完善

（1）政府政策支持力度有待加强

由于科技保险与其他一般商业保险不同，是一种“准公共品”，没有政府的推动和引导，保险公司很难和科技企业对接形成市场关系。浙江省在 2012 年科技保险试点开始后并没有进一步出台补贴政策的明细规定，地市（区）在制定地方条例时，由于缺乏指导、调研等种种原因，出台实施细则的也不多。目前开展的科技保险项目中，仅首台（套）、新材料、专利保险、科技企业小额贷款保证保险等项目有保费补贴政策，分散在各个部门、地区。其中风险较高的科技小额信贷项目由于财政预算等问题，目前省财政厅已取消省级专项风险补偿基金，影响了保险公司经营此类科技保险的意愿，导致项目难以保持良性发展。而已有政策由于试点原因，普遍存在覆盖面小、变动大、时间紧、延续性差等问题，也直接影响了企业的投保意愿。

（2）知识产权市场亟待完善

专利保险作为知识产权与金融资源融合的产物，无法脱离知识产权市场独立发展。良好的知识产权外部环境，既有利于创造专利保险的新需求，又有利于提升专利保险的运营效率。知识产权恶意侵权行为频发，维权法律成本高，基层知识产权法庭等纠纷调处机制力量不足，知识产权评估机构、专业律师事务所、知识产权交易中心等专业中介机构发育不完善等，都制约了专利保险的进一步发展。

（五）浙江科技企业发展特点

近年来，浙江省全面实施创新驱动发展战略，大力实施科技企业培育“双倍增”计划，科技企业保持快速发展态势。总体来看，呈现以下四个特点：

1. 高新企业是全省工业经济的核心支柱。2018 年高新技术企业营收占全省规模以上工业企业的 43.1%，增加值占比 57.5%；利税占比 65.3%；新产品产值占比 74.5%，处于绝对优势。

2. 创新呈积极活跃进取态势。高新企业 2018 年投入研发经费 1812.34 亿元，研发占主营收入达 6.1 个百分点，将近规模以上工业企业的 4 倍。

3.产业呈现集聚带动辐射效应。从企业经营领域来看，科技企业主要集中在电子信息、设备制造业、化工行业等；从地区分布来看，电子信息、高技术服务类企业主要集中于杭州，光机电一体化类、新能源与高效节能企业主要分布于杭州、绍兴，生物医药主要分布于杭州、湖州，新材料则相对集中于纺织、照明及化工等工业基础较好的杭州、湖州、绍兴等地，地区集聚效应明显，与浙江传统的区域块状经济及地区工业基础具有很强的关联性。

4.以民营企业居多，大多处于初创期。根据每年《浙江省国家高新技术企业创新能力百强评价报告》显示，浙江省近万家高新技术企业大部分是民营企业，而百强企业新老交替竞争激烈。如2019年百强企业中有28家为新上榜企业，尤其是后50强年淘汰率接近五成。

（六）发展路径思考

从浙江省科技行业发展特点和国内外实践经验可以看到，高新技术企业是浙江创新创造的主力军，但是科技创新具有较高风险，事故发生以后损失难以测度。一方面，科技创新外溢性很强，事关区域或国家的核心竞争力，因此政府对科技保险给予一定程度的政策支持尤为重要。另一方面，浙江科技产业地区集聚效应明显，国外组合式解决方案以定制化的方式覆盖企业各个阶段或具有行业特性的风险，对于浙江具有很强的借鉴意义。

结合以上两点，可以坚持“点、线、面”相结合的发展战略，推动浙江省科技保险快速发展。

1.建设科技园区生态圈，实现科技保险“点”上的突破

科技园区是科技企业的聚集地，政策资源、金融资源、服务资源较为丰富，有助于科技保险创新产品的推广和配套机制的建设，从而建成小型的科技保险生态圈。政府应积极创造保险与科技园区、国家战略新兴产业园区的对接机制，以融资性保证保险为切入点，建立“政银保”共担风险的合作模式，共同支持园区内科技企业快速便捷地获得融资贷款。支持保险公司在与科技企业建立合作关系后，为其量体裁衣推荐相关科技保险产品，完善企业风险保障体系，建立共同成长的伙伴关系，最终在各个园区建立“科技保险综合服务平台”。

2.开发标准化的中小企业服务方案和定制化的重点企业解决方案两条产品线，实现科技保险“线”上的牵引

科技行业复杂多样，既有科技创新的共同风险，也有不同行业类别、不同生命周期间的风险差异。保险公司应积极开发标准化和定制化两条产品线，努力满足不同类型科技企业的科技风险管理需求。

（1）开发标准化的中小企业服务方案，以中小科技企业为适用对象，解决科技企业在经营发展过程中普遍面临的资金融通、知识产权保护等方面的共性和基础问题。

（2）开发定制化的重点企业方案，以我省重点扶持的信息技术、生物医药、智能制造

等行业为突破口，解决战略发展行业、地区特色行业中重点科技企业在发展中遇到的个性化需求问题。

3. 借力知识产权服务平台、技术输出合作平台，实现科技保险发展“面”上的推动

推动省内保险机构和知识产权交易中心合作，将知识产权保险产品和服务嵌入交易中心的平台和交易流程中，借助知识产权交易中心的线上平台优势和服务资源，更好地提供知识产权保障与服务。发挥太平科技作为全国唯一一家科技保险公司的品牌和技术专业优势，支持太平科技和其他综合性保险公司合作，输出科技保险技术解决方案，合力提升服务科创企业的能力。

（七）相关建议

1. 加大宣传和推广力度，提升科技企业的投保意识

政府部门、保险公司及中介服务机构应借助各级媒体网络手段，通过设计专栏、开办交流会、发放相关手册等途径多渠道加大宣传力度，运用典型成功案例，建立示范推广效应，大力宣传科技保险的社会功能、发展形势和优惠政策，提高高新技术企业乃至整个社会对科技保险的关注度，激发企业参与科技保险的积极性。

2. 完善科技保险产品体系，提升企业获得感

保险公司可以针对科技企业在技术创新活动过程中的特殊风险需求，借鉴国外保险公司的产品系统，积极开发适合科技企业需求的新险种，完善传统险种改造。根据浙江产业特色，将财产保险、雇主责任险、产品研发责任险、质量保证保险等产品打包，为有条件的企业提供组合式保险解决方案；或采取多年期、风险可选的综合保障保险方案，降低并稳定科技企业的风险成本，为成长中的科技企业提供“可成长”的风险保障方案。探索建立保险公司与科技企业长期战略合作关系，打破以往双方之间单纯的投保—理赔模式，通过保险公司投资科技企业股权等方式，让保险公司参与到企业管理中来，当项目失败时共同承担一定的损失，项目成功时则依照事先的协议参与收益的分配，共享创新成功的收益。

3. 进一步加强政策支持，优化外部发展环境

积极创造有利于保险对接城西科创大走廊建设、“互联网 +”世界科技创新高地建设等战略的机制，进一步发挥科技保险稳定器的功能。科学制定科技保险的补贴政策，从省级层面加强统筹安排，制定差异化的补贴政策，加大对企业投保研发责任险、产品质量险、专利保险等与企业创新活动直接相关的险种的补贴力度，优化补贴流程，延长政策周期，稳定企业预期。放宽政策约束，探索保险资金投资优先股等新兴竞争工具，为科技企业成长提供长期股权投资，化解融资成本高的问题。同时从市场配套角度出发，引进和培育科技保险咨询机构、技术风险评估机构、知识产权交易中心等，促进科技保险规模化推进。

第三节　科技保险发展建议及措施

一、政府继续发挥引导作用

（一）制定和完善科技保险监管法规，加强监督和协调

1. 树立积极监督的理念

结合职能监督和行为监督在渗透监督中的作用，建立长效监管机制，以应对保险技术创新及其新风险。并且需要及时调整法律法规，以高效率的制度建设作为防范风险的保障。

2. 坚持金融科技渗透监管理念

从信息共享入手建立金融体系监督协调机制，妥善处理金融监管机构与地方财务管理部门的关系。

（二）进一步完善科技保险风险监测与处理机制

在充分共享信息的基础上，逐步加强行业公共基础设施建设，进一步建立和完善科技保险整体风险和个体高风险领域的预警监测体系，确保风险的有效监测与处理应对。同时，与时俱进掌握并利用自动化合规、报告和监控等监管技术，为监管机构“打开前端、控制后端”提供便利和支持，不断提升监管技术水平。

（三）完善财政激励机制，降低科技保险研发成本

目前，政府的相关补贴政策仅仅惠及科技企业，为激发保险公司研发新险种的动力，可以通过针对保险公司科技保险的研发费用进行补贴，同时，对于保险公司经营科技保险的利润实行税收减免政策，提高保险公司研发、经营科技保险的积极性。

（四）完善人才培养机制，推动科技保险理论研究

科技保险的研发创新需要保险精算和科技风险领域的复合型人才。

1. 鼓励学术研究，将科技保险纳入高校保险专业的课程范畴，培养科技保险产品研发后备军。

2. 搭建项目平台，联合保险公司及高校增强对科技保险的实践探索。

3. 加强对外交流，学习科技保险的国际经验。

二、提升专业能力、加大产品创新

（一）构建信息数据库，完善保险合约条款

鉴于我国目前科技保险保费厘定、条款设计经验不足的情况，保险公司更需要采用保

险科技手段来发展科技保险。

1. 建立科技风险信息数据库，不断校准完善保费定价模型，科学厘定保费率。

2. 构建关于科技企业的多层次信息数据库，向科技企业提供有针对性的保险服务，并根据理赔记录适当上浮或下浮保费率。

3. 根据数据库信息合理设定免赔额，让企业自留一部分风险，督促企业在创新过程中谨慎做好风险防范工作，避免由信息不对称带来的道德风险。

（二）研发创新型产品，走精细专业化道路

1. 抓住新兴市场机会，整合多种力量研发创新型险种，以满足科技企业多样化的风险管理需求。

2. 研发行业解决方案，适当“向某一类从事特殊技术创新活动的行业提供组合式保险服务”，而不是对所有科技企业提供一般化的特定风险保障。

3. 打造自身特色品牌，科技企业涉及的行业领域众多，保险公司应当走精细专业化道路，针对特定行业开展持续研究，同时也能减少因不了解行情所带来的经营风险。

三、从需求端促推科技保险发展

（一）强化前瞻性思维，提高风险管理意识

1. 提升风险识别和风险评估能力，企业管理人员应当提高前瞻性战略思维，提前预估企业经营过程中可能存在的风险。

2. 积极向保险公司咨询科技保险产品，了解风险转移及控制的方式，为潜在风险寻求保障。

3. 主动了解政府相关优惠政策，降低企业风控成本。

（二）增强主人翁意识，合理反映自身诉求

1. 通过政府搭建的宣传平台了解相关政策、行情，积极配合政府工作，接受监督管理。

2. 加强与保险公司的业务沟通，合理反映自身诉求，帮助保险公司确立未来新型险种的研发方向。

3. 提高社会道德意识，不因自身利益搅乱市场秩序，为科技保险有序发展贡献力量。

本章案例

一、案例简介

（一）AA科技保险公司简介

AA科技保险公司是由9家实力股东发起设立的国内首家专业科技保险公司，注册资本人民币5亿元。经营范围为与科技企业相关的企业/家庭财产保险及工程保险、责任保险、船舶/货运保险、短期健康/意外伤害保险、特殊风险保险、信用保证保险；上述业务的再保险分出业务；国家法律、法规允许的保险资金运用业务；保险信息服务业务；经中国保监会批准的其他业务。2018年1月获批开业以来，以“做科技的保险，用保险助科技”的经营理念，将“用保险助力科技产业发展，服务实体经济”作为公司的重要使命。2019年4月15日，首家分公司——浙江分公司获批开业。

（二）AA科技保险公司发展情况

作为首家专业科技保险公司，AA科技保险公司历经两年筹建获批开业，自成立伊始，认真分析科技创新链条保险需求，深入探索科技保险发展模式，力求突破科技保险发展面临的机制和产品两个核心瓶颈。2018年，开业首年实现保费收入4679万元，居前5位的险种是货运运输险、意外伤害险、企业财产险、工程险和责任险，这五大类商业险种保费收入合计占本公司2018年保费收入的99.86%，具体见表5-3。

表5-3　2018年AA科技保险公司经营业绩表（单位：万元）

产品	保险金额	原保险保费	赔款支出	承保利润	准备金负债
货物运输险	72065	3705	3040	-8451	252
意外伤害险	88593038	853	0	-1231	217
企业财产险	258251	79	0	-75	19
工程险	22391	24	0	-25	9
责任险	3314	12	0	-16	9

2019年，AA科技保险公司结合前期经营中面临的生存与发展问题，制定了“专业引领、多元保障、市场化发展”的经营方针，着力加大产品创新力度。技术保障领域，涵盖知识产权保障、科技成果转化、首台（套）首批次三个方面。知识产权方面公司已形成了包括专利、商标、版权、商业秘密等多个领域，涵盖侵权、维权、转让交易、海外保障等不同需求，综合保障与单项产品相结合的立体化产品体系。与中国商飞、上海东部知识产权中心的等重点客户已形成合作方案；已取得在上海自贸区开展知识产权业务的资质，杭州知识产权局的战略合作也正在推进中。科技成果转化方面，公司针对科技成果交易推出

了科技转让服务合同信用险，并同中国科技产业化促进会及上海保交所就科技成果转化展开合作。全年保费收入 7200 万元，实现承保利润 -5798 万元，实现净利润 -4408 万元，实现投资收益 1568 万元。

从公司目前发展情况来看，尽管围绕着服务科技企业展开了多项尝试，取得了一定的成绩，但科技保险创新本身仍处于尝试和探索阶段，公司在人员、资源等方面还有一定的欠缺，业务模式、合作机制尚处于搭建阶段，产品创新等工作也在逐步启动中，当前公司发展面临着较大困境。

二、创新技术 / 模式应用

作为一家创新型、轻资产的保险公司，AA 科技保险公司的使命和责任，就是真正发挥科技保险风险保障与资金支持的功能与作用，促进科技创新和科技产业发展，进而更好地服务国家科技创新战略。

（一）加快产品服务创新

1. 根据科技企业生命周期推出不同的产品

AA 科技保险公司应根据科技企业各个生命周期不同的风险及价值，配置相应的保险产品。科技企业各个生命周期风险保障需求点，如表 5-4 所示。

表 5–4　科技企业各个生命周期风险保障需求点

科技企业信息	创意期	创业成长期	成熟蜕变期
主要特点	1. 没有形成正式企业；2. 企业成长的前期铺垫	1. 成果转化与发展阶段；2. 相对于一般企业的生命周期，科技企业具有快速变化性，创业和成长阶段间隔时间比较短，区分不明显，合并为创业成长期；3. 日常运营的价值主张和链路传递中存在的基本风险无法用传统方式解决	1. 在克服融资需求和经营风险的基础上，步入正常维持发展的阶段；2. 相比一般企业，科技企业的特性使之进入成熟蜕变期的速度更快，时间更短；3. 是发展关键期，决定企业寿命长短；4. 蜕变不仅仅在规模上，重要在其品质内涵上，如企业人才素质、组织结构、信息管理等本质的转变
主要风险	技术风险	融资风险与经营风险	“阻碍创新”风险：能否很好地利用成熟期积累的成果实现成功转型
关键要素	技术人员的知识及能力	融资需求管理与市场管理	成熟期的持续稳定成果及二次转型的机会
产品规划	知识产权及专利相关产品	小额贷款保证保险、创业失败保险、投资失败保险等支持型保障型险种	保险增值服务、全套保险服务包等保险服务

2. 聚焦重点科技领域研发系统性保障方案

要加强市场研究，针对科技企业特点提供定制化行业解决方案和产品组合。

（1）借鉴国外经验向地方重点产业集群中的特定行业、特定企业，提供定制化的保险解决方案，以点带面，逐步扩大科技保险覆盖范围。具体操作上，可以引入国外成型的行业解决方案，结合国内科技企业实际，先选取一至两个重点行业，形成技术优势，做出特色和影响力，再逐步扩大科技保险的行业覆盖范围。

（2）在常规产品上进行技术升级，重点针对行业类别、重点产品类别等，对保险责任进行聚焦，对特定责任的保障额度、范围等进行放大，突出对行业、企业、产品特定类别风险的重点保障。

（3）加强与第三方平台及服务机构的合作，通过“产品＋服务”的模式，促进业务发展。一方面，可以通过引入第三方服务，在提供保险的同时提供风控咨询、法律咨询等相关服务，帮助企业更好地解决风险管理问题。另一方面，可以在与第三方服务的合作中配套保险保障产品，减少第三方的后顾之忧，更好地推动“产品＋服务”模式，不断拓展新的业务领域。

（4）围绕国家重大科技工程推出针对性产品。我国科技创新活动主要发生在以军队、科研院所、大学为代表的企事业单位和以腾讯、阿里、华大基因等为代表的新兴高科技企业，科技创新焦点主要聚集在互联网、生物制药、航天工程、通信、高端制造等领域。AA科技保险公司应集中研究资源和力量，对上述单位和领域进行重点科学攻关，摸清科技风险底数，梳理科技保险需求，研发定制化保险产品，主动上门营销，形成以点带面的典型示范效应。

3.结合金融科技发展创新场景式保险服务

（1）加强对知识产权类产品的创新

专利是科技创新的主要成果形式，也是科技企业的核心竞争力。随着中美在高科技领域的激烈竞争，专利诉讼必将大幅上升，这将给我国科技企业发展带来严重挑战。创新开发专利保险，为科技企业提供专利风险保障，可以树立科技保险的良好声誉。

（2）对科技成果转化方面产品的创新

科技企业的关键在于成果转化落地。要针对科研院所在科技研究创新上的短板，加强相关领域的风险研究，开发针对性的科技创新成果转化保险，将有助于科技企业克服起步期面临的不确定性。通过保险产品的介入，分散科技成果转化过程中的风险，会大幅提升成果转化效果，从而体现科技保险的专业特色。

（3）完善和丰富融资担保类保险产品

资金是中小科技企业赖以生存和发展的基础，由于信息不对称等原因，很多中小科技企业面临严重的融资困难。通过融资类产品可以打开与科技企业合作的通道，提升科技保险的渗透率。

（4）开发以拓展行业增量业务为主要目的的创新产品

紧紧围绕政府政策导向、科技行业产业特点，开发既能满足政府公共管理需求，又能拓展企业品牌且具有显著科技特色的产品。

（二）优化公司发展模式

AA 科技保险公司要坚持科技公司的新定位，坚守专业科技保险公司主阵地，积极争取政策支持，适度发展其他非车险业务，积极推进科技保险产品创新，力争实现业务结构上的多元和业务规模上的突破。

1. 明确科技公司新定位

从行业发展趋势来看，原有的“铺机构、建队伍、上系统”模式将逐渐被“智能化、云平台”替代，能控制好后线成本的公司才能成功突围。在此背景下，必须跳出传统的思维来经营和发展科技保险。

（1）融入杭州创新创业大环境，树立互联网科技企业经营理念

杭州培育了以阿里巴巴为代表的高科技企业，具有良好的创新创业环境。AA 科技保险公司总部位于杭州，具有先天的环境优势和人才优势。要积极融入大环境，对标阿里巴巴等先进科技企业，在经营理念、组织架构、绩效考核和人才政策等方面变革创新，推动政策、技术、资本等各类要素向创新创业领域集聚，营造有利于创新创业的氛围，切实将公司打造成为具有显著互联网基因的专业科技保险公司。

（2）加速先进科技手段应用创新，用“科技的手段做科技保险”

要充分运用移动互联网、云计算、大数据等科技手段创新业务模式，通过与内、外部金融科技公司合作来改造升级传统保险运营流程，提高运行效率，减少公司在营销、运营条线的人力投入，缩减固定费用投入。要线上线下相结合，抓住杭州打造全国数字经济第一城的契机，在传统销售渠道的基础上，大力发展互联网销售平台，充分发挥互联网乘数效应，推动更多科技保险新渠道、新产品、新服务、新技术不断涌现。

（3）充分利用集团内部协同优势，坚持轻机构、轻资产运营

AA 科技保险公司股东之一为大型国有金融保险集团，可以协同使用的资源非常丰富。要探索大总部、小机构的运作模式。基于科技保险高风险、技术密集的特点，加大在 AA 科技保险公司总部层级的人才队伍和专业能力建设，加强条线管控和资源集中，做强总部，发挥智囊作用，机构侧重于展业功能与网点服务。加强与兄弟公司在营业网点和技术资源上的共享，推进与集团内专业公司开展交叉销售，促进效用最大化，实现实体机构网点与互联网优势互补，弥补公司经营初期销售能力和渠道资源不足的问题。可借鉴安联集团和中国人民财产保险股份有限公司苏州科技支公司的保投联动发展模式，充分利用承保端在科技风险管理领域的专业能力，在投资端发力，借助国家最新支持投资知识产权密集型企业的政策机遇，探索险资直投科技企业、参与科创基金等创新方式，谋求突破。要力争成为轻资产、敏捷性中小公司的成功案例。

（4）抓住保险＋科技结合点，打造保险科技试验田

作为全国唯一一家专业化经营科技保险的公司，AA 科技保险公司的所有创新都具有

典型示范意义。要积极寻找科技保险和先进科技的结合点，推动数字化、云计算、大数据、互联网等在科技保险经营中的创新应用，提升科技保险服务能力和水平。比如，可以围绕政府在科技系统公共管理中的实际需求，运用保险科技推动科技保险数据和服务平台建设，联合政府、银行等机构，充分运用互联网、大数据等金融科技，打造“互联网＋政府＋金融服务”的综合服务平台，打造不同主体参与、不同金融工具组合的风险分散与补偿机制，夯实科技金融、科技保险生态圈的基础，带动科技保险发展。

2. 坚守科技保险主阵地

坚持专业化经营，深入研究科技企业、科技人员和科技创新产业链中的风险保障需求，重点突出创业和创新，聚焦科技企业的知识产权保障、科技成果转化、融资等核心需求，为新设备、新材料制造、资金融通，以及传统行业改造升级等提供具有科技特色的保险服务。

（1）以知识产权保障为切入点

借助国家和地方政府加快推进知识产权强国建设的契机，利用银行的企业资源和资金，为科技企业提供知识产权质押融资、专利侵权、维权等多项保障产品。同时通过与律师事务所、知识产权评估机构、产权交易中心等合作，打通知识产权服务的上下游，为企业提供前端咨询、评估和后端处置等全流程链式服务，形成“保险＋服务”合作模式。

（2）以中小科技企业融资保障为切入点

结合五部委联合发布的《关于进一步深化小微企业金融服务的意见》及银保监会《进一步做好信贷工作，提升服务实体经济质效的通知》，针对科技企业融资难、融资贵问题，借助股东资源，整合银行、风投和第三方服务机构，选择适当地区，持续推进政银保模式的科技企业贷款保证保险业务。

（3）以科技金融生态体系建设为切入点

加强与银政保等不同主体合作，针对不同生命周期、不同行业的科技企业特点，充分发挥不同主体在科技创新链条中的作用，打造政府政策支持、引导，企业主体参与，银行等金融机构提供资金、资源支持，保险公司通过“常规＋创新”的产品组合提供综合和专项风险保障，中介机构给予服务支持，形成“政、保、金、介、企”五位一体成长共赢的科技金融生态体系。

3. 实施差异化经营策略

在做好科技保险主业的基础上，认真研究科技保险内涵，积极与监管部门沟通，在政策允许的范围内，实施差异化经营策略，力争实现业务规模的突破和业务结构的多元化。

（1）以标志性高的科技保险产品为主、其他普通科技保险产品为辅

科技保险的作用在短期内难以量化，较其他科技金融手段（风险投资、科技信贷等）“显示度”较低，部分地区对科技保险的支持力度有弱化趋势。AA 科技保险公司要侧重于更直观地展现科技保险对于科技创新的扶持效果，在专利保障力度、成果转化扶持力度、

融资支持力度等方面，有更大作为。与上述功能密切相关的专利类保险、科技成果转化交易类保险、首台套保险、小额贷款保证保险是最具标志性的险种，可在政府的引导和机制保障下，作为科技保险业务的重点发展方向。

（2）以政策性科技保险为主、商业性科技保险为辅

科技保险政策性强，需要一定的政策支持。因此，AA 科技保险公司要采取多种办法加强与政府合作，积极争取政策支持。同时要坚持商业可行原则，发挥商业保险公司市场化机制作用，积极开发商业性科技保险产品，以过硬的产品服务赢得科技企业的关注和投保。

（3）以科技保险为主、非车险业务为辅

AA 科技保险公司要在做好科技保险主业的基础上，认真研究科技保险的内涵，积极与监管部门沟通，在政策允许的范围和条件下，适度开展传统产品和其他优势业务，加强政保合作，主动争取参与政府类责任险、意外险等项目的承保。通过非车险业务的发展，一方面带动公司整体业务规模提升，可以养活公司人才队伍，提升盈利能力，促进科技保险业务拓展；另一方面以非车险业务带动科技保险业务，以非车险销售渠道带动建立科技保险销售渠道。

（4）以浙江市场为主、国内其他市场为辅

AA 科技保险公司是浙江省和嘉兴市高度重视的保险法人主体，在带动保障当地科技创新产业发展链条中具有重要地位。要深入挖掘浙江当地市场的潜力，在浙江当地市场占有一定市场份额后再择机向全国发展。因此，要充分利用浙江省、嘉兴市政府给予的优惠条件，争取获得更加全面有力的支持政策，促进业务发展，增强公司经营稳定性。立足浙江取得一定市场份额，培育了一定的经营管理能力后，再向全国其他地区和其他领域拓展，不能盲目铺设机构、扩大规模。

（5）以直接销售渠道为主、第三方销售为辅

强化渠道建设，加强队伍建设，在引进专业人员、解决重点项目落地问题的同时，采用“地区首代＋科技保险专员”拓展科技产业发达的北、上、广、深及长三角区域内其他重点城市业务，并吸收、借鉴当地扶持科技产业发展的先进经验，为浙江省内的本地化创新提供支持。实行差异化的渠道发展策略，直销渠道以园区内科技企业的综合保障为主，银行渠道以重点银行及科技支行融资保障为基础，中介渠道争取实现常规业务与首台套、知识产权等科技业务相互促进、协调发展。

（三）拓宽业务发展路径

为更好地推动科技特色类业务发展，借鉴国际市场中科技保险的“点线结合”发展模式经验，以及国内中国人民保险公司在知识产权和保护联动领域的先进经验，公司提出了“两点一线三平台”建设规划，形成“点线面结合”的发展布局，希望通过点上突破、线上牵引和面上推动，助力公司在科技特色类业务上做出特色、形成突破。

1.深化政企合作，参与知识产权平台建设

选择适当的切入点，自行搭建或合作共建相关平台，实现跨地域的科技保险服务输出，推动科技保险的跨地域合作，充分发挥金融机构在资源整合中的重要作用。

（1）知识产权服务平台

AA科技保险公司前期已开发了较为完整的知识产权产品体系，涵盖了融资、侵权、维权、交易等知识产权多个领域，并已初步形成了“产品+服务”的合作模式，通过前端与地方知名评估公司合作，后端与产权交易中心等合作，打通产业链的上下游，并配套以贯穿全流程的法律、咨询、中介等相关服务，为科技企业提供全流程链式服务。基于此，在现有知识产权产品体系和当前“产品+服务”模式的基础上，公司应进一步借鉴国外保险公司和国内中国人民保险公司在知识产权保险领域的经验，结合科技企业和区域环境的特点，打造知识产权综合服务平台。一方面，充分借助上海在国际再保市场中的优势，加强同各类再保险公司和大型经纪公司的合作，从再保市场、经纪市场上寻求创新业务支持和产品信息支持，从而进一步丰富和完善相应的知识产权保障产品和配套机制，形成针对长三角区域内相应企业，涵盖专利侵权、维权、综合保障、海外维权等全方位的综合保障与服务体系，促进长三角区域内科技企业知识产权的保障。另一方面，借助公司目前正在合作的上海东部知识产权交易中心，将公司知识产权产品和服务嵌入到交易中心的平台和交易流程中，借助交易中心的线上平台优势和服务资源，打破公司经营的区域限制，更好地为长三角及其他地区的科技企业提供综合知识产权保障与服务。

（2）科技成果转化服务平台

AA科技保险公司前期在科技成果转化领域开展了部分尝试，对研发失败、成果转化失败也进行了相应的产品设计，但产品尚未成熟，配套的模式与机制也未能达到相关要求，因此在科技成果转化领域尚未形成有效的突破。为推动科技保险更好地服务科技成果转化领域，公司应同有关政府部门合作搭建科技成果转化服务平台，结合公司当前在科技成果转化领域探索和尝试的经验，共同在科技成果转化类保险产品的产品设计、风险模型搭建、再保支持、专家支持、理赔服务、产权归属、风险防控等方面展开深入探讨，在科技成果转化领域构建完整的业务模式和产品体系，在交易保障、项目孵化、融资支持、信息交流等领域提供服务支持，从而强化科技成果转化的上下游配套服务，在降低成果转化损失的同时促进科技成果交易。

2.依托股东资源，发展特色科技保险业务

AA科技保险公司当前股东单位在科技领域和金融领域拥有丰富的资源，公司应充分结合股东单位的规划，与股东单位进行协同和联动，将科技保险与股东单位的具体项目建设相结合，更好地凸显科技保险的专业特色。

（1）与股东单位AA集团合作

一方面，充分利用AA集团丰富的机构网点资源，通过在科技产业发达的地区设置科技保险专员、培育成熟后再设立机构的方式，坚持轻机构运营。另一方面，利用AA集团丰富产品和客户资源，在业务合作领域，充分挖掘股东的客户资源，配套相应的产品和资源支持，借助股东力量进行推广，并整合股东在金融、科技服务领域的资源，共同为科技企业提供“融资+融智+风险保障”的综合金融服务。

（2）与股东单位浙江省金控合作

目前，浙江省金控启动了浙江科创服务联盟、省金控联盟和长三角区域供应链金融数据平台三项平台建设。

1）科创服务联盟

该联盟是在创新引领基金的基础上，由省金控牵头成立的，首批成员共13家，包括银行、投资、券商、保险、科技服务机构，其中保险公司仅AA科技保险公司一家。AA科技保险公司未来要重点通过该联盟做好科技保险的推介和综合金融服务合作，与联盟内银行、证券、投资、科技服务机构等形成联动，借助联盟成员的资源和产品，开发、升级配套产品与服务，搭建合作模式，共同针对科技企业融资、研发等风险提供综合金融服务。

2）浙江省金控联盟

该联盟是由浙江省金控牵头设立，将浙江省内各级地方政府设立的地方金控及金控投资的部分公司集合，组织成联盟，实现联盟内部资源与信息的共享，目前AA科技保险公司已加入该联盟。AA科技保险公司应重点同金控联盟展开深入联动：同省内各级金控建立合作关系，参与到金控联盟的各类会议并对科技保险进行专项宣导；通过金控系统的企业资源进行重点科技企业拜访，寻求合作机会；在产品开发、服务方案设计、地方扶持政策争取等方面参考金控联盟的想法和建议，更好地完善公司产品、服务体系，也更好地争取地方扶持政策。

3）供应链金融数据平台

该平台是由浙江省金控牵头组织，借助浙江省金融综合服务平台的数据资源（包括政务数据、金融机构数据、企业经营数据等），运用区块链、人工智能、云计算等金融科技手段，搭建独立的供应链金融服务平台，目标是为省内及长三角区域内块状经济、产业群集中的中小企业，提供信息综合、信用评价、增信支持、融资支持等精准金融服务，并在此平台的基础上搭建供应链金融生态系统，配套相应的金融衍生产品。要积极与该服务平台就保险业务合作进行沟通，一方面，为该平台上的中小企业提供贷款保证保险支持，并可以通过该平台向中小企业的常规保障（常规财产、责任等）进行延伸。另一方面，与该平台在信用风险防控领域开展合作，通过该平台的数据资源和风控技术，促进和完善公司在信用保证保险方面的风控模型建设，提高公司在中小企业融资领域的风险防控能力。

（3）与股东单位长三角研究院合作

目前长三角研究院（以下简称“长三院”）主要推动氢能源产业联盟和精准医疗中心

两个重要平台的合作。

1）氢能源产业联盟

该联盟是由长三院发起成立，由氢能源产业相关企业、科研院所、投融资主体共同参与，旨在推动氢能源的研发和应用。AA 科技保险公司要积极加入该合作联盟中，就氢能源领域的风险保障展开深入合作，重点针对氢能源行业在研发、应用中面临的企业经营风险和公众风险，提供综合性保险服务方案。

2）精准医疗中心

该中心是由长三院联合多家合作单位设立，整合国内外多种资源，帮助医学领域早期的高科技公司加速从技术到产品的转化过程，促进精准医学产业链的整合。公司要积极同该中心建立合作关系，初期重点针对医学领域早期公司面临的融资风险和科技成果转化风险，提供相应的保险产品和服务，未来将进一步加大在精准医疗技术应用领域的合作，针对精准医疗领域新技术、新产品的应用和规模化生产提供相应的保险服务，并借助该中心为公司在生物医药领域的产品开发和风险管理提供专业的技术支持。

3. 强化产业思维，打造科技保险生态圈

打造科技保险生态圈以科技保险实验室、园区生态圈建设和科研人员综合保障为切入口，实现科技保险特色发展的点上突破。

（1）科技保险实验室建设

针对科技行业复杂多样、科技风险专业性和前沿性较强的特点，AA 科技保险公司要充分运用当地政府及科研院所的资源，共同建设科技保险实验室，针对科技保险产品创新展开联合研究，重点研发针对特定行业的标准化创新产品，建立针对不同行业的风险模型和管理机制；重点借助工业互联网等新技术，针对机械、设备等进行数据、信息的采集与分析，对可能出现的生产风险进行评估、预测和管控，以此为基础实现对传统制造业改造升级的风险管理，尝试对重点科技保险项目进行孵化，探索与科技保险生态圈建设相关的政策联动、综合金融、技术试点等配套机制，为科技保险生态圈建设提供支持。

（2）园区生态圈建设

科技园区是科技企业的聚集地，政策资源、金融资源、服务资源较为丰富，有助于科技保险创新产品、创新模式的推广，进而形成小型的科技保险生态圈。AA 科技保险公司要坚持以各地科技城园区为营销重点，积极推进科技园区保险生态圈建设，选择园区内科技企业融资保障为切入口，逐步推广科技企业常规风险保障服务、配套金融产品和创新型产品，最终在科技园区内打造“互联网 + 政府 + 金融服务”的综合金融服务平台，为园区内企业提供综合服务。

（3）科研人员综合保障

科技企业的核心是人才，对科研人员的综合保障是科技保险发展的一个重要切入口。公司以科研人员的意外健康保障为基础，针对科研人员在研发、生活中面临的风险提供综合性保障方案。AA 科技保险公司应针对科研人员提供综合性的高端意健险服务。借助股东之一金融央企在服务和境内外医疗、健康领域的跨境资源，加强与兄弟公司合作，初期可以为普通科研人员、副高职称以上科研人员及千人计划等专家，分别提供意外、健康、医疗方面的综合保障、白金保障和尊享保障等差异化产品及服务方案；后续可针对科研人员研发高保障及优质服务的“意外 + 医疗 + 人寿 + 健康 + 养老”的个人综合保障方案，以及针对科研人员父母、子女等的相关保障产品。

4. 坚持多元经营，普惠定制两条腿走路

以标准化的普惠方案和定制化的行业解决方案两条产品线为依托，实现科技保险特色发展的线上经营。

（1）针对中小科技企业在经营发展过程中普遍面临的人才保障、资金融通、知识产权保护等共性、基础问题，联合外部科技中介服务机构，共同为科技企业提供可选择的普惠型、常规基础的风险保障产品和综合性企业服务。可借鉴我国出口信用保险的发展经验，坚持保费低、保障低、险种简易、操作简单的原则，通过为中小科技企业提供易获得的普惠型基础保障产品，提高科技保险覆盖面。

（2）针对重点发展行业及地区特色行业，根据行业中不同成长阶段、不同产业链层级的个性化需求提供创新型、综合型保障和配套服务。加强对地区科技行业保险需求特点和风险特质的研究，借鉴国内外经验，引入国外成型的行业解决方案，并结合地方特点制定个性化解决方案，形成技术优势。同上海、江苏等地科技系统进行合作与沟通，重点推动特定行业（如信息技术、生物医药、智能制造等领域）综合性风险解决方案，进一步提升科技保险产品与服务的专业性。

（3）同再保公司、经纪公司、科技服务中介等建立合作机制，借助再保、经纪公司在国内外市场中产品设计的先进经验和风险管理的先进技术，以及科技服务中介在服务领域的资源优势，共同为公司发展提供支持。可以与汉诺威再保险合作，汉诺威再保险在知识产权保险领域的研究及区块链技术应用尚处于起步和探索阶段，双方可以在创新产品研发、保险科技运用、风险管理合作及再保分出方面展开深入合作，借鉴国际科技保险行业解决方案的经验，以行业为维度，形成标准化的、适合大多数行业的普惠型综合保障方案和定制化、个性化的特定行业解决方案两大产品线，通过两大产品线的线上经营，更好地推动科技保险发挥作用。

第六章　多层次资本市场

第一节　国外资本市场

一、美国多层次资本市场结构

（一）美国资本市场的层级结构和制度结构

纳斯达克目前分为纳斯达克资本市场（1971 年成立）、纳斯达克全球市场（1982 年成立）和纳斯达克全球精选市场（2006 年成立）三个层次。纳斯达克资本市场是目前上市标准要求最低的市场，主要吸引小型企业上市，其上市标准经历了由资产指标组成的单一标准阶段到形成了资产标准、市值标准和净利润标准的多元化阶段再到以股东权益为基础的标准多元化阶段。

纳斯达克全球市场是纳斯达克中间层次市场，主要是吸引中型企业上市，其上市标准也经历了由资产指标构成的单一标准到以资产为基础，辅以净利润、经营年限的双标准到最终新增市值和总资产 + 收入标准。

纳斯达克全球精选市场在 2006 年成立，成立时采取了纽交所当时的上市标准，但是门槛略高于纽交所，在后续的多次标准修订中都采取了比纽交所门槛略高的上市标准。

从最能代表美国市场的纳斯达克资本市场和全球市场的上市标准演变历史来看，均经历了由早期单一标准到多元化标准的阶段，且在现阶段中皆形成了以净资产（股东权益）为基础的多元化标准，综合考虑了经营年限、净利润、收入和市值的多个维度。此外，NASDAQ 市场的上市条件还具有因时制宜的特点，会根据经济发展阶段的变化不断进行动态调整，从而拓展了服务覆盖范围，有效提升了直接融资规模。

在过去 5 年，美股有 1427 家公司退市。分析美股退市公司的主要特点，业绩亏损或为主要原因，美股退市 1427 家公司中 759 家亏损，占比 53%，亏损额集中在 0~5000 万美元，共 659 家。2014 年至今，美股共有 1489 家公司亏损次数在 3 次以上，而在亏损 3 次以上的公司中，73% 的数量最终退市。以美股的经验来看，如果公司长期亏损且质地一般，是不能被市场长期容纳的，最终会被淘汰。这是市场的力量，只要退市机制健全，市场自身的优胜劣汰会筛选出真正优质的好公司。

（二）美国资本市场的行业结构和投资者结构

从行业结构来看，标普 500 指数中权重最大的分别为信息技术、可选消费、医疗保健等高技术企业。从投资者结构来看，美股的机构投资者占比达到 57%。在投资风格方面，可以发现美股投资者偏爱龙头股，科技和消费的龙头股有明显的估值溢价，而 A 股的龙头股估值相对行业优势并不明显（见图 6-1）。

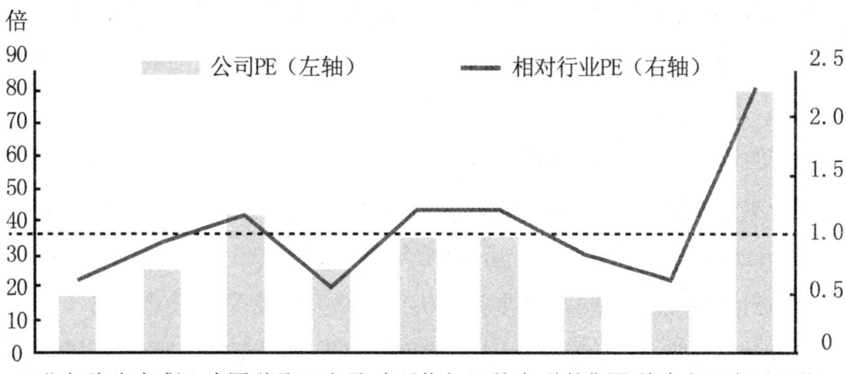

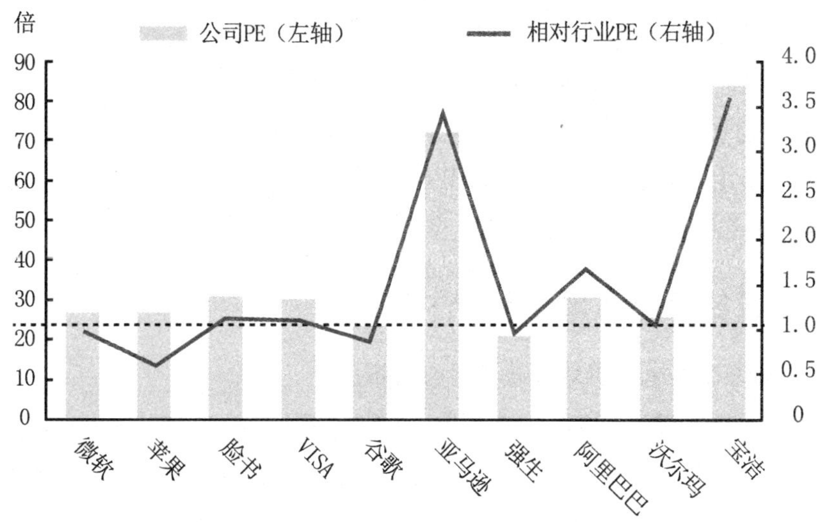

图 6–1　A 股以及美股科技、消费龙头相对行业估值

（三）美国资本市场中介机构的竞争结构

通过对美国多层次资本市场的研究可以看到，头部的投行经历较长的发展历程，收入和业务结构历经波折和变化，从而形成了差异化的竞争优势。以高盛为例，高盛成立于 1869 年，是全世界历史最悠久及规模最大的投行之一，总部设在纽约，在伦敦、东京设有分部，在全球 23 个国家拥有 41 个办事处。根据 2018 年年报数据，高盛以投资借贷业务专长，收入占比达 42%，而做市业务、投行业务、投资管理业务占比分别为 20%、17%、14%。

摩根士丹利作为全球领先的大型投资银行，在传统的机构证券业务中占据优势。其机构证券业务包括投资银行业务、销售与交易等，面向公司、政府及金融机构等极高净值客户。根据其 2018 年年报数据，摩根士丹利主要以投资借贷业务和资产管理业务为主。

嘉信理财是一家总部设在旧金山的金融服务公司，成立于 1971 年，是美国个人金融服务市场的领导者，主要提供投资、财富管理、银行和交易业务。其建立初期是一家小型的传统证券经纪商。20 世纪 80 年代后，公司将业务范围拓展至共同基金及其他多样化的金融产品。20 世纪 90 年代中期，互联网开始普及化，嘉信理财抓住机遇，率先推出了基于互联网的网上经纪服务系统，迅速成为美国最大的在线证券交易商。嘉信理财以利息收入（占比 57%）、资产管理收入（32%）为主要支柱。

此外，美国的做市商与我们固有观念可能不同，并不是规模最大的券商成为最大的做市机构。骑士资本是美国最大的经纪商和做市商之一，成立于 1995 年，2000 年更名为骑士交易集团（Knight Trading Group），后 2005 年又更名为骑士资本集团（Knight Capital）。总部位于新泽西州泽西市，平均每天在美股执行 380 万次交易，共有 952 个员工，平均每个员工创造营业收入 152.77 万美元。同一时间持有上万只证券，并为其提供持续的双向报价，且构建市场中性的价差交易策略对做市商的人才、技术、定价风控能力要求较高。2010 年，骑士资本在 NYSE 和 NYSE Euronext 巴黎同时上市，代码 KCG。根据骑士资本 2016 年年报，全年总收入 14.54 亿美元，税前利润 3.96 亿美元，税前毛利率为 27.24%。做市商提供流动性获取的交易返佣是做市商收入的重要来源，其做市业务收入中 18% 来自提供流动性获得的交易返佣。骑士资本是美国最大的做市商，也是全球最大的交易公司，做市商业务是其最主要的利润来源。2011 年，骑士资本在纽约证券交易所的交易量占交易所全年交易量的 16.7%，在 NASDAQ 的交易量占全年交易量的 17.2%。

二、英国多层次资本市场结构

（一）英国资本市场的层级结构和制度结构

伦敦证券交易所（以下简称“伦交所”）主要有四大主要市场：主板市场、另类投资市场（AIM）、专业证券市场（PSM）及专业基金市场（SFM）。主板市场建立于 1698 年。目前，已有来自约 60 个国家的超过 1700 家公司在这里上市和交易，其中，主板市场又细分为 4 个子市场，其中高级市场、标准市场和高增长市场是三个互不重合的子市场，高科技市场则是伦敦高级别子市场和标准级别子市场的子集（见图 6-2）。

伦交所多层次市场改革的逻辑主要有四条。

1. 顺应国家经济和产业的升级发展的趋势

交易所股票市场内部分层与国家经济发展战略息息相关。伦交所 1999 年 11 月设立的 TechMARK 科技板块，就是为满足创新技术企业的独特要求而开辟的。两年后又推出了医药科技企业板块，聚焦于进行药品研发和制造的创新型企业或与健康产业有关的企业。

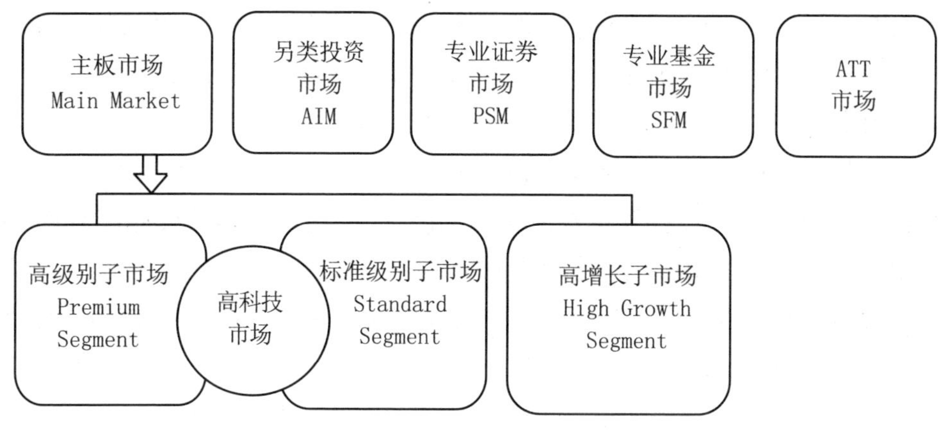

图 6–2　伦交所市场分层结构

2. 符合金融监管环境的变化

从监管的角度来看，伦交所的市场分层主要有两类：一是受欧盟金融市场工具指令（MiFID）监管的市场，即通常所说的受监管市场（Regulated Market），包括主板市场和 SFM 市场；二是仅受伦交所监管的市场，即通常所说的交易所市场（Exchange Market）。

3. 适应不同性质和发展阶段企业的融资需求

伦交所的主板市场一直以来定位于为寻求进一步发展的大型、成熟公司提供融资。它拥有良好的声誉和全球认可的监管及公司治理标准，可以为企业获得来自全球资本的良好机会。然而随着企业融资需求越来越多样化，很多公司不能达到主板上市的标准。为了提高企业上市效率，1995 年伦交所推出 AIM 市场，该市场作为伦交所的创业板市场，主要定位于满足小型的、新兴的和成长型企业的 IPO 和后续持续融资需求。该市场对上市企业的最小资本规模、经营历史记录和最低流通规模等都没有硬性规定。且自 2014 年 4 月起，伦交所对 AIM 市场中符合一定条件的上市公司给予税收优惠。

4. 满足不同投资目标和风险承受能力的投资者的投资需求

伦交所的 SFM 市场就是为以专业化的机构为目标投资者的基金而设立的市场。

（二）英国资本市场的产品、行业及投资者结构

英国 1995 年的金融法案推出了 VCT 这一投资品种。它为那些高净值个人投资者进行较大数额的投资提供了一种税收上十分优惠的投资渠道，并主要投资于成长中的小企业，谋求较高的资本收益。目前，英国的 VCT 资产规模已超过 10 亿英镑。就其性质而言，VCT 应属于投资信托的一种。首先，它本身是一个公司，一个专门投资小企业的公司。其次，它在伦敦股票交易所上市交易，投资者可以随时在市场上交易转让 VCT，而不是从管理人那里赎回。根据其投资目标的不同，VCT 主要可分为三类：

（1）创业板 VCT（AIMVCT），主要投资在英国创业板市场（Alternative Investment Market，AIM）上交易的公司。

AIM 是一个专门为小公司上市交易的市场。通过 AIM 的交易定价机制，可以为了解和判断有关投资的业绩和流动性特征提供一个方便而客观的依据。在过去的两年里，英国的 AIM 发展十分迅速，一定程度上得益于 VCT 发展的推动。

（2）高科技 VCT，主要投资还没有在交易所或 AIM 上市交易的高技术公司，但为了降低风险，也会有部分资金投资在 AIM 上市的高技术公司。比起投资于 AIM 的 VCT 而言，高科技 VCT 高风险、高收益的特征更加突出。

（3）一般 VCT，投资包括在 AIM 上市的公司及未上市的公司，但通常采取较为稳健的策略，投资的公司大多已经或接近盈利。

目前，上述三类 VCT 的资产规模分别占 VCT 总资产的比例为 20%、20% 和 60%。通常，当一个 VCT 成立后，其管理人最多可以有三年的时间来建仓，选择合适的投资对象。在此期间，VCT 可以把资金投向国债或企业债券，甚至以现金的形式持有。但在不超过三年的时间里，VCT 必须将至少 70% 的资产用于符合一定条件的所谓风险投资，包括用于提供五年期以上的贷款、投入在创业板上市的公司，或未上市的公司等。而另外 30% 的资产可以投资于政府债券、金边债券或蓝筹股等。VCT 投入某一个风险项目（公司）的资金不能超过其总资产的 15%。当其投资的公司实现了在伦敦股票交易所上市，VCT 仍最多可继续将它作为一项风险资产持有五年。

从行业结构来看，富时 100 指数的行业结构同 A 股有相似之处，不过市值占比最大的行业为能源和可选消费，金融股位居第三。从投资者结构来看，伦交所以海外投资者为主，海外投资者占比达 54%，信托基金（封闭式 + 开放式）合计占比达 12%，个人投资者仅占 12%

三、日本多层次资本市场结构

（一）日本资本市场的层级结构

当前日本和我国的多层次资本市场结构较为相似。其中，日本的主板市场为东京证券交易所市场一部，上市公司主要包括全球范围在内的大型企业；市场二部相当于我国的中小板、创业板市场；JASDAQ 市场相当于我国的新三板市场。在 JASDAQ 市场中又有分层，其可分为 JASDAQ Standard 市场和 JASDAQ Growth 市场。其中，Standard 市场为具有一定规模和利润的企业服务，Growth 市场为成长型、技术、商业模式独特但盈利较弱的公司服务，与新三板市场的基础层较为类似。

在市场化运行机制下，日本资本市场板块内部的分化成为趋势。以日本的二板市场和 JASDAQ 为例，在定位方面，日本东交所的市场二部承担了为部分中小企业服务的职能，一直以来分担了 JASDAQ 市场的吸引力。日本国内二板市场竞争加剧，日本吸收新兴企业上市的证券交易市场共有 3 个，可以分为 JASDAQ、东京证券交易所的高增长新兴股票市场（Mothers）和美国纳斯达克同日本网络投资银行软件银行合资组建的日本纳斯达克市场，这几个雷同市场间的竞争加剧，直到2010年10月定位才清晰，大阪证券交易所将其运营的创业板市场和JASDAQ市场进行整合成立了新JASDAQ市场。新JASDAQ分为Standard（有一定盈利能力和净资产的企业）和Growth（有成长潜力的企业）两个板块，根据日本交易所集团网站数据，Standard板块共有690家公司，而Growth板块仅有37家公司。可以看到，代表盈利能力稳定公司的Standard板块指数自创立以来表现较好，波动也较小；而代表成长型企业的Growth板块指数在2013年前后波动较大。

（二）日本资本市场的转板制度结构

在日本多层次资本市场体系中，转板制度较为重要，其转板制度允许低层次资本市场和高层次市场相互流动。但是几乎没有公司从高层次市场转板至低层次市场，虽然在制度设计上允许主板市场的公司向JASDAQ转板，说明了日本对JASDAQ独立交易所市场地位的认可，但是鲜有公司从主板转至JASDAQ（见图6-3）。

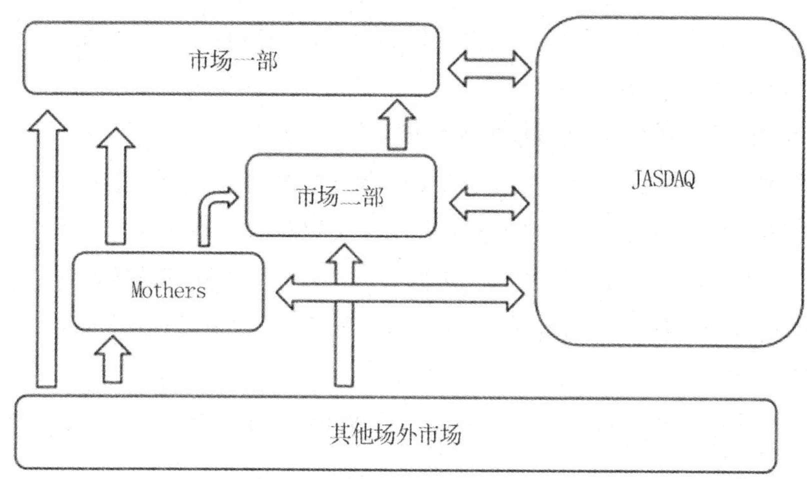

图6-3 日本多层次资本市场转板示意图

JASDAQ的转板制度非常明确，对转板至市场一部或市场二部的企业主要侧重财务指标，包括利润、净资产、总市值、销售额、股本数量等，以及审计意见和内部控制的要求。

根据东京证券交易所集团的数据，自2013年至今，从JASDAQ转板的公司个数达到190家，其中43家转至市场一部，147家转至市场二部。2015年达到近五年JASDAQ转板的高峰，之后转板速度减缓。JASDAQ市场虽然获得了独立交易所的地位认可，但是转板依然活跃，也从侧面反映出JASDAQ市场的吸引力不足。

第二节　国内资本市场

一、中国资本市场的发展历程

从我国资本市场发展三十多年的历史看，其自创建之初就持开放心态，或者说其血液里天然带着开放的“基因”。1992 年 2 月，首只仅供境外投资者投资的人民币特种股票（B 股）——上海真空电子在上海证券交易所挂牌上市，此时距离上海证券交易所成立仅一年多时间。与此同时，我国企业也在逐步利用国际资本市场开展融资活动。1993 年 7 月，青岛啤酒成为首家在我国香港交易所公开发行股票（H 股）的国内企业（早在 1982 年年初，中国中信公司在日本金融市场曾发行 100 亿日元私募债券，成为新中国成立后中国公司第一次在国外发行的债券）。

进入 21 世纪，我国资本市场开放大幕徐徐拉开。

2002 年年底，经反复论证，并借鉴其他国家和地区资本市场开放的经验，合格境外机构投资者（QFII）制度正式出台，外资真正意义上可以参与 A 股的买卖交易。

2005 年 10 月，世界银行下属的国际金融公司（IFC）和亚洲开发银行，先后在我国银行间债券市场成功发行了 11.3 亿元、10 亿元人民币债券，开启了外国机构在境内资本市场发行债券（熊猫债）之旅。

2006 年，为满足境内机构和个人对外证券投资和资产配置的需求，合格境内机构投资者（QDII）制度推出。

2011 年年底，为扩大跨境人民币的使用，鼓励境外机构和个人持有人民币资产，拓宽人民币回流和投资渠道，人民币合格境外机构投资者（RQFII）制度率先在中国香港落地，后陆续拓展至韩国、新加坡、日本、欧洲、中东等主要国家和地区。

2014 年 11 月，首个资本市场基础设施互联互通项目——上海与中国香港股票市场互联互通（沪港通）正式开通：境外投资者可以委托中国香港经纪商直接买卖上海证券交易所上市的股票（沪股通）；同时，内地投资者可以通过本地证券公司直接买卖港交所上市的股票（港股通）。这极大便利了投资者跨境证券交易。

2015 年，经两地监管部门（中国证监会、中国香港证监会、国家外汇管理局）近两年的精心准备，内地与中国香港基金互认安排正式签署。经中国香港证监会批准的公募基金，在符合相关条件的情况下，经中国证监会认可后可以在内地销售；同时，内地注册的公募基金也可以到中国香港市场销售。

2016 年，银行间债券市场全面向外国机构投资者开放（CIBM），且对外国投资者参与投资不设门槛，也无额度限制，资金汇出入自由等，真正实现了内外资同等待遇。

2016 年 12 月，深圳与中国香港市场股票互联互通（深港通）开通。

2017 年 7 月，内地与中国香港债券市场基础设施互联互通［“债券通（北向通）”］开通，海外投资者可以通过中国香港金管局的债务工具中央结算系统（CMU）直接购买内地银行间债券市场债券。

2018 年，我国商品期货市场正式对外资开放，先后启动了上海期货交易所（上海国际能源交易中心）的原油期货、大连商品交易所的铁矿石期货，以及郑州商品期货交易所的 PTA 期货等。

2019 年年初，经国务院批准，决定在上海证券交易所设立科创板并试点注册制，明确境外注册的红筹企业可通过发行股票或存托凭证（CDR）的方式在科创板注册上市；2020 年 2 月 27 日，注册在开曼群岛的华润微电子有限公司首次公开发行股票并在上海证券交易所科创板正式挂牌上市，成为红筹第一股。

2019 年 9 月，经国务院同意，中国人民银行、国家外汇管理局宣布取消 QFII/RQFII 投资额度限制，取消 RQFII 试点地区限制，并于 2020 年 5 月下发《境外机构投资者境内证券期货投资资金管理规定》，具体落实了取消投资额度的要求。至此，实施 17 年之久的合格境外机构投资者额度管理成为历史。

二、我国资本市场的特点与问题

从建立至今 21 年，我国资本市场总体判断依然是“新兴加转轨”的市场。“新兴”，是指与国外成熟市场数百年的发展历程相比，我国市场起步晚、发展时间短、成熟度不够，存在一系列基础制度的缺失；“转轨”，是指脱胎于计划经济向市场经济的转轨，市场化程度不高。

我国资本市场现阶段的主要特征和问题包括以下几个方面。

（一）市场发展水平不能满足我国广大企业和投资者的投融资需求

与一些发达国家金融产业发展过渡不同，我国金融体系中直接融资比重偏低，多层次资本市场体系尚未建成，总体来说，不能满足我国经济和社会的需求。我国经济中存在企业和资金“两头过剩”的结构性缺陷，一方面大量中小企业面临融资困境；另一方面大量社会富余资金流动到全国各地甚至海外，成为炒房团，甚至投机于棉花、绿豆等。

从多层次资本市场的结构来看，美国股票市场中，纽交所有 2311 家公司，纳斯达克 2717 家，场外报价市场 2385 家，粉单市场 6199 家，灰色市场 6 万多家，大致呈金字塔状，结构相对稳定合理。而我国市场结构像一个倒金字塔：主板 1405 家，中小板 610 家，创业板 258 家，中关村代办转让系统 115 家。我国股份制公司有 10 多万家，仅中关村科技园区符合创业板上市条件的公司就有 1000 多家，浙江省年销售收入超过亿元的企业就有 1 万多家。因此，多层次资本市场，尤其是场外市场建设的任务非常紧迫。

同时，我国的交易所债券市场不够发达，衍生品市场才刚刚起步。在这些方面我们还有相当大的发展空间。

（二）市场的投资回报未能充分显现

近年来，由于国际国内诸多因素的影响，市场的投资回报未能充分显现，市场的表现也与国民经济的增长不尽同步，投资者的信心受到了严峻的挑战。我们应该更加关注市场的可持续发展能力，在各项改革措施的推动过程中，更加注重统筹协调，强化保护投资者利益的各项机制。

与此同时，尽管取得了长足的进步，我国市场的投资文化仍有较大的改进空间。以代表市场投机性的投资者换手率为例，2007 年，全球主要市场的换手率均在 100% 左右，而我国市场的换手率超过 900%，尽管这两年有很大的降低，但仍然远高于其他市场。我们需要进一步加强投资者教育工作，引导市场走向更加理性和成熟的发展阶段。

（三）市场化水平不足

受所处历史阶段的限制，我国资本市场的市场化程度不足。市场化改革是客观要求和历史趋势，而改革又是一个系统性工程。在改革的过程中，行政手段逐步放松，市场本身的奖惩和约束机制又尚未建立起来，很容易出现问题。同时，市场的快速发展，也要求现有的法律法规不断作出调整、补充和完善。

例如，近年来，包括私募股权投资基金、私募证券投资基金在内的非公开募集基金快速发展，在培育创新企业和满足社会投资需求等方面，开始发挥积极的作用。特别是私募股权投资基金，管理资产规模接近 1 万亿元，每年为上千家企业提供 1000 多亿元的资金，对创新型中小企业的成长提供了大力支持。但募集过程不规范、误导投资者的情况也时有发生；更有利用私募股权投资基金的名义进行非法集资、诈骗的情况发生，危害较大。因此，我们亟须通过修订《证券投资基金法》，将私募股权投资基金纳入调整范围，确定其法律地位，保护投资者，促进行业的健康发展。

（四）我国资本市场和证券业的国际竞争力有待提高

尽管我国股票市场规模很大，但市场的深度和广度与发达市场还有很大差距，抗冲击能力远远不足。我国证券期货经营机构与国际同行相比也总体实力偏弱，不能满足我国经济国际化的需求。每年我国企业参与上万起海外并购，但没有一家我国券商能够为他们提供财务和战略咨询的服务。同时，人民币国际化的进程也对资本市场的国际竞争力提出了更高的要求。

第三节　我国资本市场未来发展

中国资本市场发展对推动我国法制建设，实现公司制度现代化发展，推动上市企业会计与信息披露标准和国际接轨具有重要意义。但是我国资本市场发展尚处于初期加转轨阶段，发展深度与广度仍需强化。在国际经济领域中，各个国家都在积极探求全新的经济增长点，我国作为服务与实体经济的资本市场要抓住发展机遇，在掌握各项改革发展成就基础上，要划分今后发展方向。

一、我国资本市场的改革与发展成就

（一）股权分置改革

股权分置属于我国历史遗留的制度问题，股权分置就是上市企业股东持有社会公开发行股份在证券交易所中进行上市。在全面公开发行之前股份并不上市交易，此股就是非流通股。此类同一上市股份主要是流通与非流通股，在我国内地市场证券市场所占有。此制度在实施中，有较多大股东会过多担心股价涨跌，将难以从根本上维护较多中小投资人员自身利益，对资本市场配置提出较多限制性因素，对我国经济改革深化发展具有较大负面影响，导致我国资本市场难以规范化发展。

所以我国证监会开始注重对股权分置问题进行全面判定，促使中国资本市场能回归本源。股权分置改革成就在于全面落实股权分置改革各项政策要求，能最大程度满足资本市场发展新形势要求，为资本市场工具应用促进公司发展奠定基础。从企业角度来看，通过股权分置能有效引入市场化激励以及约束机制，建立自我完善机制以及外部监督机制，完善企业法人结构。针对流通股股东，通过股权分置改革，对流通股股东权益进行保护。

（二）提升上市公司质量，清理大股东占用上市企业资金情况

证券市场发展为各个上市公司进行服务，是我国社会经济全面发展中具有较大运行优势的群体，也能为资本市场投资价值提升提供重要动力。在证券市场发展中，诸多大股东对上市企业资金大量占用。在初期资本市场建立过程中，有较多上市企业股权文化发展观念不足，针对各项资金缺乏认识。此类认识不足将限制我国上市企业健康稳定发展，部分上市公司连续性亏损，对企业及相关股东权益产生较大损害。

当前注重对大股东占用上市资金现状进行清理，能全面构建良好的市场经济秩序。可以构建更为规范化的产权制度，全面推动资本市场全面发展，积极建立诚信文化。在各类长效化管理机制牵引下，促使资本市场中社会资源合理配置，对推动社会经济发展具有较大促进作用。

（三）证券公司综合治理

在资本市场中证券公司是重要中介性组织，对推动资本市场发展具有重要作用。在初期证券公司管理中，诸多管理人员管理理念受到我国传统银行体制发展影响，认识问题突出。在证券公司综合治理中对各类认识偏差进行合理调控，是资本市场发展初期主要建设任务。各项基本制度建立过程中，对此类偏差进行合理纠正是重要任务。在证券公司综合治理中，促使积累的风险要素能有效控制，全面解决财务信息虚假、客户资产随意挪用等问题。建立完善的风险防控机制，促使多项制度能全面落实，各项创新化发展活动能接连启动，行业发展整体格局开始全面优化。

（四）补充机构投资者数量，健全资本市场法制

在我国资本市场发展背景下，投资机构投资人员整体数量得到有效补充，部分机构实现全面优化。在实施多元化机构投资中对稳定市场经济发展，提升投资效率有重要作用。近年来，诸如基金此类机构投资者全面发展，促使原有资本市场主流投资模式开始产生相应变化，长期投资、社保资金、保险等机构也开始进入资本市场发展中，开始对传统投资机构发展不平衡问题进行控制。我国早期资本市场发展中，各类行政规制在初期发展阶段主要是集中资源进行经济建设，促使多项机制补充完善。在资本市场国际化发展中，注重建立完善法律规制，注重法律意识全面培育是资本市场发展中的重要任务。资本市场经过一段时间发展逐步回归到证券市场发展本源，资本市场中的本源功能在不断完善，开始和国际领域有效接轨，但是仍有较多目标要实现。

（五）推进人民币资本项目可兑换，引入境外资本

近两年全球经济整体延续复苏态势，我国经济发展稳中向好，供给侧结构性改革稳定推进。金融市场多项改革及对外开放全面落实，将确立稳定、均衡、双向流动的跨境资本流动格局。在我国经济内生动力增强中，我国在外汇市场整体稳定、国际收支平稳运行格局不会发生变化。深化外汇管理改革，可以推动金融市场双向开放，推进人民币资本项目可兑换，可构建更具有竞争力的外汇市场。全面落实贸易投资自由化便利政策，实践准入前国民待遇与负面清单管理制度，引入更多境外资本来华投资。这样能对跨境资本风险进行控制，保障外汇储备安全，保值增值，构建稳定的国家经济金融环境。

二、我国资本市场未来发展方向

（一）提升融资比重，完善资本市场资本形成机制

从 2015 年，我国工业发展进入后期阶段，此阶段农业比重不断降低，工业比重相对稳定，但是内部发展结构产生较大改变。往后发展中能源原材料主导工业开始朝着技术含量与加工度较高的制造业方向转变，产品生产结构开始从生产资料向消费资料转变，此时要注入较多资金进行推动。所以，在社会经济发展中资本市场是服务经济的重要部分，当

前要注重优化资金供给结构，调整融资比重与股权融资比重。

（二）优化资本市场并购重组，推动经济结构合理调整

在资本市场发展中，各个上市企业是重要推动力量。但是当前有较多上市企业工业机构以及产品发展结构趋于相似，资源消耗总量较大，产出效益较低。所以当前要注重进行并购重组，部分上市公司基于并购重组对原有产业发展结构进行调控，推动产业升级发展，对各类弱势产能企业进行淘汰，能推动我国社会经济全面发展转变。最大程度突出资本市场发展功能，对经济实力较强的企业进行并购重组，能有效突出资本市场发展职能，服务于国家宏观经济建设目标。

（三）建立能全面推动企业自主创新的资本市场制度

在当前社会经济紧张的发展局势中，我国在经济发展中开始积极探求更多全新的增长点。在全面建设小康社会发展中，要注重突出自主创新发展能力，发挥科学技术推动作用。资本市场要结合服务企业变化进行变化，依照创新型企业发展特征，要拟定弹性作用突出的制度体系，推动中小企业创新发展。

（四）推进人民币国际化，支持更多企业走出去

在人民币国际化及多项战略深入发展背景下，在对外投资重点领域中，要全面抓住全球新一轮基建投资浪潮。针对各项基础设施需求量快速增长发展契机，要全面注重中国基建走出去战略。强化境外能源、资源领域合作，在各类新兴产业、行业发展中扩大投资。还要分析输出过程产能，带动周边区域国家经济发展，有效缓解国内产能过剩压力。要全面推动市场合资并购，全面拓宽通过人民币展开投资的渠道，开展跨境人民币贷款、权益项目融资、人民币债券融资。建立完善人民币基金，主要是通过人民币方式对境外各项基础、能源项目建设等进行投资。其中要附带购买更多国产产品及生产设备等，保障更多企业走出去。

本章案例

一、案例简介

（一）聚美优品公司介绍

聚美优品的前身是团美网，是一家主营化妆品限时特卖团购的B2C电子商务网站，由陈欧、戴雨森等于2010年3月创立。聚美优品首创“化妆品团购”营销模式：每天在网站推荐若干款热门化妆品。2010年9月，团美网正式更名，启用聚美优品新品牌。聚美优品于2014年5月16日晚在纽约证券交易所正式挂牌上市，股票代码为“JMEI”，成为中

国第一个赴美上市的垂直化妆品电商公司。其 IPO 发行价格为 22 美元，为 3 年以来第一次同时实现定价高于价格区间。扩大了发行规模的赴美国上市的中国企业案例。

（二）聚美优品私有化案例回顾

2014 年 5 月，聚美优品在纽交所正式挂牌上市，这是一家只用了 4 年就成功上市的行业新星。股票代码为“JMEI”。2015 年 5 月，聚美优品 CEO 陈欧公开透露私有化计划。2016 年 2 月 17 日，聚美优品宣布，陈欧和红杉联合，要求将美股私有化，每股单价约为 ADS7 美元。交易一旦完成，聚美优品将从纽约交易所退市，成为私人公司。但这一价格远远低于发行价的 22 美元缩水了 68.2%，从而引起了中小股东们的强烈不满。

2016 年 2 月 26 日，中小投资者组成维权群进行维权，个别股东甚至告到了美国证监会。2016 年 3 月，聚美优品的中小投资者集体筹划通过集体委托海外律师诉讼、在国内法院起诉聚美。

2017 年 11 月 27 日，聚美优品撤回私有化要约，宣告本次长达 21 个月的私有化计划被搁浅。

2020 年 1 月 12 日，以聚美陈欧为代表的买方团时隔四年后再次提出私有化要约。

二、案例相关建议

（一）本案例企业

1. 修复管理漏洞

聚美优品由于宣布私有化时忽略了或者说是故意忽视了中小股东的利益，也损害了众多投资者的利益，失去了信任，招来各界投资者的不满，以至于最后遭到中小股东的集体诉讼。

由此，聚美优品应该首先从自身角度找问题，明确自身的信息公开工作，树立让投资者及股东们信任的好形象，做出一些实际行动让投资者看到自己的决心，做出便于第三方了解和熟悉公司基本情况方面的改进。

除此之外，公司管理者需要做到及时的问题反馈并提出解决方法，更深一步搜查出管理方面的疏漏和问题。在加强与各界的沟通方面，聚美优品首先可以聘请熟知美国文化与资本市场法律的财务顾问及法律顾问，避免由于中美文化地域差异带来的损失。其次从自身角度出发，充实自己的海外资本市场运营知识，学习并熟知相关政策，与相关部门沟通交流，获取监管动向，加强内部的管理改进企业存在的问题，时刻准备应对可能的潜在风险。

最后在人员管理方面，应该尽力获取内部员工的信任与理解，支持管理者的决定并使其信服。

2. 重塑企业形象

此次私有化事件不仅给聚美优品带来了恶劣的口碑影响，也让中概股企业的声誉受到损害，聚美优品若想重新恢复名誉和口碑，需要企业内部做出明确调整，持有可持续发展的态度，从各个方面着手改善企业形象。与国外投资者积极交流，为股东价值最大化获取有用信息，给广大客户提供优质的产品和服务。反思总结过去并立足现在的经验为未来的发展做出努力。

由于“隐瞒真实数据”“误导性欺骗消费者”等一系列问题导致业绩下滑，正品与否是作为一个电商平台生存的基本，是让消费者信任这个品牌的基础，聚美优品发布通告，希望得到广大用户谅解，并果断切掉涉假风波的各个一线大牌业务，优化供应链管理，通过合法合约的方式引进国外一系列知名化妆品品牌，重塑企业的正品平台形象，这也让聚美优品在新业务方面取得了一些小成果，业绩得到上涨把握住了新的机遇。

因此，此次遭到集体诉讼的聚美也应及时作出应对，发出公告拿出正面的证据与解释，并主动修复之前所遗留的问题，来挽回企业的形象。

3. 正确处理诉讼问题

聚美优品应该着手于当下的诉讼问题，维护并改善在人们心中的形象，自假货风波和私有化风波之后，聚美优品都没有给大众一个正面合理的解释，碰到了中小股东的底线，因此遭到集体投诉，私有化也以失败告一段落，聚美优品在大众心中的形象已经一落千丈。

聚美优品应该拿出正确的处理态度，与投资者们积极交流，避免大家的不满情绪加重。企业的商业模式还要完善，弥补漏洞，挽回在大众媒体眼中的品牌形象，为未来的发展作出合理安排。聚美优品的形象必须优化，具体可以参考自身实际，结合自己当前的资本、行业发展现状，预估好未来市场，根据自身经营能力来优化企业形象，让投资者信赖，让用户放心，以占有一定的市场份额，全面提升企业核心竞争力。

4. 部署新战略

聚美优品完成私有化之后，应当积极探索新的发展方向。私有化对企业未来的发展影响很大，企业必须调整战略，研究私有化之后如何成功上市。私有化一旦失败，因此产生的诸多矛盾应当可以解决，企业战略风险管理水平得以提高。聚美优品私有化受到多方非议的原因很多，典型的原因就是私有化导致创始人和小股东之间产生不可调和的矛盾。这种矛盾得不到有效处理，企业的战略风险会一天天增大。据此看来，聚美优品如果能够根据利息群体的特性建立新的激励机制，找到大家的利益来源，明白冲突的本质，合理约束各方的不当行为，就有可能在公司内部建立起利益共同体。与此同时，企业管理层应当熟知美国相关法律法规，按照美国资本市场的需求来提升股票价值，增强股票流动性，完善企业战略风险治理机制，让美国境内的企业对中概股产生信赖，愿意投资。

5. 考虑再次私有化风险

美国证监会对证券交易有严格规定，中概股企业私有化过程中，要想收购其他股东的股票，只能使用现金。然而，聚美优品选择私有化的一个原因就是利益受损，股价连续下跌，在拓展多方业务的情况下正面临着不稳定的股权结构、阶段性不盈利等经营状况。此时有三种方式解决这个问题，一是向各类财团借钱；二是以贷款的方式从银行借钱；三是自掏腰包拿现金出来。融资不确定导致企业私有化面临巨大风险。同时，私有化时，企业要注销联系股权和外资，可能会面临高额税费，大概是资金的20%左右。据此看来，聚美优品私有化时应当考虑清楚如何融资，提前准备相关方案。

（二）其他上市企业

我们将分析角度换成中概股企业。每个企业在上市之前应该严谨地分析和评价企业的内外部因素，了解在境外的市场投资遵循的原则并且与境外投资者交流意见。在境外投资的过程中，一个价值低估的市场，不利于企业的发展，中概股企业应寻找合适的上市地点，端正投资目的；在私有化退市的过程中也需持有负责的态度。

1.赴美上市可能导致价值被低估

在美国上市，聚美优品的价值估值低。在美国，投资者形成普遍认知，认为中概股的价值都不高，很多企业在此上市的地位极为尴尬。低估值的长期存在可能会导致企业市值长期被低估，投资者或投资机构对企业不感兴趣，也就不会投资，成交量不断减少，还会降低企业市值。低估值及缺少兴趣会让企业无法引入美元，还在上市不能使用人民币。这种情况下，企业资本难以扩张，新产品研发“胎死腹中”。最终，海外上市企业竞争力低下，市场不断萎缩。

公司价值大多数由其盈利能力决定，盈利能力由公司现有资产决定，这些资产包括有形资产和无形资产。信息不对称导致私有化股东拥有更多信息。造成公司总资产最大价值被低估。

如果带着侥幸的心态在境外上市，对企业来说将可能会面临一个潜在的风险。审核制度和政策较为宽松是国外资本市场相对于国内市场的一个不同点，在国外市场投资之前普遍缺少比较实质性的查验，只是走一些形式的流程，用来确定不会出现情况较大的漏报和错报的情况，对于公司的业务能力和成绩也没有严苛的规定。正因如此，一些企业想在外国市场投资，通过钻法律的空隙来获得更高的收益。但现实是，境外资本市场对投资者的监控永远是进易出难，虽然投资者很容易进入市场，但是在进入之后需要遵守更加严苛的监督而且往往要为违约付出巨大的代价。

对于已经上市的中概股企业应该立足于公司全球化战略找到企业利润高增长的驱动力，努力带动企业价值重估，并还原真实利润水平。从而优化企业资源配置，促使企业价值实现最大化，避免低估值问题频发。纽约证券交易所有较为宽松的核查机制，企业无须实现“连续两年盈利”这一目标，然而国内的股票市场往往需要实现三年盈利。纽约证券交易所的除牌系统已经在股权分散、企业资产规模、所有制的体系和公司的业绩有了更加具体的要求。如果企业没有遵循这些能够实现连续上市的要求，他们将面临被移除市场的危机。另外，投资企业在接受众多中介企业监管的同时，还需要被证监会和交易所监督。

除此之外，做空机构也持续紧盯投资企业不放，以抓住公司的一切不正当的行为作为目标。因此，投资者应该抱着正确的心态在海外投资上市，把融资当作其最主要的目标，并谨慎选择上市地点。

企业在上市之前往往需要关注几个重点。一是企业是否掌握对未来收益有较大影响的战略方案；二是融资问题是否必须通过赴美上市的途径解决；三是公司原有股东能否接受新股权所有者和投资者的加入；四是企业的眼前利益和长远发展之间的冲突可否达到一个平衡点，即在上市之后，企业的全部获利超过在上市之前所需所有成本的总值。

2. 选择合适上市地点

投资者应该将企业特色和企业文化纳入能否在境外上市的考虑范畴。由于国内外市场差异较大，境外资本也许会因为没有正确认识到国内企业的价值而做出错误判断。另外，海外投资市场和国内 A 股市场市盈率不同，某些企业更适合在国内进行更快的发展。

通过半导体产业和软件产业的发展来看，这些年内地政府加大了对集成电路和软件行业的重视力度，这些行业在逐渐成为将来国家的着力点。《进一步鼓励软件产业和集成电路产业发展的若干政策》（2011）的发布着重讲了软件产业和集成电路产业作为国家国民经济和实现社会信息化的基础，是国家未来的战略性新兴产业，并且在财政税收、投资融资、科研开发、进口出口、引入人才、知识产权和市场政策等领域加大了对其的扶植力度。这些将是推动行业投资的动力，有利于将资源进行集中并且整合了相关产业，提高了龙头企业的竞争能力。

在此前提下，相关行业选择去海外上市显然是不明智的做法。因为海外投资市场的 PE 相对于国内 A 股市场来说较低，此举对我国企业整个行业资源极为不利，不利于行业发展。这种情况下，企业应当结合实际，合理评估企业海外发展的可行性。

在差异市场之间的流动性、整体市场的规模、对全局的总体价值估计和对市场检查的力度等方面都应是企业在选择上市地点前考虑的因素。

（1）企业在进行融资活动之前应该思考自身对融资的要求

企业家应该将眼光放长远，在不同视角下看企业应当如何选择最佳资本市场。证交所的发展在不同国家有不同特色。就拿美国主板市场来说，如果公司能够在美国主板上市，会大幅提升公司在国际上的信用评分，这对于将来进行资本投资非常有利。纳斯达克将目光放在高科技型的中小型规模企业的快速发展上，然而伦敦交易所则主要面对传统型企业类如金融、能源等的投资者。

（2）企业还应该将以下因素影响纳入选择上市地的考虑范围

企业现状和相关政策契合与否，语言和文化之间的差异，证交所在交易方面的流动性、何时上市、需要对上市投资的成本等。对境外市场的入市条规理解不充分是众多企业在海外市场投资失败的原因之一。像没有按时上交公司的季报表或者年报表、没有按时公开比较重要的信息、不按照相关条约进行市场交易，或者制作财务报表的时候没有参照上市地点的通用会计准则等。中概股企业需要强化自己对于信息公开的体制，并且尽可能了解国外的监察情况，对于国内外入市市场的差异做到心中有数，准备好面对风险的措施。

另外，我国企业海外上市不能盲目，要对当地的资本市场规则有深入了解。同时，内部审查力度要加大，免得美国做空机构恶意攻击企业，当然，企业也要积极调整内部管理力争做到让资本无机可乘。对于国内外语言和文化必须全面了解，针对这一问题，中概股企业应当聘请国外机构参与其中，可以在企业设置法律顾问或财务顾问。

3. 合理规划退市策略

企业应该根据真实的营业状况对保持上市还是私有化退市做出合理选择。当保持上市可以让企业价值不断提升时，上市便成为最佳选择；只不过，相关环境或条件发生改变，亦应谨慎地调研和探讨私有化退市的可行性。两种选择都是基于公司的发展和盈利状况做出的合理的选择和过渡，以实现企业的根本利益。企业的私有化退市，是一种正常的市场运行机制，不仅能够有效帮助企业避免股价持续走低，还可以避免企业被恶意收购。

退市之后，由于不用接受监管机构的审查，可以摆脱监管约束，大刀阔斧地进行企业战略规划和调整，从而降低企业的运行成本。另外，私有化行为虽在一定程度上对运行状态不佳的企业有一定好处，但是在选择退市之前，也需谨慎考虑以下几点：

（1）协调好大股东和中小投资人的利益关系，做好信息公开和股东投票，履行信义义务。

（2）私有化退市并不一定意味着经营好转。

（3）私有化过程本身有很复杂的手续和过程，耗费大量时间和金钱的同时，还面临潜在的诉讼风险，比如不能和中小股东达成协议时，很容易被中小投资者们集体诉讼。因此，即便是运营不善的企业，在选择退市的时候也要仔细考虑目前企业的运营状况、市场及行业的发展状况，从而更好地选择退市时机。其中，最为重要的两个方面是：与私募基金等行业谈好条件，签署融资协议；制定最为合理的价格，保证溢价交易，以维护各类股东的合法权益。理性看待上市和私有化退市，首先要明白，任何一家企业在证券市场的变动都不是儿戏，而会牵连起企业、投资人、金融市场三方的大变化。企业管理人要做到既不害怕、恐惧企业的私有化退市，也不能人云亦云、失去自己的判断力。要秉承着谨慎细致的态度，考察市场和自身的状况，做出理智而合理的决定。

4. 投资者应理性看待中概股私有化退市

近几年概念股热度大增，使得一些盲目的投资者仅仅关注概股公司的“概念”这一特性，而忽略了公司的真正实力。在仅考察了概念后就妄下判断进行投资，极不明智。

事实证明，部分“概念”公司确实属于优秀的资本类别，但这并不适用于所有中概股企业。投资者在考察和选择时要保持警惕，谨慎考察各个上市公司。应根据公司提供的各项具体数据反映出的相对真实的实力进行选择。除了谨慎考察上市公司以规避陷阱，投资过程中还应从更大的格局进行考虑而不仅仅是从一个公司出发，所以需要谨慎选择投资方案。当我们考虑到市场、行业的发展和动向，就不得不提及目前中概股由于部分公司行为不端，做假账，低价私有化而导致的整体市值被低估的事实。

此时，投资者在看清市场，细致考察的同时也不能因为大环境不好就丧失信心。应综合考虑，布局全局，对投资行为的操作做好把握，以求获得最大的回报率。不仅如此，就投资者自身而言，也要把握好自身的投资风格和投资理念，谨慎评估自身的投资需求和是否有足够的筹码抵抗可能的风险，最后做出选择。

退市并不仅仅只有企业出现问题时才会发生，有时候企业的私有化是在保护投资者的权益，例如，智联招聘每股美国存托股 18.2 美元的价格收购智联招聘全部股份，溢价为 14.21%，该价格比 IPO 价格 13.5 美元高出 34.81%，比一年内股票最高价每股美国存托股 16.2 美元还高出 12.35%，这种私有化就使广大投资者受益颇多。

（三）政府监管

在我国，政府有着严格的监管模式。通过对企业上市模式改革、完善相关法律法规、建立合理的私有化退市制度为企业私有化提供法律依据。

1. 完善市场机制

我国证券市场面临资本市场多层次性低的问题，具体表现在：第一，高成长性的中小企业由于盈利能力达不到标准而无法进入主板融资，这一点源于上市要求的过于严苛；第二，退市机制不完善，导致在主板上的企业很难退市。这两点导致了目前我国依然以上海证券交易所和深圳证券交易所这两个主板市场为主的低层次性证券市场的结构。这种结构极大地影响了证券市场的公平性。为了解决这种现状，需要发展更为成熟、低层次的场外市场，为中小型企业提供上升空间，为上市公司的退市保留余地。因此，为了尽可能地、尽快地保障企业能够私有化退市，投资者能够享受高成长性中小企业的发展红利的同时做好监管保证上市公司的质量，我国证券市场应该尽快完善资本市场的多层次结构，以达到共赢的结果。

我国目前已经建立主板市场、二板市场（又称创业板市场）、三板市场以及四板市场、区域性贸易市场，还可同时建立场外市场和柜台市场，借鉴海外的模式。当公司的财务状况良好，发展优秀，可以从低层次的市场如场外市场转移到更高层次的市场。当企业的财务状况不断恶化，也可以撤销在高层次市场企业的位置，将其移入低层次市场，以增加层次间的流动性。由于不同市场的企业规模不同，应制定符合各级市场的规则和要求，发挥资源配置的功能，使公司自然地在证券市场中“进退”。当资本的按照正常的规律运转的同时，也能使广大投资人获利。

2. 规范中介机构

企业在上市前需要多方机构对企业的实力、运营状况、财务状况进行评估。中介机构如券商、律师事务所和会计事务所在评估过程中发挥着主要作用。融资费用的一部分也需交予交易所或用作推广辅助用途。调查显示，上市企业的融资成本与融资规模之间的比值一般都固定为 6.8%，其中最主要的费用是审计费、律师费和承销费。融资规模相对不大的企业，中介费用的占比甚至能达到 20%。

截至 2018 年，101 家成功上市的企业募资金额合计 1354 亿元，发行费用（审计验资费，律师费，信息披露费及其他）合计 69.03 亿元，平均每家上市企业支付发行费用 6835 万元，上市公司平均发行费率 5.1%。

在如此高昂的中介费的情况下，容易产生以下两点问题。第一，中介机构能否保持自身的独立性和公允性，能否保持底线。也就是说，中介公司是否会因为中介费用而在核对过程中偷工减料，夸大公司的实际能力促使其上市；第二，除了这种直接交由中介公司赴海外上市的方式之外，有的中概股企业还会委托海外的中介公司办理审计业务。然而，由于语言不通带来的各种问题，部分海外公司在承接到这样的工作内容时也往往将其委托给国内的中介公司完成。在这一转手操作中，极容易由于信息误差导致纰漏，造成隐藏舞弊的嫌疑。因此，在监管过程中，除了对企业行为、运营状况进行细致考察之外，也要建立监督制度以保证中介机构在高昂的中介费面前保持其公允性，不会逃避相应的责任。

第七章　科创板

第一节　国外科创板发展与实践

一、实施简单高效的注册制

（一）美国 NASDAQ

美国注册制体系完备具体包括预先登记、豁免登记及州立层面注册制。豁免登记的层次同样丰富，可分为发行登记豁免、双重登记豁免、永久登记豁免三种类型；州立层面注册制主要有协调注册、通知注册、资质注册三类，这些规则都有效发挥了注册制的作用。美国注册制建立在主体活动自主原则基础上，证券发行人只要信息内容齐全、格式符合要求，就可发行证券。简而言之，就是不论规模大小、盈利状况和风险水平，公司只要能够按要求披露信息资料，无须任何联邦管理机构的批准均可上市。美国证券交易监督委员会只对证券发行人公开的资料进行形式上的审查，证券的发行行为、实质性审核和价值判断由各州证券监管机构来监管。

（二）韩国 KOSDAQ

韩国股票发行也实行注册制。首先，申请公开发行股票的公司，需要聘请一家能够帮助其准备注册材料的主承销商，同时由韩国金融监察委员会（FSC）登记的审计公司来对公司年报进行审计；其次，发行人向 KOSDAQ 委员会提出上市资格审查申请，通过申请之后向 FSC 提交注册申请。FSC 接受注册申请后，发行人就可以公开发行股票；最后，股票发行完成后，将发行报告提交给 FSC，并向 KOSDAQ 委员会提出正式上市申请。一旦申请得到批准，股票就可以自由交易。

二、建立完善的交易系统和交易制度

（一）美国 NASDAQ

NASDAQ 从成立起就是基于显示屏的证券交易市场，交易执行通过多层次高效率的电子交易系统（ECN），所有投资者都可以进行报价。与当时世界上大部分还使用手工系

统进行证券交易的竞价交易市场相比，NASDAQ 的交易系统显示出先进的技术支撑。特许交易商会垄断投资者的委托单，从而垄断价格造成利益冲突，降低了市场的流动性。NASDAQ 采用做市商制度，即多家做市商服务一家上市公司，做市商充当中介，先用自有资金或证券库存购买卖方的股票，然后再与买方进行交易。在 NASDAQ 市场上，投资者的委托单由多家做市商和电子交易系统共同处理，保证了市场定价功能的发挥、交易流动性的保持和执行质量的提高。

（二）日本 JASDAQ

JASDAQ 充分利用信息技术，建立了 TDNET（Timely Disclosurenetwork）系统，及时披露有关信息，提高市场运作效率。当上市公司利用 TDNET 系统进行信息披露时，只需停牌 30 分钟后即可重新开始交易。在市场交易制度方面，新 JASDAQ 市场引入流动性提供商制度（LP）。JASDAQ 市场曾经采用连续竞价拍卖和做市商的混合交易制度，后改为全部采用连续竞价拍卖的交易制度，但成交量和市值都不是很理想，因此最终导入 LP 制度。在 LP 制度下，流动性提供商同时扮演着买方和卖方的角色，充当交易桥梁，大大提高了资本市场的流动性。

（三）韩国 KOSDAQ

KOSDAQ 是一个没有专门做市商的委托交易市场，采用的是单一竞价交易制度，但承销商在某些条件下可以做市（如新上市股票发行价格跌到发行价格的 80% 等）。KOSDAQ 通过限制价格涨跌幅和暂停交易两种措施来稳定资本市场，避免市场出现震荡。

三、市场内部分层

（一）美国 NASDAQ

为服务国家产业政策，吸引互联网科创型企业上市，1982 年 NASDAQ 开始对市场分层，实行双轨制。2006 年 NASDAQ 深化市场分层，将原来的双层细分为全球精选市场（NASDAQ-GS）、全球市场和资本市场，同时为各个层次的市场制定了差异化的上市标准。NASDAQ 市场内部分层的同时，也建立起了一套高效且相互贯通的系统化转板机制，促进上市资源的自由流动和高效配置。只要满足相应规定，不同层次市场便可向其他层次转移，有主动申请转移和自动转移两种转移方式，转移手续灵活便捷。

（二）日本 JASDAQ

20 世纪 90 年代，日本证券经纪人协会引入 JASDAQ 系统。2004 年，JASDAQ 正式获准成为证券交易所。2007 年，JAS－DAQ 因市场运作效率低被大阪证券交易所收购，并通过整合形成了新的 JASDAQ。新 JASDAQ 市场有两个层次：JASDAQ Standard（标准）市场和 JASDAQ Growth（成长）市场，其中 JASDAQ Standard 市场面向已经具有一定程度的盈利水平和市场规模的企业，JASDAQ Growth 市场则面向拥有新兴技术和商业模式、发展空间大的成长型企业。由于市场特色不同，两个层次的上市标准也有所不同，JASDAQ Growth 的上市标准较 JASDAQ Standard 宽松许多。

（三）韩国 KOSDAQ

为支持国家产业政策，配合政府拉动、鼓励科技含量高的企业上市，KOSDAQ 设立之初就按照企业规模大小和主体特征，将企业划分为四种类型，即共同基金、国外企业、风险企业和非风险企业，不同层次企业上市标准不同。KOSDAQ 市场风险企业的上市标准比非风险企业低，对财务指标等要求较松，同时政府还给予这些上市公司税收优惠。在 KOSDAQ 申请上市的海外企业，不仅要满足非风险企业的上市标准，还要满足股票数量、小股东人数等方面的要求。

四、法律体系和政府政策的支持

（一）美国的法律和政策支持体系

20 世纪 80 年代，为扶持中小企业的发展，美国通过《小企业投资促进法》，帮助拓宽中小企业融资渠道。1990 年，实施“先进技术计划”，通过提供技术开发基金，加大对新兴产业的扶持和协助。1993 年，美国政府启动“国家信息基础设施行动计划”，创新发展信息技术产业。

2000 年 3 月，互联网投机泡沫破裂，大多数互联网公司被收购或清盘。只有少部分如 Amazon.Com 的互联网公司最后生存下来。2001 年爆发的安然公司财务丑闻、花旗集团和摩根大通故意歪曲事实误导投资者、美林证券勾结上市公司欺骗投资者等事件，严重损害了投资者利益，打击了投资者对市场的信心，引起了美国资本市场的诚信危机。为了提高上市公司信息披露的合规性，美国国会通过《萨班斯－奥克斯利法》（简称萨班斯法），保护了投资者利益，维护了美国资本市场秩序。2008 年金融危机后，美国颁布《创业企业促进法》并大幅修改相关证券法，服务和扶持新兴中小企业发展，促进新经济发展。除此之外，美国政府还特别给予中小科创企业税收方面的优惠政策，鼓励科创企业加大在高新技术领域的研发投入。

（二）日本的法律和政策支持体系

日本政府服务和支持中小企业发展的法律体系相对健全，主要有《中小企业基本法》《中小企业振兴资金助成法》等；此外，还建立了许多促进中小企业发展的机构，例如，在总理府设立“中小企业政策审议会”、在通产省设立“中小企业厅”、一些地方政府或派出机构也设立“中小企业振兴事业团”“商工科”“中小企业科”等机构，给予科创中小企业资金支持，防止它们破产。日本《中小企业技术开发促进临时措施法》规定指出：“技术开发得到政府确认的中小企业，可以受到融资支持、减免税收等资助措施”。日本政府积极提供税收、财政和金融等方面的支持，并运用其强大的影响力帮助创新型中小企业和科创板块持续健康成长。

（三）韩国的法律和政策支持体系

从20世纪80年代开始，韩国政府采取积极措施扶持新兴中小企业的发展。韩国《支援中小企业创业法》对有新技术和有产业出口潜力的生产企业给予创业资金和贷款支持；《关于高新技术企业金融支持法》《信贷担保基金法》都是面向中小企业提供信用担保基金。

韩国政府还制定大量强有力政策推动中小高科技企业发展，明确了KOSDAQ市场发展的详细方案，随后以场外交易市场（OTC）为基础，正式推出了KOSDAQ市场。KOSDAQ市场主要是为知识密集型和创造高附加值的高科技公司和中小企业融资，也给风险投资提供退出舞台。为了保护KOSDAQ市场中各主体的利益，韩国政府还成立了KOSDAQ上市公司协会，促进成员间友好发展。

另外，韩国政府出台一系列政策扶持KOSDAQ上市企业的发展壮大，例如给予具有高新技术的互联网上市企业资金方面的支持，为这些企业上市提供精准服务，同时鼓励和促进高科技创意产业发展，创造共同发展的良性循环。

五、充分的信息披露制度

（一）美国NASDAQ

资本市场具有严格规范的信息披露制度。美国资本市场是国际资本市场中最具代表性、效率最高的市场。“准确、公开、及时、完整”是NASDAQ信息披露的主要特点。NASDAQ要求上市公司定期提供报告，完整记录公司经营、财务、发展计划等内容，并根据指定时间定期披露公司的财务指标和经营状况。NASDAQ市场的流动性强、信息反馈及时、透明公开性高，价格决定机制和价格稳定机制也极其有效，而且资本市场的监管体制和相关制度保证信息传达得充分、全面、畅通和准确无误。

（二）日本JASDAQ

日本JASDAQ的信息披露具有“公开、适当、及时、分类”等特点。上市公司必须及时披露发生重大变化的信息，如发展方向和经营状况等方面，并且每年至少为投资者举行一次公司情况介绍会。监管部门履行关注违规公司并给予警告提示的职责，督促上市公司及时公开经营、财务等方面信息。

（三）韩国KOSDAQ

“公开、透明、及时、权威”是KOSDAQ市场信息披露的主要特征。KOSDAQ主要实行“不诚实信息披露法人”认定和“罚分制”，如将违规的公司列为“投资者关注的公司”和“被监控公司”，将违规行为进行客观量化，并纳入退市条件。KOSDAQ要求上市公司必须披露定期报告、临时报告、特殊报告和强制性披露等信息，要求非常严格。其中定期报告有三类，分别是期间报告、季度报告和年度报告。临时报告主要是披露公司财务状况和经营业绩发生重大变化等信息，特殊报告披露公司经营管理方面的重要信息。

六、严格的监管体制

（一）美国 NASDAQ

美国证券交易委员会（SEC）负责证券的监督和管理工作，统一监管资本市场的各个板块。SEC 不隶属任何行政机构，它是直属美国联邦的独立准司法机构，因此它的立法和执法行为都不受政府部门的干预和影响。只要发现市场中存在违规行为，SEC 都会根据案件严重程度对相关公司处以罚款并移交给相关执法机构。NASDAQ 的主要特点之一是上市公司的宽进严出。NASDAQ 市场开放性广，国内外公司均可进入，它的上市标准和上市成本也都远低于主板市场。但 NASDAQ 对公司上市后财务信息的披露、业务记录、利润要求的划分、管理层的连续性等要求都十分严格。

（二）日本 JASDAQ

第二次世界大战后，日本实施“护航式”监管体制，政府引导资金优先流向受其支持的相关产业。日本证券中介机构因政府施行的高标准市场准入制度而无法发展，这样的监管体制扼杀了经济活力，阻碍了市场的发育。20 世纪 80 年代后期到 20 世纪 90 年代初期，日本泡沫经济破灭后，日本政府对金融部门进行改革，一方面，证券市场上相继大胆推出了许多放松或取消管制的措施；另一方面，加强对投资者利益的保护。日本金融厅修订了证券交易法，强化了市场监督职能，完善了市场监管体制，对违规行为加大了惩罚力度，从而维护了证券市场的稳定。市场管制的适度放松和监管的法治化，使日本的证券市场变得更加自由透明，发展成为亚洲最大的科创板市场。

七、有效的退市制度

（一）美国 NASDAQ

NASDAQ 的退市制度在全球的新兴资本市场来说是比较成功的。一般来说，有主动退市和被动退市两种类型的退市制度，被动退市制度是指达不到持续上市的要求而被强制退市，强调市值、公众持股和弱化公司业绩。NASDAQ 的主动退市制度可分为 3 种类型：第一种公司转板；第二种私有化；第三种被兼并，三者皆注重独立选择。NASDAQ 市场现有 3 个层次的市场，不同层次的市场拥有不同的上市标准，拟上市的公司可根据自身的情况选择合适的市场。

首次公开募股（IPO）成功的上市企业，若无法满足持续上市的要求，将被予以摘牌。此外，美国资本市场还有“一美元退市规则”。根据规定，股价连续 30 个交易日跌破 1 美元的票面价值的上市公司，会收到交易所的警告，收到警告后 90 个工作日内上市公司要采取措施使股价上涨，否则上市公司会面临退市。NASDAQ 实践性强的退市机制切实约束了上市公司，使不符合标准的公司及时得到处理后进入退市程序。如果公司在给予的限期内不能恢复持续上市的标准，它就被强制退出市场，从而保持资本市场的健康发展。

（二）韩国 KOSDAQ

KOSDAQ 严格规范的退市制度保证了资本市场的可持续发展，它详细规定了 23 种涵盖多方面内容的公司退市情形。同时向市场公布风险高的或者违反规定的公司，并将其列为“投资者关注的公司”和“被监控的公司”，情节严重的公司会受到暂停上市或予以摘牌的处理。KOSDAQ 不仅在退市制度方面作出了严格的规定，还对操纵股价、利用未公开信息等行为进行实时监控。如出现异常情况，监管部门会向韩国金融监督院通报并立即进行实况调查。

第二节　我国科创板发展历程

我国股票市场已有近三十年的历史，通过活络资金、优化资本配置，为社会经济的发展做出了重大贡献。作为市场经济的“晴雨表”，股票市场也反映了国民经济的运行状况，向市场和投资者释放信号，对经济形势作出判断与预测。股票市场与经济发展的作用机制是相互的，这是学界早已达成的共识。资本的有效流动对经济的影响不可小觑，回顾我国股票市场发展的历史，不难发现，每次新兴证券市场板块的设立总是对经济发展起着深层次推动作用。

一、科创板的历史演进

我国在资本市场改革上的步伐从未停止，科创板的提出与设立也并非突发奇想和空穴来风，而是建立在过去资本市场改革推进的宝贵经验基础之上的，是政府经过深思熟虑后的一项重要举措。

科创板俗称“四新板”，是专为科技型和创新型中小企业服务的板块，是上海建设多层次资本市场和支持创新型科技型企业的产物之一。

在 2015 年的时候，上海股权托管交易中心曾推出“科技创新板”，全名叫作“科技创新企业股份转让系统”，这个“科创板”成立时的初衷，属于初创期、成长期的科技型、创新型企业都适合在此挂牌。另外，海南也有“科创板”，由海南股权交易中心启动。

所以说，今天新出的科创板跟之前的概念有所不同。在上交所设立科创板是首提。

证监会称，科创板旨在补齐资本市场服务科技创新的短板，是资本市场的增量改革。设立科创板的目的在于让一些尚未盈利但具有成长潜力的科技型创新型企业，得到更多资本支持，从而促进风投市场的规范性和扩大流动性。因此，科创板将在盈利状况、股权结构等方面作出更为妥善的差异化安排，增强对创新企业的包容性和适应性。鼓励中小投资者通过公募基金等方式参与科创板投资，分享创新企业发展成果。

（一）流产的国际板

2007 年，我国首次提出在上交所设立国际板，希望邀请境外注册公司到中国境内交易所发行以人民币计价的证券。当时讨论的两种发行方式包括：

1. 通过直接在新板块进行 IPO。

2. 以 CDR 的方式发行证券。

两种发行方式各有利弊，由于《公司法》规定我国境内交易所只允许境内公司挂牌交易，直接 IPO 需要修改相关法律法规，而 CDR 则对人民币汇兑有较高的限制和要求。彼时，从央行到交易所，都在对国际板进行顶层设计和制度准备。

但 2012 年 6 月后，证监会或上交所始终未公布国际板的具体推出计划或推出时间，国际板的推出预期趋于殆尽，默示这一板块悄然终结。

在国际板流产之后，2014 年证监会公开表示首发企业不再根据自身 IPO 发行股数选择上市板块和交易所，即上市企业可以根据自身意愿选择上市地点，为待上市企业提供了选择的权利，同时给上交所提供了吸引高市盈率创新行业和企业上市的新机遇。上交所于此时提出开设战略新兴板，基本定位是吸引战略性、创新型企业来沪上市并与主板互通发展，以拓宽资本市场覆盖面。

（二）沉寂的战略新兴板

2015 年 6 月，国务院印发《关于大力推进大众创业万众创新若干政策措施的意见》提出，推动在上交所建立战略新兴产业板，定位于服务规模稍大、相对成熟的战略新兴产业企业。2016 年年初，中国股市经历深度回调。筹备三年的战略新兴板被移出人大“十三五”草案。上交所对于这一新兴板块的尝试归于沉寂。虽然最终并没有推行，但可以看作是科创板的前身，为科创板的提出埋下了伏笔。

2015 年 11 月 20 日，上海股权托管交易中心的“科技创新企业股份转让系统”（以下简称“科创板”，亦称 N 板）正式获批，并于 12 月 28 日举行开盘仪式。这是为地方区域内的科技型、创新型中小企业量身打造的板块，助力这些科技创新企业与资本市场对接。2015 年 12 月 22 日，上海股交所设立“科创板”，拟试点推动全国科技金融改革创新。股交所的“科创板”聚焦的是科技创新企业，这类企业初期都有难盈利的特点，因此，股交所“科创板”的挂牌条件中并未设有“盈利”这一项。

科技创新板聚焦在科技创新企业，一开始取名“四新板”，考虑到要辐射全国，故更名为“科技创新板”，登陆上海股权交易中心。由于届时该中心已经有“E 板”和“Q 板”，所以科创板也称为“N 板”，目前 Q 板的 4500 家企业全部可转到科技创新板来。

在上海股交所“科创板”推出 1 年后，上交所曾想设立一个新的板块，叫作“战略新兴板”。彼时，战略新兴板还被列为证监会2016年的五大重点工作任务之一。彼时业界人士认为，“战略新兴板”的对标就是创业板。上交所“战略新兴板”的挂牌条件与上海股交所的“科创板”基本吻合。根据当时的规划，股交中心的“科创板”将与上交所的“战略新兴板”对接，由于挂牌条件基本吻合，所以当科创板中的企业满足战略新兴板的挂牌条件时，可以便捷地转板。

也就是说，上交所战略新兴板和上海股交所的科创板同属于上海市建设科技创新中心的战术组合。战略新兴板对应的是尚未盈利，但已具有一定规模；而科创板对应的是中小型科技创业企业。

（三）注册制的安排由来已久

2015年12月27日，第十二届全国人民代表大会常委会第十八次会议审议通过《关于授权国务院在实施股票发行注册制改革中调整适用〈中华人民共和国证券法〉有关规定的决定（草案）》的议案，明确授权国务院可根据股票发行注册制改革的要求，调整适用证券法关于股票核准制的规定，对注册制改革的具体制度作出专门安排。

（四）注册制试点的科创板正式推出

提到科创板，我们一般会联想到战略新兴板及CDR。今日上交所提的“科创板”并非上海股交所的“科创板”，而是一个独立概念，对标的应是此前一直被提的“战略新兴板”。

随着新经济的发展，大批互联网企业纷纷成长，其对于资本市场的诉求和国内资本市场的制度准备并不匹配，导致这些新经济企业纷纷赴海外上市。在这种诉求叠加战略新兴板计划流产的情况下，2016年央行再次重提CDR（中国存托凭证）。

2018年，CDR正式被提上议程，3月30日，国务院办公厅转发证监会《关于开展创新企业境内发行股票或存托凭证（即CDR）试点的若干意见》，发行对象是市值不低于2000亿元的境外上市红筹企业，应符合市场战略、掌握核心技术，属于互联网、大数据、人工智能等高新技术领域。试点企业属于互联网、大数据、云计算、人工智能、软件和集成电路、高端装备、生物医药等高新技术和战略新兴产业，也是支持科创企业发展的重要举措，为科创板的提出奠定了基础。

2018年11月，作为注册制试点的科创板正式公布。证监会表示科创板挂牌企业或将以尚未进入成熟期但具有成长潜力，且满足有关规范性及科技型、创新型特征的中小企业为主，其中具体包括3类企业：第一，初创企业，尚无利润但具有成熟技术，市场前景较好；第二，已从研发走向产业化的企业；第三，符合国家战略性的企业（如新能源、新材料行业等）。

科创板与战略新兴板略有不同的是：战略新兴板的上市要求介于创业板与主板之间，对新兴企业的成熟度有一定要求；而科创板包容性更强，囊括了初创企业，进一步扩大了资本市场覆盖面。

而对于创新企业 CDR，科创板或将成为 CDR 的另一种回归途径，通过科创板吸引中概股回归、配合 CDR 试点，有利于降低存量改革的负面影响；同时，科创板的设立也有助于上海国际金融中心和科技创新中心的建设。

此次不仅推出科创板还要试点注册制。所谓注册制，就是证券发行申请人依法将与证券发行有关的一切信息和资料公开，制成法律文件，送交主管机构审查，主管机构只负责审查发行申请人提供的信息和资料是否履行了信息披露义务的一种制度。其最重要的特征是，在注册制下证券发行审核机构只对注册文件进行形式审查，不进行实质判断。

首次尝试引入的注册制，是上海科创板的一张王牌，注册制作为国际成熟资本市场的重要上市制度，采取“简易注册程序”，即由三位 PE/VC 领域大佬共同推荐一家企业挂牌，科创板将开启绿色通道，直接允许保荐机构运作企业挂牌事宜，其他企业采取普通注册程序。这一举措会大幅提高挂牌审查效率。

二、科创板发展现状

（一）市场规模较小

目前，科创板受理企业共 119 家，其中审核通过的仅有 3 家，多数处于回复和问询状态。从拟募集资金的额度来看，119 家企业中拟融资规模在 0～15 亿元范围内的企业约占九成，15 亿～30 亿元范围内的企业只占一成。从营业收入来看，119 家企业 2018 年平均营业收入达到 14.52 亿元，其中中国通号的营业收入最高，为 400.13 亿元，营业收入最低的佰仁医疗也达到了 1.11 亿元。从资产规模来看，119 家企业 2018 年平均资产规模达到 22.66 亿元，较 2017 年提高 16.60%。总体来讲，多数科创板受理企业具有“小而精”的特点。

（二）主体分布不均衡

虽然科创板受理企业仅有 119 家，但其在行业、地域等方面存在着较大的差距。从行业分布上看，新一代信息技术产业、生物产业、高端技术产业分别有 50 家、28 家和 18 家企业，分别占据科创板市场企业总数的 42.02%、23.53% 和 15.13%。可见，绝大部分科创板受理企业都是符合国家发展战略、突破关键核心技术、市场认可度较高的高科技创新型企业。从地区分布上看，北京、江苏、上海、广东和浙江的科创板受理企业分别有 27 家、20 家、18 家、17 家和 11 家，其余各省或直辖市受理企业数量仅占总体的 20% 左右。可见，企业在地域分布上不均衡，东部发达地区受理企业数量较多，中西部地区较少。

（三）研发能力参差不齐

科创板是顺应新时期创新驱动发展的国家战略需要，通过资本市场提高科创类企业融资能力，减少其融资风险，增强其科技创新能力。研发的人员投入和资金投入是提高创新能力的人力和物力保障，对于衡量一个企业的科技创新能力具有重要的参考意义。

从研发费用来看，119 家科创板受理企业 2018 年平均研发费用为 0.94 亿元，中国通号研发费用最多，为 13.8 亿元，洁特生物最少，为 0.09 亿元；平均研发费用占比为 11.27%，微芯生物的研发费用占比最大，为 55.85%，木瓜移动最小，为 0.71%。从研发人员来看，119 家科创板受理企业 2018 年平均研发人员 196.65 人，中国通号研发人员最多，为 3676 人，普元信息最少，为 0 人；平均研发人员占比为 26.21%，连山科技的研发人员占比最大，为 84.05%，普元信息最小，为 0。可见，各个企业之间的研发投入差别较大，创新能力也参差不齐。

三、科创板区别于其他新兴证券市场板块的特点

在我国的多层次资本市场体系中，目前股票市场主要存在着主板、中小板、创业板、新三板等板块。科创板的推出将进一步丰富我国多层次资本市场的内容，并在现有板块的基础上，借鉴经验、改革束缚，实现科创板的创新性建设。将科创板与其他板块进行对比分析，寻求科创板的创新性定位，有助于认识科创板对我国经济的独特影响。科创板的推出处在我国经济转型的关键时期，要发挥其特殊效用，就应在服务对象、上市制度、退市制度、交易机制等核心机制上做出有别于其他板块的创新。

（一）服务对象

建设多层次资本市场的目的在于满足不同层次企业的融资需求、不同投资者的风险偏好，以优化资本配置、分散投资风险。在我国现有资本市场层次的划分中，主板市场的服务对象主要是大型蓝筹企业，这类企业处于成熟阶段，具有规模大、经营效益好、业绩稳定等特点；创业板市场主要满足处于成长期的“两高”“六新”企业的融资需求，该类企业处于快速成长期，风险较大，具体表现为经营效益不稳定、规模较小、产品尚未完全成熟；新三板全称为“全国中小企业股份转让系统”，属于场外市场，主要服务于创新型、创业型、成长型中小微企业，这类企业的特点为规模较小、盈利模式尚未形成。

从设立的目的来看，科创板主要服务于高科技创新型企业，重点瞄准集成电路、人工智能、生物医药、航天航空、新能源汽车等关键领域。由此看来，科创板服务的高科技创新型企业主要处于高新科技产业和战略新兴产业，能够有效对接科技发展前沿，具有新技术、新模式、新业态等特点。这类企业应当具有一定的规模和稳定的收入，但由于高新科技产业仍在发展阶段，因此对其的盈利要求可适当放宽或不设盈利要求。

（二）上市制度

对于上市制度，科创板作出新的变革，现有的板块都是以核准制为主，而科创板试点注册制将是改革整个资本市场体制的开端，更加接近高程度市场化的资本市场。注册制与核准制最大的不同在于，注册制对于证券发行申请人提供的材料只负责审查是否达到履行披露信息义务的要求，并不对其作出实质性的判断，更加注重事后监管。而核准制不仅要求按照要求公开信息，还要求证券发行申请人的资格满足一定的实质条件，如盈利要求、

市值规定等。

试点注册制，能够缩短企业的上市周期，减少融资成本，杜绝核准制下的行政保护，增强市场活力。对于上市公司而言，需要全面披露信息并确保信息的真实性，以保证上市公司的质量，更好地保护投资者利益。对于资本市场而言，实行注册制降低了上市门槛，利空壳资源公司，可以促使上市公司估值合理化，实现市场的良好运行。对于监管者而言，能够减轻核准负担，从上市审批中脱身，集中更多的精力对市场进行监管。

（三）退市制度

目前，我国对场内板块上市公司做出了最近年度连续亏损、按期披露年度报告或中期报告、股本或股权变动规则等退市要求，但仍属于宽松退市制度。对于场外市场则是更加宽松的退市要求，仅有未按期披露年度报告或中期报告，或者公司遭遇破产清算等情形。科创板应该实行更加严格的退市制度，与注册制相结合实现“有进有出”的市场机制。

科创板的退市机制可参照纳斯达克（NASDAQ）市场的退市标准，对我国现有的退市要求作出新的变革，如最低股价和股东数量要求、股东权益最低限额、股票最低总市值要求、总资产或总收入最低限额等。以严格的退市制度保证上市公司的质量，完善资本市场的激励机制，保护投资者利益，维护市场秩序。依据国外成功经验，注册制的实行离不开严格的退市制度，用严格的处罚机制和退市制度来约束、激励上市公司的行为是实行注册制的重要保证。在“有进有出”的市场机制下，科创板的资本运行将更具效率，市场活力更加充沛，可促进股市长效健康发展。

（四）交易机制

科创板的交易机制相对于国内其他板块应当有所区别。目前主板市场设有 10% 的涨跌幅限制、创业板市场设有 20% 涨跌幅限制、股票 T+1 交易机制，虽在一定程度上遏制了市场上的投机之风，但其成效也受到了一定程度的质疑。新三板的股票转让不设涨跌幅限制，并实行两套不同的交易机制，协议交易采用 T+1 交易，做市交易对投资者采用 T+1 交易、对做市商采用 T+0 交易。在我国当前场内资本市场中，由于资本市场尚未完全发展成熟、投资者结构不合理、市场波动幅度较大等，不设涨跌幅限制不存在现实基础，因此科创板将实行 20% 的涨跌幅限制。

科创板作为注册制的试点，在注册制下应当同时试点 T+0 交易机制，以保持市场的活力。虽然 T+0 交易机制可能致使投机风气盛行，但股票市场经过几十年的发展，历经几次大起大落，我国投资者渐趋理性。此外，T+0 交易机制有利于投资者在投资中及时止损，使得市场更具效率。

四、科创板对经济发展的重要意义

股票市场的建设与完善或者新兴证券板块（如创业板）的推出，都对我国市场经济的发展做出了突出的贡献，为我国市场化改革带来活力。本文通过回顾我国资本市场的历史性重要变革，结合市场化的历史进程，考量当今科创板建立的重要意义。总体而言，科创板建立对经济的影响主要体现在以下三个方面。

（一）推进市场体制改革

股票市场创立初始对我国经济体制改革起到了重要作用，党的十一届三中全会以来，建立社会主义市场经济成为我国经济体制转型的方向。为推动计划经济顺利过渡到市场经济，改制国企成为建设社会主义市场经济的必然要求。我国股票市场的成立与发展，为国企股份制改革奠定了现实基础，大大地推进了股份制改革的进程。股份制改革完成后，企业的运行效率得到了极大提升。同时，股票市场为企业提供了直接融资渠道，帮助企业优化经营管理，增强市场竞争力，与国际接轨。股票市场的设立不仅顺应了我国市场体制的改革要求，而且加快了建设市场经济的进程，对我国国企体制改革和社会经济发展起到了重要的促进作用。

（二）推动市场创新发展

风险资本总是流向高效率、高效益的行业，从而推动市场不断创新发展。股票市场的发展，特别是科创板的设立，为市场提供了创新驱动力，促进了新兴科技行业的成长。随着资本市场的逐步发展与完善，科创板市场可在一定程度上为初创企业解决融资难的问题，市场上科技含量高、发展潜力好的企业能够进入资本市场获得有效的直接融资，促使资本流向高新技术产业，提升资本的运行效率。在科创板市场的推动下，我国自主创新能力不断提升，经济结构正在逐步调整，不断推动产业升级创新。

（三）优化公司治理结构

证券市场具有约束机制与激励机制，促使公司不断优化治理结构，提高经营效益。约束机制体现为要求上市公司准确、及时披露信息，加强公众的监督。通过信息披露，促进公司诚信经营，抑制内幕交易动机。激励机制则体现为公司有动力优化经营管理，创建现代公司治理体系，优化运行效益，吸取更多的资本，促进公司成长。

第三节　科创板的制度解析

一、有效市场假说

2019 年 4 月 19 日，中共中央政治局会议提出，要以关键制度创新促进资本市场健康发展，科创板要真正落实以信息披露为核心的证券发行注册制。从科创板的一系列规则中可以看出，科创板对于信息披露的强调堪称史上最严。监管机构不对企业的投资价值做出任何实质性的判断，主要是通过向发行人提出问题，要求发行人回答问题的方式，督促其真实、准确、完整地披露信息，同时加强事中事后监管，严厉打击信息披露违法行为。那么，为什么信息披露如此重要？或者换个问法，股价到底是由什么决定的？

2013 年诺贝尔经济学奖得主尤金•法玛（Eugene Fama）认为，股价是对市场上各种信息充分反应之后的结果，这个理论就是金融学领域赫赫有名的“有效市场假说”（Efficient Markets Hypothesis，EMH）。在大多数情况下，有效市场假说符合人们的直觉，因此得到了学界和业界的认可。例如，投资者普遍都会有这样的感受，当市场中出现某个利好消息时，与之相关的个股或板块就会随之上涨，反之亦然。尤金•法玛还根据股价所反映信息采集的范围，把有效市场划分为 3 种类型，分别是：弱式有效市场（反映历史信息）、半强式有效市场（反映公开信息）和强式有效市场（反映全部信息）。

有效市场假说提出后，便成为资本市场的热门研究课题，有对其顶礼膜拜的，也有对其嗤之以鼻的。2013 年诺贝尔经济学奖的另一位得主罗伯特•希勒（Robert J.Shiller）就持反对态度，而且行为金融学也正是在反驳有效市场假说的基础上发展起来的。尽管如此，在现代金融学的主流理论中，有效市场假说仍然占据重要地位。

从金融学的角度来看，强调信息披露的一个潜在依据正是有效市场假说。如果我们认为市场在大多数情况下是有效的，那么市场中的各种信息毫无疑问就非常重要。如少披露信息，将会导致股价被误导，从而影响了投资者的权益。因而，监管层督促拟上市公司真实、准确、完整地披露信息，并且严厉打击信息披露违法行为，正是维护市场有效性的应有之义。

科创板对于信息披露的重视和强调是全方位的，不仅体现在 IPO 阶段，而且体现在正式交易之后。当前对于 IPO 阶段信息披露的严格监管，主要是让各市场主体能够更加全面地了解申报企业的情况，从而有助于投资者做出判断和决策，这是 IPO 制度从核准制转向注册制的必然要求。在正式交易之后，相信监管层还是会持续强化科创板上市公司的信息披露要求，从而真正做到“让市场在资源配置中起决定性作用”。

二、券商跟投制度

券商跟投制度是科创板的创新之举，借鉴自韩国 KOSDAQ 市场的保荐机构跟投制度。2019 年 3 月 1 日，《上海证券交易所科创板股票发行与承销实施办法》正式发布，其中第十八条明确规定：“科创板试行保荐机构相关子公司跟投制度。发行人的保荐机构依法设立的相关子公司或者实际控制该保荐机构的证券公司依法设立的其他相关子公司，参与本次发行战略配售，并对获配股份设定限售期，具体事宜由本所另行规定。”4 月 16 日，上交所发布《上海证券交易所科创板股票发行与承销业务指引》，针对跟投制度做了细化规定：跟投比例为 2% ~ 5%，限售期 24 个月。

那么，为什么要在科创板引入券商跟投制度？这个制度有哪些好处呢？对此，有必要先回顾一下我国的新股发行制度。

20 世纪 90 年代初，我国刚开始设立股票市场时，新股发行制度采取行政审批制，其特点是总量控制、额度管理。2001 年，我国正式启动股票发行核准制，公司上市由券商进行辅导，由证监会发审委审核。企业上市后，券商不再负责，因此券商就有动机对公司“包装上市”，这无疑会损害投资者的利益。2004 年，核准制进化为保荐制，保荐制度的主体（券商）具备推荐企业发行上市的资格。上市以后，保荐机构和保荐人要负持续督导责任，这就把中介机构和上市公司捆绑在一起。

从这个历史演进来看，券商跟投制度是在现行保荐制度的基础上，进一步把券商和投资者捆绑在一起，从而强化券商的督导责任。那么，券商跟投制度是否能发挥预想中的效果呢？

在公司治理的探讨中，委托代理冲突有两类，第一类是股东和管理层之间的代理冲突，第二类是大股东和中小股东之间的代理冲突。归根结底，之所以会出现代理冲突，是因为委托人和代理人的目标函数不一致，有各自的利益诉求。从某种意义来说，投资者与券商之间也存在广义的委托代理问题，投资者（尤其是申购新股和参与二级市场交易的投资者）是委托人，而券商是代理人。在这个分析框架下，投资者的利益诉求是投资优质企业，同时股票发行定价要合理；而券商的利益诉求是赚取承销保荐费用（费率普遍为 6% ~ 8%）。双方的利益诉求存在差异，即便监管部门要求保荐机构负持续督导责任，但由于违法成本低，现行的保荐制度实质上无法有效地制约券商。

在引入券商跟投制度后，由于券商需要拿出真金白银去投资，相当于把自己变成投资者。人们平常调侃“炒股炒成股东”，券商在跟投制度下就真的是“炒成股东”了。在券商跟投制度中，监管层要求券商通过旗下子公司进行跟投，保荐主体（通常是投行部门）和跟投主体（子公司）不一致，两者的利益诉求也不一样。因此，券商需要通盘考虑，内部有博弈，自然也就能更加有效地制约其行为。如果 IPO 定价过高，券商子公司投资成本随之加大，自然会损害其投资收益；如果券商不注重对 IPO 企业质量的选择，保荐了低质量的公司，最终也会损害子公司的利益。因此，券商跟投制度相当于把子公司变为投资者的代表，从根源上就能更加有效地规范券商的行为。

那么，券商跟投制度是否就万无一失呢？其实并不尽然。从现行规定来看，承销保荐费率为 6% ~ 8%，跟投比例为 2% ~ 5% ——如果券商足够强势，还是有可能把成本转嫁给申报企业，这也就限制了这个制度的发挥作用。因此，券商跟投制度能否解决新股发行过程中投资者与券商的委托代理问题，还有待实践中的检验。

三、超额配售选择权

严格来说，超额配售选择权并不是科创板的制度创新。在 2006 年证监会发布的《证券发行与承销管理办法》中，就有关于超额配售选择权的相关规定，并且 A 股上市公司中，工商银行、农业银行、光大银行在 IPO 过程中都曾采用超额配售选择权。

“超额配售选择权”俗称“绿鞋机制”，也叫“绿鞋期权（Green Shoe Option or

Over-Allotment Option）”，系由美国名为波士顿绿鞋制造公司 1963 年首次公开发行股票（IPO）时率先使用而得名。超额配售选择权是指发行人在与主承销商订立的承销协议中，给予主承销商一项期权，使其有权在股票发行后 30 天内，以发行价从发行人处购买额外发行不超过原发行数量 15% 的股票。在国内外的大型 IPO 中，承销商通常会与发行人约定一个价格稳定期，一般不超过 30 天。稳定股价的主要手段即行使超额发售权——主承销商可以（而且一般总是）按原定发行量的 115% 销售股票。

当股票股价上涨时，主承销商即以发行价行使绿鞋期权，从发行人购得超额的 15% 股票以对冲掉自己超额发售的空头，并收取超额发售的费用。此时不必花高价去市场购买，只需发行人多发行相应数量的股份给包销商即可。实际总发行数量为原定的 115%。

当股票价格下跌时，主承销商将不行使该期权，而是从股票二级市场上购回超额发行的股票以支撑价格并对冲空头（平仓），以赚取中间差价。此时实际发行数量与原定数量相等，即 100%。由于此时市价低于发行价，主承销商这样做也不会受到损失。

从金融学的角度来看，超额配售选择权是一种期权，那么这是一款怎样的期权，又是如何解决问题的呢？

首先，在超额配售选择权里，买卖双方分别是谁呢？众所周知，期权买卖双方的权利和义务是不对等的，买方单方面拥有权利，而卖方单方面拥有义务。这就决定了，只要买方想行权，卖方就必须行权。因此，在超额配售选择权中，买方指的是券商，而卖方指的是发行人。期权的行权价就是双方约定的成交价格，在超额配售选择权中其实就是股票的发行价。

其次，这个期权到底是看涨期权还是看跌期权呢？其实判断看涨还是看跌很简单，其依据就是价格上涨还是下跌会行权。在超额配售选择权中，行权就表示券商要求发行人多发行 15% 的股票，而这只会发生在股价上涨的情况下，因此这个期权是个看涨期权。

第四节　科创板的投资策略

一、各类投资者参与科创板的路径

参与科创板的投资者包括个人投资者、机构投资者和战略投资者。其中个人投资者只可参与网上申购，并对个人投资者的专业性及资产流动性提出了一定的要求，即 50 万元资产 +24 个月证券交易经验的门槛设定。不满足条件的个人投资者可通过认购公募基金等方式参与投资。机构投资者可参与网上申购及网下配售。战略投资者可参与科创板股票的战略配售，但不能同时参与该股票的网上及网下发行。

二、个人投资者如何通过公募基金参与投资科创板

（一）可以购买符合条件的老基金产品

按照规定，现有可投资A股的公募基金产品，在符合基金合同所规定的投资目标、投资策略、投资范围、资产配置比例、风险收益特征和相关风险控制指标等条件的要求下可以投资科创板股票。且在投资过程中，基金管理者要根据审慎原则，保持基金投资风格的一致性，做好流动性风险管理工作，并进行必要的信息披露及投资风险提示。不符合条件的需要进一步修改基金合同才能参与科创板投资。所以现有的老基金产品符合相关规定就可以参与科创板投资。投资者可以通过比较业绩、风险、基金经理等多个指标维度选择其中的绩优产品。

（二）可以选择战略配售基金

根据《上海证券交易所科创板股票发行与承销业务指引》的相关规定，以公开募集方式设立，主要投资策略包括投资战略配置股票，且以封闭方式运作的证券投资基金可参与科创板个股的战略配售。老基金中2018年7月成立的6只战略配售基金符合相关的规定。这6只产品均采用封闭式运作模式，封闭期3年，每6个月开放申购一次。个人投资者可以通过购买战略配售基金参与科创板的战略配售。

（三）选择科创主题类基金产品

这类产品包括投资科技创新相关主题的基金产品，只投资科创板的相关产品，或者跟踪科创板指数的相关产品等。目前在发的首批科创板基金属于科创主题类产品。其他类型的基金产品目前市场上还未发行。

三、现有科创主题类产品基本情况

2019年4月22日，首批7只科创板基金正式获得证监会批文，分别是易方达科技创新、汇添富科技创新混合、工银瑞信科技创新3年封闭、富国科技创新混合、南方科技创新混合、华夏科技创新混合、嘉实科技创新混合基金。其中，易方达科技创新基金于2019年4月26日发行。剩余6只产品于2019年4月29日发行。

（一）从投资范围来看

这7只科创主题基金并没有明显的区别。按照契约规定，这些基金投资于科技创新主题相关证券的比例都不低于非现金基金资产的80%。其中投资港股通股票都不超过股票资产的50%。参照万得基金分类，属于灵活配置型基金的汇添富科技创新A、富国科技创新两只基金的股票资产的投资比例占基金资产的0%～95%，投资范围更灵活。偏股混合型基金中易方达科技创新基金股票资产占基金资产的比例为50%～95%。南方科技创新A、嘉实科技创新、华夏科技创新A这3只产品都为60%～95%。工银瑞信科技创新3年封闭基金运作期内股票占基金资产的比例为60%～100%。

（二）从运作方式来看

工银瑞信科技创新3年基金采用封闭运作形式。按照规定，该基金可以参与科创板的战略配售。其余6只基金采用开放运作模式，可以参与科创板打新或二级市场投资。相比较而言，封闭式基金的流动性不及开放式基金。投资者可以结合自身的流动性需求偏好来选择。

（三）从业绩比较基准来看

这7只科创主题基金的国内股票投资部分的业绩比较都以中国战略新兴产业成分指数为基准。港股部分多选择中证港股通综合指数或恒生指数为比较基准。

（四）从基金管理者来看

首批获批科创板基金的这7家基金公司都具备较强的整体综合实力，并且在科创板产品上也配备了实力较强的基金经理。这些基金经理不仅具备多年的行业研究经验，实际投资经验也很丰富，且历史管理业绩普遍较为稳定。例如，汇添富科技创新A基金经理马翔、刘江都具有多年科创行业研究经验，其中马翔现任汇添富民营活力混合基金经理。在行业策略及个股挖掘上都有不错表现。刘江现任汇添富医疗服务、全球医疗保健基金经理。具备一定的个股挖掘能力及前瞻性布局能力。易方达科技创新基金经理刘武、蔡荣成两人也都具有多年证券投资研究经验，其中刘武在TMT、新能源、新材料等新兴成长板块研究经验丰富；蔡荣成在云计算、人工智能、金融科技等行业有一定的研究基础。工银瑞信科技创新3年封闭基金的基金经理袁芳擅长TMT及大消费研究，而另一位管理者张继圣则擅长境内外科技创新行业的估值研究和投资。富国科技创新混合的基金经理李元博历史管理业绩良好，且在科技、成长领域也积累了丰富的投研经验。

本章案例

一、案例简介

自2018年以来，受宏观经济下行压力增大、资管新规出台、金融去杠杆等影响，私募股权投资行业在经历了几年高速发展后进入调整阶段。受益于2019年科创板的正式开市，私募股权投资行业IPO退出案例大幅增加，重新点燃了市场热情。正如国外风险投资行业以NASDAQ为代表的多层次资本市场的共同作用催化了技术创新及产业革命，科创板的推出为我国科技创新企业快速发展提供了新的资本运作平台，也给私募股权投资机构的投资能力提出了新的要求。

在中美贸易摩擦的大背景下，加快核心技术攻关，集中力量攻克“卡脖子”问题已成为我国持续发展的迫切需求。作为半导体、电子信息、新能源、航天军工和生物医疗等高科技行业的上游，新材料行业具有技术壁垒高、垄断性强等特点。在先进制造业领域中占据着全产业链的核心地位，既是科创板重点支持的六大产业之一，又是私募股权投资机构重点关注的行业方向。据工信部数据，我国新材料产业总产值由 2011 年的 0.8 万亿元增加到 2019 年的 4.57 万亿元，预计到 2025 年产业总产值将达到 10 万亿元，拥有巨大的发展机遇。

根据《上海证券交易所科创板企业上市推荐指引》，新材料领域主要包括先进钢铁材料、先进有色金属材料、先进石化化工新材料、先进无机非金属材料、高性能复合材料、前沿新材料及相关技术服务等。与传统材料相比，新材料产业属于技术密集型、资金密集型的新兴产业，对产品的创新性、配套产业链的完善程度、装备和工艺的成熟性均要求较高，导致新材料的研发过程投入大、周期长，在技术与市场上均具有很高的壁垒和风险。这也决定了新材料企业的几个特点：由于较高的技术壁垒与市场壁垒，新材料企业一旦进入下游供应链体系，将在较长时间内维持相对稳定的销量增长，维持较高的利润水平；较快的技术迭代导致企业需要不断内生增长和外延并购，因此需要持续的资金投入。

新材料行业的这些特点导致很难获得传统银行资金的关注，包括风险投资（Venture Capital）、并购基金、Pre-IPO 基金、政府引导基金、产业资本等，私募股权投资机构成为中小企业发展的重要资金来源。私募股权投资机构致力于推动技术创新与应用，为新技术找到产业化扩张路径，推动企业成长，从企业的真实价值和未来成长中获利。这种能够与创业企业建立收益共享、风险共担的风险收益对称机制，已成为支持创业创新、推动产业发展、促进经济动能转换的重要力量。

二、创新技术 / 模式应用

截至 2020 年 12 月 31 日，科创板上市企业共计 215 家，以新材料为主要业务的企业有 44 家，占比 20%，涵盖了化学原料和化学制品制造业，金属制品业，计算机、通信和其他电子设备制造业，铁路、船舶专用设备制造业，研究和试验发展等多个细分领域。在 44 家企业中，共有 37 家企业曾获得私募股权基金的投资，渗透率达到 84%。其中，新材料企业容百科技获得 24.93 亿元的资金支持，西部超导获得 41 只基金支持，分别为首批 25 家科创板企业中获得私募股权基金金额和数量最多的企业。此外，部分新材料企业的股东中还出现国外投资机构的身影，有一些企业采取了在 TMT 行业中较为流行的红筹或者 VIE 架构，侧面反映了私募股权投资机构对新材料行业的关注程度。

（一）投资时点与退出周期

私募股权投资机构的目的是获得股权增值，而不是长期参与某个行业或者某个企业的发展。因此，通过 IPO 实现有效退出是投资者能够获利的关键。分析以上 37 家获得私募股权投资机构的企业，公司从成立到上市，平均需要 14.8 年，最长的泛亚微透为 25 年，最短的沪硅产业不到5年。从细分行业上看，面向电子、半导体、新能源等行业的企业，如沪硅产业、容百科技、神工股份、方邦股份等，上市周期相对较短。但是，大多数是经过较长时间的沉淀发展的成长期或者成熟期的企业，因此在导入期获得私募股权投资机构的资金支持就至关重要。在37家企业中，约半数企业可在设立起5年内获得第一笔投资，但在企业早期阶段投资的机构退出周期普遍较长，从获得机构第一笔投资到成功上市的平均年限为7.4年。这些早期机构属于国资背景的居多，主要目的是扶持中小企业成长，并不刻意追求退出收益。

大多数情况下，市场化的私募股权投资机构倾向于在新材料进入成长期和成熟期以后对公司进行投资。对于新材料行业企业，产品及技术的产业化和商业化十分关键，一旦完成量产及供应链导入，企业便能够获得较高的盈利能力及成长性。获得过私募股权投资的37家企业中，在报告期内（上市前三年）曾获得投资的企业有27家，占比73%。尽管处于成长期或成熟期阶段的企业，往往已经具有稳定的现金流，但是私募股权投资基金的进入仍然能在激励创新、规范治理、认证监督、资本运作等方面发挥积极作用。一些成立时间较久的企业在获得私募股权投资基金支持后，三五年内很快就成功登陆资本市场，比如建龙微纳、联瑞新材、欧科亿等，显示出投资者在资本以外为企业提供的帮助。对于投资机构来说，这样的投资策略的优点是标的企业已经有一定规模，收入和利润稳步上升，未来上市概率较大，退出周期较短；缺点则是价格较高，盈利难以保证。

（二）一级市场的企业估值

在注册制下，定价机制更加市场化，不再受“23倍市盈率上限”约束，但“IPO抑价”“超高市盈率”“破发”等现象频繁发生，对拟上市科创板企业进行合理价值评估，避免一二级市场估值倒挂，成为一级市场投资机构最关注的问题。科创板与其他板块的主要区别是科创板面向科技创新型企业，一方面是对研发投入和科技创新能力的重视，另一方面是对企业盈利能力的宽容，因此选择能与企业不同的行业特点和发展阶段相适应的估值方法显得至关重要。

在44家新材料行业上市企业中，仅有4家企业在三年报告期内出现过亏损情况，其中仅有1家企业（沪硅产业）出现过连续亏损。大部分企业已经具有相对稳定的财务数据和市场表现：44家企业上市前2年（2018年、2019年）平均收入分别为76000万元和94981万元，平均净利润分别为9904万元和11651万元。在上市标准的选择上，两家企业（容百科技、沪硅产业）选择了第四套标准，其余企业均选择了第一套上市标准。

在企业生命周期的成长期或成熟期，主要考虑业绩增速和现金流状况，因此可以采用以市盈率（PE）或市盈率相对盈利增长比率（PEG）的相对估值方法。剔除亏损的1家企业，43家科创板企业的发行市盈率中位数为42倍，最低的上纬新材为13倍，最高的凯赛生物为121倍。在一级市场，分析27家报告期内获得投资的企业，投资时点的市盈率（以投资当年的净利润作为估值基准）中位数为18.9倍，最高的为容百科技在2017年12

月进行股权转让时的182倍，最低的是奥来德在2018年11月进行股权转让时的5倍。

从细分行业来看，锂电池材料、3D打印、半导体材料等题材获得了一级市场投资者的追捧，市盈率高于行业平均水平。

从时间上看，投资时点越晚，企业估值的市盈率倍数反而越低，直接原因是企业净利润水平的稳步提升。报告期第一年获得投资的PE中位数为20.1倍，第二年降低为18.9倍，第三年为17.7倍，IPO前半年内获得突击入股的方邦股份，估值仅为12倍PE。

从私募股权投资机构的角度看，随着标的企业进入相对稳定的业务阶段，未来市场增长幅度有限，只有压低价格才能保证上市后具有一定的获利空间。

（三）IPO退出收益

以上市后60个交易日的平均股价计算（不足60日的为上市后所有交易日股票均价），报告期内获得投资的27家企业的投资回报中位数为2.76倍，最高的是2016年3月投资嘉元科技取得的22倍，最低的是2019年8月投资东来技术取得的0.47倍。从年化收益率（IRR）来看，所有投资案例的中位数为56.6%。剔除上市前半年内突击入股的案例，收益最好的是嘉元科技背后的投资机构，历次投资行为均获得了超过100%的年化收益，最低的仍然是东来技术，不到20%。

投资时点越早，公司估值较低，投资回报倍数自然较高，但是年化收益率反而降低。报告期第一年至第三年的投资行为对应的年化收益率中位数分别为42.0%、51.3%和68.8%。从细分行业上看，锂电池材料、半导体材料、生物材料等领域的企业较受二级市场的认可，而塑料、合金、陶瓷等传统行业则难以获得较高的回报。

此外，对于受到众多投资机构追捧的明星企业，比如容百科技、天宜上佳、凯赛生物等，带来的投资回报并不高，尚无法达到行业中等水平，分析历次融资过程和财务数据可以发现，一级市场的多次融资及机构间的哄抢造成企业估值远高于行业平均水平，上市以后，企业收入和利润增长的乏力导致股价破发，从而引起收益率的下滑。随着优质标的稀缺造成的机构间竞争加剧，以及注册制背景下一二级融合发展造成的套利空间缩小，相较创业板早期上市的新材料企业平均8～10倍的投资回报，私募股权投资机构在科创板企业上收获的投资收益已经大大缩水。

三、案例启示

从私募股权投资机构的角度来看，科创板的推出拓展了退出渠道、缩短了退出周期，但是行业竞争加剧及资本市场的完善，也导致了投资收益的下滑。因此，私募股权投资机构需要提升研究水平、调整投资策略、增强服务能力，以积极应对科创板带来的行业变化。

（一）挖掘细分领域投资机会

通过分析科创板上市的新材料企业类型，可以看出目前整个行业的投资紧紧围绕“产业升级”和“国产替代”。新一轮产业变革为产业链结构调整提供了重要的机会窗口，基础研究的进步催生新材料和新物质结构不断涌现，行业内出现许多机会，比如围绕汽车电动化趋势逐渐成长起来的容百科技、天奈科技、嘉元科技、大地熊等，受益于半导体产业链国产化趋势的安集科技、沪硅产业、清溢光电等。投资机构应该合理对新材料产业若干特色领域主动进行细分及挖掘，对行业变化趋势要提前预判，才能有针对性地捕捉行业内的投资机会。

（二）控制风险前提下做好早期布局

尽管科技创新属性较强，但新材料行业本质上还是具有传统生产制造业的行业特点：对上下游产业链的依赖，大量的资本性支出，长期的研发测试认证过程等。选择成长期或者成熟期的新材料企业进行投资，仍然是目前私募股权投资机构权衡收益和风险之后作出的主流决策。但是，注册制下对于财务情况的宽容及对科技创新的重视，意味着科技类企业的投资退出周期将会更短，投资风格逐步向早期移动可能成为新趋势。这就要求私募股权投资机构需要增强投后服务能力，除了提供资金以外，还要在后续融资、运营管理，产业链协同方面帮助企业壮大成长。

（三）正确认识企业价值，提高估值能力

理性对待热门企业，避免投机性与短期性行为，重点关注企业的成长能力和发展潜力。与 TMT、生物医药行业相比，新材料企业的下游市场空间容量有限，行业天花板较低，业绩增长幅度一般不会呈现指数倍的爆发性，市场对于这类企业的估值水平也有一定的限制。一级市场的投资机构应该针对企业特点，基于资产、利润、现金流等路径的财务指标，以及研发能力、技术储备、产能利用率、市场占有率等非财务指标综合考虑，合理确定企业估值，留有足够的安全边际。

参考文献

[1] 马凤岭，王伟毅，杨晓非．创业孵化管理 [M]．北京：人民邮电出版社，2019：241–245.

[2] 蒋建飞．科技创新成果转化与转移模式研究 [J]．科技广场，2020（1）：17–26.

[3] 张志宏，翟立新．中国创业孵化 30 年！ [M]．北京：科学技术文献出版社，2017：449–459.

[4] 赵黎明．科技企业孵化器系统研究 [M]．北京：中国经济出版社，2014：24–29.

[5] 袁燕军．创新创业专业化平台在促进国企转型发展中的探索与实践——以北京市化学工业研究院众创空间和孵化器为例 [J]．新材料产业，2019（2）：43–45.

[6] 李笑来．斯坦福大学创业成长课 [M]．天津：天津人民出版社，2016：37–39.

[7] 刘振武，方朝亮，张铀，等．大型企业技术创新能力提升之道——中国石油集团公司的实践 [M]．北京：石油工业出版社，2014：340–345.

[8] 林晓，徐伟，杨凡．风险投资与创新的时空关系和相互作用研究 [J]. 科研管理，2019，40（7）：119-130.

[9] 彭勇，汤宗健．中国风险投资的区域网络特征评价 [J]. 统计与决策，2020，36（10）：144-148.

[10] 黄晓，胡汉辉．风险投资的地理聚集性：国外研究动态与启示 [J]. 技术经济，2014，33（7）：55-61.

[11] 董静，汪立，吴友．地理距离与风险投资策略选择——兼论市场环境与机构特质的调节作用 [J]. 南开管理评论，2017，20（2）：4-16.

[12] 姚丽．风险投资、区域技术创新水平与空间效应——基于省级空间面板数据的实证研究 [J]. 当代经济管理，2018，40（6）：7-12.

[13] 张玉华，李超．中国创业投资地域集聚现象及其影响因素研究 [J]. 中国软科学，2014（12）：93-103.

[14] 许昊，万迪昉，徐晋．风险投资、区域创新与创新质量甄别 [J]. 科研管理，2017，38（8）：27-35.

[15] 邵同尧，潘彦．风险投资、研发投入与区域创新——基于商标的省级面板研究 [J]. 科学学研究，2011，29（5）：793-800.

[16] 方嘉雯，刘海猛．京津冀城市群创业风险投资的时空分布特征及影响机制 [J]. 地

理科学进展，2017，36（1）：68-77.

[17] 龙玉，赵海龙，张新德，等.时空压缩下的风险投资——高铁通车与风险投资区域变化 [J]. 经济研究，2017，52（4）：195-208.

[18] 徐宜青，潘峰华，江小雨，等.北京市风险投资的空间分布与合作网络研究 [J]. 地理科学进展，2016，35（3）：358-367.

[19] 赵璐，赵作权.基于特征椭圆的中国经济空间分异研究 [J]. 地理科学，2014，34（8）：979-986.

[20] 苏飞，张平宇.辽中南城市群城市规模分布演变特征 [J]. 地理科学，2010，30（3）：343-349.

[21] 郭锐，孙勇，樊杰."十四五"时期中国城市群分类治理的政策 [J]. 中国科学院院刊，2020，35（7）：844-854.

[22] 孙维峰，黄解宇.金融集聚对企业 R&D 投资的影响 [J]. 技术经济，2015，34（2）：61-67.

[23] 陆瑶，张叶青，贾睿，等."辛迪加"风险投资与企业创新 [J]. 金融研究，2017（6）：159-175.

[24] 翟艳，苏建军.金融集聚对研发投入的影响及空间差异 [J]. 技术经济，2011，30（9）：26-31.

[25] 郑秀，陈艳.基金小镇金融集聚对产业结构升级影响的实证分析——以浙江省为例 [J]. 浙江金融，2020（9）：25-34.

[26] 董登新.知识产权融资走向证券化 [J]. 中国金融，2019（1）.

[27] 赖毅.广东省知识产权质押融资模式研究 [D]. 广州：暨南大学，2020.

[28] 胡冰洋.大力发展知识产权金融——推动经济高质量创新发展 [J]. 宏观经济管理，2021（1）.

[29] 原晓惠.中美知识产权质押融资实践比较分析及启示 [J]. 国际金融，2020（9）.

[30] 桂浩明.改革，中国资本市场不变的主题 [J]. 金融博览，2019（4）：18-19.

[31] 曹凤岐.中国资本市场的改革、创新与风险防范 [J]. 金融论坛，2018，23（9）：3-8.

[32] 吴晓球.新时期中国资本市场的改革重点与发展目标 [J]. 财经界，2018（4）：60-61.

[33] 吴晓求.资本市场发展与中国金融的结构性改革 [J]. 中国井冈山干部学院学报，2015，8（1）.

[34] 庞淑颖.供给侧结构性改革对中国资本市场的影响 [J]. 财经界，2016（32）：35.

[35] 周伍阳，李毅.供给侧改革下的中国资本市场建设：新常态与新动力 [J]. 征信，2017，35（1）：82-85.

[36] 桂浩明 . 供给侧改革对中国资本市场的影响 [J]. 金融博览，2016（6）：58-59.
[37] 王昶，王恺霖，宋慧玲 . 风险投资与政府补贴对新材料企业技术创新的激励效应及差异 [J]. 资源科学，2020，42（8）：1566-1579.
[38] 北京证监局课题组 . 科创板企业估值方法分析报告 [J]. 财务与会计，2020（8）：34-38.
[39] 王一萱 . 创投等机构投资创业板公司行为特征分析 [J]. 证券市场导报，2010（11）：36-42.
[40] 汪潮涌，赵丽 . 科创板为私募股权投资行业带来的机遇与挑战 [J]. 清华金融评论，2019（6）：43-45.
[41] 中国证券监督管理委员会．中国证监会发布《关于在上海证券交易所设立科创板并试点注册制的实施意见》[R]．中国证券监督管理委员会官网，2019 – 01 – 30.
[42] 白宇．全国人大常委会关于授权国务院在实施股票发行注册制改革中调整适用《中华人民共和国证券法》有关规定的决定 [N]．人民日报，2015 – 12 – 28（4）.
[43] 邹小芃，胡嘉炜．科创板带来发展新机遇 [J]．金融经济，2019（3）：15 – 17.
[44] 迟凤玲．促进高技术产业的高质量发展 [J]．中国科技论坛，2019（2）：3.
[45] 管清友，张奥平．科创板：创新驱动和科技强国的重大举措 [J]．金融经济，2019（3）：11 – 14.
[46] 葛丰．科创板是适应、引领新常态的必要措施之一 [J]．中国经济周刊，2015（33）.
[47] 纳斯达克的后发优势——专访纳斯达克首席运营官布鲁斯・阿斯特 [J]．经济，2005（6）：68 – 70.
[48] 周运兰，马云丹．韩国创业板市场的发展及带给我国企业海外融资的机会 [J]．财务与会计（理财版），2011（9）：77 – 78.
[49] 化定奇．纳斯达克市场内部分层与上市标准演变分析及启示 [J]．证券市场导报，2015（3）：4 – 11.
[50] 梁鹏．日本创业板市场发展动态与特色分析——以 JASDAQ 为例 [J]．证券市场导报，2011（5）：4 – 9.
[51] 骆克龙，贾殿村．韩国创业板市场发展经验分析 [J]．商业时代，2009（1）：80 – 81.
[52] 廖士光，等 . 纽交所和纳斯达克上市制度变迁及启示 [J]. 证券市场导报，2018（1）：13 – 20.